u books

中世への旅
農民戦争と傭兵

ハインリヒ・プレティヒャ

関 楠生＝訳

白水 *u* ブックス

Author : Heinrich Pleticha
Original title : LANDSKNECHT BUNDSCHUH SÖLDNER

www.arena-verlag.de
Through Meike Marx, literary agent, Japan

目次

「ランツクネヒトが酒を飲むとき……」

わたしたちは知っている、酒好きの勇敢なランツクネヒト*の歌を。日光にきらめく矛槍（ほこやり）の歌を、パレードに打ち鳴らされる太鼓の歌を、風にひるがえる旗の歌を、そして帽子にゆれる羽根の歌を。いまでも青少年のグループが旅に出ると、晩には、立ち並ぶテントのあいだでキャンプファイアが焚かれ、火を囲んでこういうロマンティックな歌が歌われる。近くの別荘でバーベキューをやっていて、年配の人たちが汁気のある肉を串に刺して焼いており、そこから歌のこだまが返ってくるようなことも珍しくはない。そちらでもこちらでも、旅愁と冒険、愛と悩みの歌声が響く。こんなときにいったいだれが、「皇帝の名において」帰らざる戦いに出て行ったランツクネヒトのことを、あるいは夜のしじまに、「旗を遠くになびかせよ。われら、ランツクネヒト流にこだわりなく突撃におもむかん」と誇らかな歌声を響かせたランツクネヒトのことを考えるだろうか。

＊ ランツクネヒト──時代的、地域的に限定される傭兵（ゼルドナー）の一種。傭兵、もしくは農民傭兵という訳語をあてている人もいるが、これでは意味するところが広すぎるので、ここではあえてそのまま用いることにした。時代的、地域的にどのような限定を受けた傭兵であるかは、次章に詳しく説明される。なお、場合によってクネヒ

トと略称されている箇所もある。

目立って華かな服装をした髭の男たち、風采がりっぱで、歌ったりジョッキを振り回したりすることしか仕事がないように見え、太鼓を引っくり返してさいころ遊びをやったりカルタ賭博に興じたりしたこの連中が、いつしか楽しい気ままな生活のシンボルのようになってしまった。彼らの姿は装飾的なグラスや「古ドイツ風」のワイン酒場の壁に描かれて、酒飲みの気をそそる。それに実質的な箴言が二、三添えられれば、その果たす役割はどんなにしらふの人間にも明らかになる。

こういう歌や、すでに商売と化したロマンティックな気分にまどわされて、二つの疑問を忘れるようなことがあってはなるまい。その第一は、現実はどうであったかということ、第二は、なぜほかならぬランツクネヒトが今日なおそれほどに人気があるのかということである。第一の問いにはあとの叙述で答えていこうと思う。つまり、ランツクネヒトの世界の興亡と、当時の人の言葉を借りればこの奇妙な「兵団」の成立についてこれから報告していくつもりである。平時と戦時における彼らの生活についてはいろいろと細かな点がわかっているが、その生活は、今日これらの歌によって想像されるようなロマンティックなものではまったくなかった。男たちの多くは流血のうちに、あるいは少なくとも困窮と悲惨のうちに生を終えたのである。

となると、すぐに四百年後の今日までなぜこんなに人気があるのかという第二の問いがつづいて出てくる。この人気はおそらく、生粋の冒険ならば必ずその根底となっている、ある種の反市民的な要素と関連している。それに嫌悪感を持った同時代人もあった反面、ランツクネヒトに多くの共感が寄せられたのもこの要素ゆえである。彼らの生活には、中世と近代との「大転換」期における、混乱した、しばしば野蛮な状況が反映している。彼らの大部分は農民の出身であったのに、ある点では大学生と、また別の点では修道士や坊主と、ならず者や浮浪者と、そしてまたもうひとつ別の点では貴族と、共通するところを持っていた。

おそらく同時代人からしてすでに、恣意と秩序、食欲と敬虔、軽燥と身分上の体面とが奇妙に混合したランツクネヒトの特徴的性格に深い印象を受けていたのではないだろうか。悪意のないからかいも一役買っていただろうが、彼らと彼らのしばしば陥った過酷な運命に対する同情と、一種の尊敬が働いていたことはたしかである。

この第二の問いに対して、結局はだれもたしかな答えを出すことはできないだろう。百五十年間にわたるドイツとヨーロッパの歴史を背景にした彼らの運命を理解すれば、ある程度までは答えが出てくる。その期間にランツクネヒトは新しい身分として興り、その声望の絶頂に達し、ついには傭兵(ゼルドナー)となって、三十年戦争のとき、野心的な司令官の手で意のままになる軍需物資として利用されたのであった。

農民戦争というドイツ最初の革命が起こったのもこの時代である。それはわずか数週間でついえたが、その主たる理由は、農民が農民と戦った、つまり農民階級の出であるランツクネヒトが貴族を助けて大反乱を鎮圧したことにある。この事件についても、二、三の重点を正しく置き替えて、たとえば「ガイヤーの黒い兵団」に関するロマンティックに誇張されたイメージを、一面的に色づけられた見解と同様に避ける必要があった。

ランツクネヒトと傭兵（ゼルドナー）の指揮官たちについては詳しい記述がなされているが、それでもやはり、歴史書ではほとんど触れられることなく、当時の多くの絵のなかでは無名の集団の一員にすぎない取るに足らぬ男が、とりわけ中心にならなければならなかった。こういう人間にわれわれは再三再四出会う。上部イタリアのランツクネヒトとして、南ドイツ、中部ドイツの反乱地域の農民として、またヴァレンシュタイン、ティィリーあるいはスウェーデン王とともに中部ヨーロッパを縦横に駆けめぐった傭兵（ゼルドナー）のなかに、そして最後に三十年戦争の亡霊に悩まされる村や町の住民のなかに、彼を見いだすのである。しかしまた、この事件の生き生きした印象を伝える、当時の数多くの絵のなかで、そしてとりわけ、ランツクネヒトと傭兵の歌のなかで、彼に出会う。それらの歌は、はじめに述べたロマンティックな歌とは比較すべくもない。

皇帝の「有能なクネヒト」

一五二〇年ごろに画家ペーター・フレートナーが、まちがいなく生きたモデルによって描いたものと思われる次ページの男二人を詳しく眺めてみよう。力にあふれる自信満々の姿であるが、木版画では、彼らの美しさを完全に描き出すことができない。ズボンと胴着は当時の趣味に合わせてけばけばしい色で仕立てられていたが、その色がまた、中世以来のお洒落好みでさまざまに色分けされていた。太った男の着ている胴着の左側とズボンの左のほうは、スリットとふくらみが赤と黄の交り織りで、右側は青と白だったらしい。ストライプのはいった靴下も同じ色だったと思われる。おそろしい太刀を肩にかついだもう一人は、スリットとふくらみが特に目立つ服を着ているが、胴着は左側が青で右側が赤、ズボンの色はその逆、靴下は胴着と同じだったようである。

太った男の持つ槍は、五、六メートルの長さに補って考えなければならない。つまりこの本の高さ半分くらい上に突き出るはずである。そして槍、太刀、短剣などの武器があるからこそ、奇妙な色とりどりの服装をしたこの二人が、謝肉祭仮装行列の参加者ではなくて皇帝の「有能（フルム）なクネヒト」であることがわかるのだ。

ドイツのランツクネヒト．ペーター・フレートナーによる1520年ごろの木版画．

この呼び方は、ちょっと聞いたところでは誤解を招きそうである。今日とは違って、フルムという語（今日ではフロムで、「敬虔な」の意）は十六世紀の語法では「有能な」、あるいは「しっかりした」という意味なのだ。敬意をこめたこの形容詞は、民衆がドイツのランツクネヒトにたてまつったものである。民衆はまた数多くの歌に彼らのことを歌った。全世界で、おそらくドイツのランツクネヒトほど絵に描かれることの多かった身分はおそらくなかったろうし、題材を兵士に限れば、これほど好んで描かれた兵士がほかになかったことは確実である。ランツクネヒトの生活を描いた絵だけで、優に一冊の本を埋め尽くすことができるくらいなのだ。今日なお彼らの生活はロマンティックな息吹きに包まれて、多くの歌のなかに響きつづけている。そして兵士のこのタイプは、彼らより前の騎士、あるいはのちの世紀の兵士よりも、声望と共感をかち得ているのである。

これほどまでに月桂冠に飾られ、ロマンティックな雰囲気に包まれているのを見ると、いささか疑わしい気持にさせられる。そしてこの気持から、果たして現実に、われわれが一種の快さに誘われて想像するようにすべてが明るく、理想的だったのだろうかという第二の問いが生まれてくる。五〇ページと五五ページにかかげたような木版画、あるいはさらに三三ページの「ヴュルツブルクのランツクネヒトの戦い」を見ただけで、考え込まざるを得なくなるのである。これらは戦争の絵である。戦争はけっしてロマンティックなものではなく、かつても今日も、危難と死を意味する。そしてランツクネヒトの歌がどんなにさわやかに響こうとも、そこから、やはり多かれ少なかれはっきりと危難と死とが顔をのぞかせている。同時代の記録文書を見れば、そこにはきわめて批判的な言葉が語られ、ランツクネヒトのいい面とともにまた多くの暗い面がはっきりと浮かびあがってくる。

絵や歌や文書など、これらすべての資料から、われわれは二つのことを知ることができる。ランツクネヒトは天使でもなければ理想的人間でもなかった。彼らは乱暴なばかりか、しばしば残忍なやからであった。その性格は戦争に刻印され、戦争と戦闘で生活のかてを得、死がその運命であるのとまったく同様に、殺さなければならないのがその職業となった。だからこそまた、哀れな連中でもあったのだ。多くの者は戦争、遠征、野営生活を、冒険ではなく、困難な時代のきびしい職業と見なしていた。彼らは権力者の手で踊らされる人形で、征旅の必需品でありながら、用がなくなれば片づけられた。

ランツクネヒトの起源については、切れ味のいい歴史論文がいくつも書かれているものの、それによって真に確実な情報を得ることはできない。

その根源のひとつはおそらく、騎士軍の衰退が始まったところに求めるべきであろう。ほとんど五百年間、甲冑をつけた騎馬の戦士がヨーロッパの、そして十字軍のあいだは近東の、戦場を支配した。彼らは、身分を意識し身分をうぬぼれる、一つの独特な身分と化していた。この軍事エリートから、社会的、文化的な上層階級が育ち、それが中世の顔を刻印したのである。十四世紀以来この騎士階級がごくゆるやかに没落しはじめた。一三〇二年にフラマンの市民と職人が、フランドルの町コルトライクの市外でフランスの騎士軍に殲滅的な打撃を与えた。四千個の金の拍車が騎士に対する市民の誇らかな勝利のしるしとして、コルトライクの大会堂のなかに吊るされた。

一三一五年にモルガルテン山腹の隘路でスイス軍が勝利を得たのは、市民と農民がオーストリアの騎士よりすぐれていたためというよりはむしろ、地形をたくみに利用した結果であった。それから七十年後の一三八六年、スイス軍はゼンパッハ付近で、こんどは広い戦場において騎士を打ち破った。もっともまだ戦術的にすぐれていたからではなく、いかなる犠牲をも恐れない、自由を求める強い意志が勝利の原因ではあったのだが。伝説はすぐにこの事件を取りあげ、馬からおりた騎士たちの槍を一身に引き受けて味方の血路を開いたアルノルト・フォン・ヴィンケルリートを、自己犠牲の権化と称えた。

コルトライクの金の拍車とアルノルト・フォン・ヴィンケルリートに加えて、騎士に対する歩兵の

ドイツのランツクネヒト.　ランツクネヒトと輜重の少年.

優位を示す第三のシンボルは、フス派の車陣戦法である。フランドルの都市やスイス人が自由に関する諸権利を求めて戦ったように、一四二〇年以来、異端者として火刑に処せられたベーメンの説教師ヨハネス・フスの信奉者たちは、彼らの信仰の承認と同時に自由を求めて、鎮圧に派遣されてきた騎士軍と戦っていた。そのとき、彼らのもっとも有名な指揮者ジシカが、移動可能の車陣を、襲いかかる騎兵に対する防御の支点とする新戦術を開発したのである。

その原理はきわめて単純で、基本の形はすでにゲルマン人やガリア人の用いたものであった。鉄を打った重い輜重の車をどこででもさっと集めて大きな円陣を作り、その内側で戦士が守りを固めるのである。この木製のバリケードに対しては騎士も無力であった。それに攻撃をかけ、突撃するためには、馬からおりなければならなかった。そうなるとベーメンの農民に対する騎士の優位は失われ、数回にわたって決定的な敗北を喫するに至った。

こうしてしだいに、騎士の力で戦争をするという誇らかな時代は終わり、騎士は馬からおりなければならないという認識が浸透した。騎士たちがこれをおもしろく思わなかったのも十分に理解できる。戦争がいわば日常化した時代に、諸侯や野戦指揮官は、考え方を変えるだけではなく兵種をも変えなければならないという事実に直面していることをさとった。しかし騎兵を歩兵にする、つまり格下げすることは、不可能のように思われた。そのために、代替物を捜さなければならなくなる。

この変化も短時日のうちに起こったのではなく、ごくゆるやかに進行した。イタリアの都市貴族がまず最初に、金（かね）のかかる騎兵のかわりに歩兵を雇うことを思いついた。そして隣のスイスから歩兵を呼んだのである。スイスの男たちは特別勇敢だという名が高く、また、命を安売りした。

こうして、今日のわれわれには想像しにくいが当時としてはごくあたりまえのこととされた人身売買が始まった。スイスの農民の子弟はいったい何に動かされて、何千何万も群れをなして故郷を捨て、外国の王侯に仕えたのであろう？　一四〇〇年ごろ、今日のスイスの版図には約六十万の人間が住んでいたといわれる。いまの六百五十万という人口に比べればたいへん少ないように思えるが、彼らが傭兵になって出て行った根本的な理由としては、常に過剰人口があげられる。言葉を変えて言えば、国土が貧しい、いや、極貧とさえ言ってよく、哀れな連中の多くにとって、傭兵になる以外逃げ道がなかったのである。

逆にスイスの官庁は、ずっと早くから、勝手に傭兵に出ることを禁じていた。しかし、だからといって領主たちが自力で契約を結び、まったく正規の手続きをとって兵隊を品物同様に外国へ売ることが妨げられたわけではない。彼らのうちのどれだけが戻ってこなかったかは知るすべもない。ともかく、傭兵に出ることによるスイスの人口減少は、十五世紀には五万から十万、十六世紀には実に二十五万から三十万と見積もられる。当時の人口密度から考えればまことに悲しむべき数字である。

しかしスイスでは、少なくともスイス人がスイス人と戦うようなことはめったに起こらなかった。官庁がきびしい禁令を発していたのである。それを犯せば、故郷に帰ってから厳罰に処せられることを覚悟しなければならなかった。スイスの範例がドイツに影響を及ぼさなかったわけではない。というのは、ドイツでも騎士とともに歩兵の需要がますます増大したからである。しかし自国で手に入るのに、なぜわざわざスイスから連れてくるのか？　それで、諸侯の軍隊のなかに、しだいに傭兵部隊が姿を現わすようになる。彼らは「志願部隊（フライハルスト）」、「山羊（ベッケ）」あるいは「護衛兵（トラバント）」と呼ばれ、戦時に徴募されて、その後やめたいと言い出せば兵役を解除された。というのは、彼らはしばしば解除に逆らったからである。当時は、兵隊をやめれば乞食に落ちて飢え死にの危険にさらされたのだ。そうなると、「山羊」がおそろしい狼になった。失うものは何もなく、ただ取るものばかりという彼らは、町や村の恐怖の的となった。この盗賊団の強奪と略奪にはきびしい刑罰が加えられたものの、だれ一人として彼らの窮乏に注意の目を向けさせようとする者はいなかった。

ブルグントのカール剛胆公との戦争のとき、スイスの傭兵と高地ドイツの傭兵がはじめて協力して戦った。スイス人は有能な教師、ドイツ人は呑み込みの早い生徒で、なぐり込みにかけてはじきに教師に負けないようになった。グランソン、ミュールト、ナンシーの戦いで、彼らは共同して公と騎士たちに殲滅的打撃を与え、スイス兵とその同盟軍を過小評価していたカール剛胆公は、この失策を生命でもってあがなわなければならなかった。公の娘でその跡を継いだ女性は、父の死後まもなく結婚した。その相手であるマクシミリアン大公は、のちに神聖ローマ皇帝として、「最後の騎士」にして「最初のランツクネヒト」と呼ばれた。

神よ、偉大にして勇敢なる皇帝マクシミリアンを守りたまえ！
帝のもとに軍団が生まれ、
笛を吹き、太鼓を打ち鳴らしつつ
国々をまかり通る。
その名はランツクネヒト。

皇帝の死後まもなく、ランツクネヒトはこういう歌を歌った。この単純な歌詞は、今日の歴史家が学術論文で確認しているのと同じことを述べている。つまりマクシミリアン皇帝はランツクネヒトの生みの親だということである。ただランツクネヒトという名が何に由来するのかは、これらの論文も確認することができなかった。おそらく、彼らの持つもっとも重要な武器、槍(ランツェ)とは関係がないだろう。もしかすると、スイスの傭兵（ゼルドナー）との区別を意識して、自分の国（ラント）で徴募されマクシミリアンのもとで働いたドイツのクネヒトということでつけられた名前なのかもしれない。

　マクシミリアン皇帝は頭のいいりっぱな政治家で、その時代としては称賛すべき著作家でもあり、とりわけ軍事的才能のすぐれた人物であった。彼は車陣の戦法をおぼえ、岳父の敗戦を研究してそこから学ぶところがあった。彼は歩兵の必要と、将来の戦争には歩兵がますます重要な意味を持つに至るだろうことを十分に心得ていた。それで約四千のスイス兵と、同数のドイツ兵を備った。このときはじめて、ランツクネヒトという名が記録に用いられている。皇帝はランツクネヒトを厳密にスイス兵と分けて、しだいに彼らを一つの強力な部隊に編成しようとした。しかし当時の最初の報告からしてすでに、マクシミリアンがこの新しい兵士たちに手を焼いたことをあまりにもはっきりと示している。彼らは「有能なクネヒト」の理想像とは全然一致するところがなかったのである。

　一五三八年、シュヴァーベンの人セバスチアン・フランクがその年代記にこう記している。「一四九五年、マクシミリアンが皇帝だったとき、二つの苦難がドイツを襲った。フランス軍とランツクネヒトである」。彼はこの否定的判断の根拠として、ランツクネヒトは軽率なやからで、他人の不幸を喜び、危難と戦争を求めるという事実をあげている。彼らはわずかな金で妻子を捨てて悪魔に魂を売り渡すことになる。血に飢え、悪乗りして遠征に出かけ、絞め殺したり、強奪したり、焼き打ちしたりすることで、うわついた気分を静めるからである。彼らにとってよい主人というのは、金を持っていて、それをくれる人だけである。こう書いてきて、彼は次のように結ぶ。「彼らが戦争をひき起こすのだ。なぜなら、もし彼らがいなければ戦争ができなくなる諸侯も少なくはないからである」

きびしい言葉だが、部分的には当たっている。少なくともランツクネヒトという職業を、ばくち――うまくやって一攫千金か、さもなければ死を招く結果になるばくちと見なす射倖家には当たっている言葉である。しかし全部を同じ尺度ではかるのは単純にすぎよう。というのは、給料で生活している哀れな連中もいたからで、当時の社会の最下層にいたそういう男たちは、軍務がなければ植物のように生きるか、餓死するほかはなかった。そして最後にもう一種類、戦争業を男らしい職業と見なす連中もいた。歩兵が騎士にとってかわったこういう時代には、この職業は社会的な上昇を意味したのである。ランツクネヒトになれば貴族と肩を並べることができると思い込んだ農民の子弟も少なくはなかった。このように見てきてはじめて、なぜ彼らがばかばかしく衣装に凝り、その虚栄ぶりがしばしばとがめられたかが説明できる。

フランクの否定的な判断に対する反証としては、少なくともランツクネヒトが興ったのちの数十年間は、検査のときに応募者の健康と評判に関して慎重な調査が行なわれたという事実があげられる。募集を委託された連隊長は、きびしい処置をとることができた。驚くべきことに、応募者の数がたいていは需要を上回ったからである。皇帝や諸侯は、徴募事務を自分でとることはしなかった。徴募事務を引き受けてくれる連隊長、あるいは指揮官に払う金がたっぷりあるように気をつかうだけでよかったのである。

経験を積んだ数名の古参クネヒト、数名の横笛吹奏者と鼓手、それに旗を持った旗手一名を連れ

旗手と楽手．ヨースト・アマンの木版画．

て、徴募官は村から村を歩いた。とりわけ、人のたくさん集まる年の市やお祭に出かけて行って太鼓を鳴らさせた。応募者は自分の行状を報告させられ、肉体的な能力を検査され、最後に槍ぶすまのなかを通り抜けさせられた。たまたまならず者が検査の網の目をくぐり抜けて、あとでばれるようなことがあると、きびしく罰せられた。きちんとした服装をしてじょうぶな履物をはき、鎧や武器を持っている応募者は、優先的に採用された。のちの時代とは違って、ランツクネヒトは自分で装備を整えなければならず、そろいの軍服もなかったから、一つの軍団のなかだけでもう、その服装は色とりどりの有様であった。

応募者が確実に採用されようとして、よい装備を整えるために最後の持物まで売り払うというようなこともしばしば起こった。

さきに述べた年代記作者セバスチアン・フラン

クが、こういう徴募行動を非難するのも不思議ではない。「悪魔が給料を提示すると、まるで夏の蠅のような騒ぎになる。この群れがいったいどこからやって来て、どこで冬のあいだじゅう生きていたのか、おそろしく不思議がる人が出てくるかもしれない」

ふつうの月給は、当時の状況を考えれば決して悪くはなく、平均して四グルデンだった。この額は、腕のいい職人の賃銀に相当し、日雇いの稼ぎよりははるかに多かった。そのうえ特別な働きに対しては別個に報酬が与えられた。最前列で戦ういわゆる倍給傭兵は月々十グルデンまでの給料をもらい、旗手は二十グルデン、隊長は四十グルデン、連隊長は実に四百グルデンもらった。大規模な戦闘、あるいは戦局を決する突撃が行なわれれば、そのときに給料月が新しく切り替えられた。それに、戦利品がけっこうな副収入になった。兵士が月々約一グルデンで生活をまかなえたということを考えれば、こんなに応募者が殺到したのも不思議ではない。

しかしクネヒトはおおいに軽率で浪費好きだったから、この給料でも足りなくなることがしばしばあった。平時にそなえて数グルデン残しておこうなどと考える者はほとんどいなかった。それゆえに、くびになった兵士や老兵、廃兵が常に集団を組んで、不平満々の乞食になった。豊かな戦時の日々ののちに、いきなり無に直面した哀れな連中である。強奪、略奪、殺人に慣れた彼らのうちには、その後も同じようにして生活の糧を稼ごうとし、ついに絞首台で生を終えた者も少なくない。

一五六九年、マクデブルク市のある代理人の記すところでは、「トルコ軍にさし向けたほうがよさそうな」数名のランツクネヒトが、金をよこせと農民を脅したばかりか、たっぷりもらえないと、農

16世紀のドイツのランツクネヒト．ヴィルギール・ゾリスの木版画．

家の納屋に火をつけたという訴えが毎日のようにあったという。うろつき回って新しい募集を待っているこういう男たちは、「ガルテンデ・クネヒテ」、あるいは「ガルデブリューダー」と呼ばれた。おそらく「待っている（ヴァルテンデ）クネヒト」に由来する言葉であろう。

徴募官は、適した人間だけを集めることに気を配っていたのだが、彼ら自身、募集をしばしば、自分のふところを肥やす商売と見なしていたらしい。いろいろの戦時法規に、「検査のいかさま」をひどく嘆く文句があることで、それがわかる。徴募されたクネヒトは、中央の検査場で皇帝の委託者の前に連れて行かれた。だがクネヒトに二度検査を受けさせたり、倍給傭兵の持つ重い武器を新米のクネヒトに渡したりして、自分のふところを肥やそうとする指揮官もいた。ある年代記作者は、検査でのこういういかさまを「ドイツ人の腐敗」と呼んでいる。部隊の人員を多く見せるために、輜重の少年や女までが、ランツクネヒトの扮装をさせられた。最後にはとうとう、こういういかさま師を罰し、これから先はもう鼻を突っ込ませないように、鼻をそぎ落とせという命令が出されたのもあやしむに足りない。

徴募はドイツ全国で行なわれたが、ランツクネヒトは大部分、高地ドイツの出身者であった。十五世紀の末にはすでに、フェルトキルヒからブレーゲンツに至るライン右岸地方は「ランツクネヒト地方」、フェルトキルヒは「士官の町」と呼ばれた。

歩兵部隊はもともと下層と中流身分、たいていは若い農民の子弟や職人で補充されていたのに、しだいに貴族も志願するようになった。フリッツ・フォン・ツォレルン伯爵が、貴族の槍をランツクネヒトの槍と取り替えた最初の人となったときには、それはたしかにセンセーションであった。だがやがて、はじめは少しだったが、同じ貴族で彼にならう者がだんだんに数を増した。その多くは、最初は最前列に配置されたが、そのあとで、もっと給料もよく、戦利品もたくさんつかめる指揮官の地位に昇ることができた。十五世紀末には多くの貴族がみじめな社会的地位に甘んじていたことを考えれば、彼らが身分上の思いあがりをしだいに捨てる気になったのは十分に理解できる。

それでも彼らのうちには、貴族の出身だということを特に服装で強調する者もいた。たとえば一二五ページの絵に描かれているランツクネヒトも、そのえらそうな態度だけでもわかるように、貴族である。

だれしも手付金を受け取ってしまえば、それからはよかれあしかれ新しい協同体の一員となって、外面生活においてもすぐに他に適応した。それがもっともはっきり現われているのは、数多くの絵でわれわれに伝えられている服装においてであろう。この章のはじめで、われわれはすでに豪華な装備をした二人の男を見た。さまざまの絵で見るほかの連中も、この二人に劣らないほどに目立ち、また変わってもいる。

十六世紀の最初の数十年間にはまだ、ズボンと胴着が違う色で二等分されて、袖にスリットがはいる単純なミ・パルティが支配的であった。しばらくのあいだ、ドイツのクネヒトたちのなかで、太股（ふともも）を露出するのが洒落ていると見なされた。それは「半ズボン」の習俗にさかのぼる。戦っていて攻撃に移るとき、槍を使うのにじゃまにならぬよう、クネヒトたちはしばしば左足のズボンを膝の上で切断したのだった。

一五三〇年ごろから、こんなに単純なモードでは満足できなくなった。ミ・パルティは残ったものの、色がもっとけばけばしくなり、スリットとふくらみがふえた。ランツクネヒトは災いを転じて福となし、戦闘ですりきれてぼろぼろになった服を、わざともっとぼろぼろにしたのだといわれる。遠くから見えるように色とりどりの羽根飾りをたくさんつけた、できるだけ大きくてつばの広い帽子が、豪華な衣服を締めくくり、また完成してもいた。ニュルンベルクの靴屋の親方で詩人のハンス・ザックスは、ある詩のなかで、同時代人の大部分が思っていたであろうことをあからさまに述べている。

こんなにむちゃな連中、見たことがない。服はおそろしく行儀悪く、ひらひら、ぼろぼろ、ぎざぎざ。
腿を出してるやつもいれば、
足まで垂れてる
だぶだぶズボンもいるありさま。
まるでズボンをはいた鳩さながら。
傷だらけの顔にはあごひげ生やし、
行儀の悪いことこのうえなし。
つまるところ、姿格好のひどさは
むかしの絵にある悪魔そっくり。

どこかの町を襲ってビロードや絹の布地を分捕ろうものなら、もっと美しくもっと目立つ服を仕立てさせる絶好のチャンスが到来したというものだった。

十六世紀の半ばごろ、「ズボン悪魔」が跳梁しはじめた。それまでもけっこう目立ったズボンがますます長く、だぶだぶになり、ほんとうにぶかぶかズボンになってしまったのだ。

こういうズボンをただ一本作るのに、しばしば三十エレから四十エレ、のちにはなんと百エレ――約六十メートル――以上もの布地が使われた。「ズボン勇士がやってくると、ざわざわと音がした」と、ある同時代人はこれに適切な表現を与えている。

あるとき、なぜズボンを作るのに百エレでなく九十九エレの布地を使ったのかと訊かれて、得意げにこう説明したランツクネヒトがある。「九十九（ノインウントノインツィヒ）は長い単語で、ランツクネヒトにふさわしいが、百（フンデルト）は短くて、これではきらびやかなしゃべりかたができない」。絵に描かれて目立つものに、またグロテスクなズボンの股袋がある。これは牛の頭とか、犬バイオリン弓、かたつむりの殻などと呼ばれた。こういうモードについて、十六世紀のある歌はこう歌っている。

彼らの作らせるズボンには、
覆いがついて、
それがくるぶしまで垂れている。
それでもまだ足りずに
子牛の頭ほどもある
股袋をつけずにゃすまない。
その下に布がひらひら。
それはだぶだぶの絹の布。

ともあれこのモードには、市民階級や貴族のあいだにさえたちまち追随者が出て、徐々に広がっていき、とうとうブランデンブルク選帝侯が、こういう格好をして街上をのし歩く貴族たちのベルトを切らせ、ズボンをずり落とさせるようにする処置をとるに至った。

おかしなことに、彼らは、こんな服装をしながら走れただけではなく、戦闘までもやってのけた。今日のわれわれにはほとんど信じられないことのように思われるかもしれないが、同時代の戦争の絵を一見すればすぐに、それが可能であったことがわかる。ただ、帽子だけは何度も——いつでも、ではない——単純な兜、鉢形帽あるいは鉄帽と取り替えられた。倍給傭兵だけは、腕全部に腕甲をつけるか、あるいは袖当てをつけるかして、きちんと装備を整えておかなければならなかった。こういう状況では、ランツクネヒトの行進が至るところで——まず外国で——嘲笑されたことはあやしむに足りない。マクシミリアン皇帝はそういう嘲笑に対して、かわいそうな連中には少しばかり娯楽を与えてやらなくてはならないと弁解している。「彼らは不幸でみじめな生活を送り、四六時中、死を覚悟していなければならないのだから、その代償として少しばかりの喜びと楽しみを認めてやってほしい。それはねずみ捕りのわなにのせるベーコンなのだ……こういう虚栄心が起こると、彼らは通常持物を全部賭けてしまうが、もちろんたいしてもうかるわけではない」

こんなにも服装が色とりどりだったうえに、多くの場合敵味方ともそうだったから、戦闘ともなると混乱を起こしがちだった。ランツクネヒトの戦闘の絵を見て、乱戦のなかに敵味方を判別することは不可能である。少なくともある程度は味方の見分けがつくようにしようと、ゲオルク・フォン・フルンツベルクは自軍に、赤いたすきをかけるか、少なくとも赤い十字を服に縫いつけるように命じた。パヴィーアの戦いで皇帝軍は甲冑あるいは衣服の上に下着をつけさせられ、「下着のない者は、胸の上に紙を結びつけた」。白兵戦のとき、容易に味方を識別できるようにするためである。

武器は各自が整えなければならなかったが、服装に比べればまだしも統一がとれていた。すでに一四九六年、徴募されたクネヒトの三分の一は弩（いしゆみ）で、三分の一は小銃、残りの三分の一は槍と矛槍（ヘレバルデ）で武装させよ、という皇帝命令が出されている。弩はもともと歩兵が持つ、人気のある危険な武器だったが、だんだんに使われなくなって、短い留鉤（とめかぎ）銃にとってかわられた。

ランツクネヒトの持ったもっとも重要な武器は、スイス兵から受け継いだ短い鉄の穂先がついている長さ十八フィート（五・六メートル）のとねりこ製の槍である。これはよく目立つ恐ろしげな武器で、ちょっと扱いにくくはあるが、敵を寄せつけないという点ですぐれていた。そのほかになお、一五ページの絵に描かれたランツクネヒトが持っているような矛槍があった。長さ約二メートルの柄の先に鉄の穂がつけられ、片側には斧、もう一方の側には騎兵を馬から引きずり降ろすための鉤（かぎ）がついていた。刀はいろいろな絵に描かれているように、形も長さもさまざまだが、ドイツ人は二一ページの絵のランツクネヒトが肩にかついでいるような、いわゆる「カッツバルガー」を好んで用いた。これは柄（つか）が短く、鍔（つば）はS字形で、刃は幅広く、先が厚かった。同じ男がもうひとふり、短くて双刃（もろば）の「幅広の小刀」を持っているが、これまたたいそう好まれたランツクネヒト刀である。ついでに言えば、持つ武器が優れていればいるほど給料も高かった。

新しく募集されたクネヒトは、元来は四百名、のちには五百名から成る中隊（「フェーンライン」）

にまとめられた。十個中隊で一連隊を構成する。この中隊が傭兵の生活協同体であり、故郷であった。妻まで遠征に連れて行く者があるかと思えば、娼婦といっしょの者もあった。娼婦たちは頼まれもしないのに隊にくっついてくるのである。こういう女たちの運命は男たちのそれと同じようにつらいものであった。彼女たちも、自由奔放な生活が好きだからではなく、ほかにどうしようもなくていっしょに戦争生活にはいったかわいそうな連中であった。女たちは兵士のために料理や洗濯をし、病人や負傷者の看護や陣営内の汚れの掃除ばかりか、たとえば攻城のさいの濠掘りや穴掘り、道路直しなどの土方仕事までやらなければならなか

陣営の場景．ルーカス・クラナーハ作「ヴォルフェンビュッテルの攻囲」（1542年）の部分図．

った。彼女たちはしばしば、女の絵を描いた旗をなびかせ、太鼓や笛を鳴らして土方仕事に出かけて行った。

当時のある報告を読めば、女たちがどんなにつらい生活を送ったかがよくわかる。「ドイツの女たちは兵士の生理的欲求を引き受け、病人を看護することで実に有用な存在である。五十ポンド、あるいは六十ポンド以下の荷をかついでいる女はめったに見当たらない。兵士が食糧を持っている場合には、女は藁と薪を背負わされる。多くの女が一人、二人、あるいはもっと多くの子供をおぶっていることなど、まったく問題にもされないのだ」。こういう女がそのほかに引きずっていかなければならないさまざまの家財道具を

陣営の場景．同前．

年代記作者が数えあげているのは、たしかに誇張ではあるが、その言葉から、あわれな女たちがろばと同じように重い荷を負わされていたことを読み取らないわけにはいかない。

最後にもうひとつ、輜重の少年がいた。故郷から脱走した若者か、親のいない少年たちで、ランツクネヒトのなかに潜りこみ、小さな仕事を手伝っているうちに、やがてその生活習慣をまねるようになったのだ。彼らが主人たちの装備を運んだり、盗んだ鶏を引きずってきたりする様子を、絵のなかでちょいちょい見かける。しかし彼らの運命に触れている資料はない。きびしい時代の無名の漂流者という存在にすぎないのだ。彼らはみな、隊長格の曹長（フェルトヴァイベル）が監督する、隊の輜重に属していた。

ランツクネヒトの陣営のなかがどんなに騒々しかったかは容易に想像できるが、何もそう想像力をたくましくする必要はない。同時代の画家たちがおそろしく生き生きした陣営の場景をわれわれに伝えてくれているからである。もっとも有名なのはルーカス・クラナーハ・ジュニアのもので、彼は一五四二年の木版画『ヴォルフェンビュッテルの攻囲』のなかで、ランツクネヒトの陣営を実にこまごまと描いている。

三〇、三一ページの二つの絵はその左下の部分図で、木陰に張った数名の士官のテントを描いている。士官たちはちょうど野外の食卓についていて、回りに輜重車と大砲が集まり、馬で走り去る伝令もあれば、到着したのもあって、そのうちの一人はあわてて堀を飛び越しているところである。

三六ページの部分図では、兵卒とははっきりと離れた左下のところに、番兵を前に立てたザクセン

ランツクネヒトの戦闘.「ヴュルツブルクの戦いの巨匠」と呼ばれる，アウクスブルクあるいはドナウ河沿岸地方出身の画家が描いたこの絵は，重苦しいほど如実に白兵戦の恐怖を描き出している.

ランツクネヒトと騎士との戦い．アルブレヒト・アルトドルファー（1480–1538）の絵．古い戦闘法と新しい戦闘法がここでぶつかり合っている．

選帝侯のテントが見える。厨房のテントは屋根があけ放たれ、そこから煙が出るようになっている。前景中央に礼拝堂テントが立っていて、身分の高い人たちは流血の仕事の合い間にそこで礼拝をすることができた。その背後に、木の枝と藁で造った丸い小屋を立てならべた、ランツクネヒト本来の陣営がある。攻囲に必要のない槍と矛槍が支柱に使われて、ちょうどうまく整理がついている格好である。旗が風にひるがえり、その背後に士官のテントがある。ちょうど一人のランツクネヒトが女相手に交渉をしており、もう一人はたき火のそばで食事を作っている。右のほうではちょうど一頭の牛の内臓を抜くところで、もう一頭がなお屠殺を待っている。手押車にのせたワインの樽から、一人の男が大きな罐に酒を移している。ずっと奥のほうで、数人の女が同じようにたき火の前で料理をしている。

この陣営では、兵卒がテントのなかに泊まっていないのが目立つ点である。しかし皇帝あるいは諸侯は、何度か大きなテントを用立てることもした。そういうテントは、行軍のときには輜重車に積まれる。

また大きな樽を積んだ車がそこいらじゅうに見える。大ジョッキあるいは錫製のかめがランツクネヒトの絵には付き物であるのと同じく、陣営の絵にはそういう車が必ず描いてある。

連隊長たちは何度も繰り返して、飲酒欲を少なくともある程度おさえようとしたが、たいていはむだ骨折りに終わった。そういうわけで、一五四四年に作られた、ほら話の形の戯れ歌は、たくさんのあり得ないもののひとつとして、「しらふのドイツ・クネヒトの隊」をあげている。

同じ陣営部分図（三一ページ）では、士官テントと小屋のあいだでちょうど中隊の集会が行なわれているところである。円陣の真ん中に一人の士官が立って訓辞を述べている。ランツクネヒトの日常生活はいろいろと細かな点で規則や指令にやかましく規制され、しばしばぎゅうぎゅうに締めつけられていたが、この場景はその日常をうかがわせてくれる。

検査が終わるとすぐ、新たに徴募されたランツクネヒトは、予定されている遠征の目的を知らせ、服務を規定するとともに新兵の権利と義務の基本ともなる諸箇条を読んで聞かされた。大部分の箇条は古参の隊長たちが長い経験に基づいて書いたものだった。彼らはどこで手綱を少しゆるめたらいいいか、どこできびしく

陣営の場景．同前．

しなければならないかを十分に心得ていた。服装や陣営の設備に関しては締めつけがゆるやかだったことはすでに見てきた。有力な戦士は柔らかい寝床を輜重車にのせて持って行き、テントあるいは小屋のなかを快適に整えることさえできたのである。

危険な条項は賭博であった。賽とカードは、奇妙な服装、長い槍、太鼓、旗と同様、ランツクネヒトの日常生活には欠くべからざるものであった。賭博から争いや殺人までが起こることはよくあったから、たとえばしるしをつけたカードや鉛をつめた賽などを使ういかさまに対してはきびしい禁止令がしかれていた。現金を出して見せることができる者でなければ、そもそも賭博をすることが許され

さいころばくちをするランツクネヒトたち．アントン・ヴェーンザームの木版画．

なかった。

賭博熱がどんなに強く、それがもとでどんなことになり、ランツクネヒトがときとしてどういう扱いを受けたかは、ツィンメルン伯が年代記のなかで報告している事件によって実証されている。ザクセン公アルブレヒトがあるとき、ランツクネヒトと賭博をやって、何千グルデンも負けた。賭博狂の公はその金を払う気になれず、一部をまけさせようとした。しかしそのランツクネヒトは権利を主張したので、公は刑吏を呼んで、この男の首を切れと命じた。公が本気なのを見て取ったランツクネヒトは、いよいよとなってから全額をあきらめると言ったが、もうどうにもならず、処刑されてしまった。年代記はともかくそう伝えている。

この話は、この時代としてはまことに典型的と思われるかもしれないが、やはりいささか信じがたいところがある。だがそのランツクネヒトがたぶん――正当か不当かは別問題として――いかさまを公に罰せられたのだと考えれば、あり得ることと考えられる。年代記作者はもうひとつ同じような例を引いているが、それもこれもともかく、諸侯も一般兵士と同じく賭博熱に浮かされて傭兵たちといっしょに賽をころがし、カードをもてあそんだことの証明にはなる。

しかし賭博者たちのあいだの争いを完全におさえきることなどとうていできない相談だったから、ある種の条件のもとで一種の決闘が認められていた。そういうとき、陣営内の一般的秩序に責任を持つのが憲兵司令（プロフォス）で、隊長格の経験に富む士官がその任についた。このむずかしい任務をゆだねられるのは、ふつう人格的に評判がよい、別の言い方をすれば、融通のきかないこちこちだという悪い評判の立っていない男であった。しかしその憲兵司令が意識的にかなりの目こぼしをしたにしても、一種の軍隊警察を形造っている助手たちといっしょにやらなければならない仕事は、けっこうたくさんあった。というのは、審問――このことについてはのちに触れる――にさいして、彼は公の訴人であるとともに、また刑の執行にもあたらなければならなかったからである。

新しく陣を張るたびに、彼はすぐ予防のための警告的措置として絞首台をたてさせた。だが奇妙なことに、陣営内に定期的な市場を設けるのもその役目のひとつであった。そのために、数多くの男女の酒保商人（マルケテンダー）も彼の監督下にあった。イタリア語のメルカタンテ、すなわち商人に由来するこの言葉は、陣営内でクネヒトたちに食料品、消耗品、飲料を供給するすべての商売人を言い表わすものであった。

今日の軍隊と違って全員に同じ給養が行なわれたわけではなかったから、この商人たちは軍陣生活で重要な役割を果たし、たっぷり金もうけをするのがふつうであった。倹約はむろん、ランツクネヒトの美徳に数えられてはいなかったからである。憲兵司令は彼らを管理するだけではなく、部下といっしょに彼らを暴力行為から守ってもやった。その代償として、彼らは憲兵司令に保護料を払わなければならなかった。こういう収入があり、刑吏としてしばしば残酷な職務を遂行するからといって、憲兵司令が不名誉な職とされたわけではない。野戦に参加するどの士官とも同じ士官だったのだ。

彼は連隊の士官たちの一人で、士官のトップには連隊長がおり、連隊長は皇帝あるいは他の君主からこの地位に任じられ、連隊に払うのに必要な金をもらった――あるいは少なくとも、もらうことになっていた。連隊長は各中隊の長を任命し、その中隊長たちがまた副官――「ロコテネンテ」――にあたる旗手と曹長を任命したのだが、曹長の職務については、輜重の話のときに触れた。これは多く、兵の階級から進級してきた、経験に富む軍人だった。旗手はさらに、「旗」を振り回すことのできるたくましい男でなければならなかった。旗は実際、絵に見られるようにたいそう大きくて重く、陣営内でも戦闘中にも重要な役割を果たすものであった。低い指揮官の地位につく伍長は、ランツクネヒト自身の集会で選ばれた。

ここにはじめて、軍制民主化の萌芽が浮き彫りにされた。しかし陣営内の司法にはそれがもっとはっきりと出ている。種々の軍法と、十六世紀の半ばごろにヨースト・アマンの描いたおそろしく生き生きしている木版画

木のベンチにすわった人々によって行なわれる裁判．フロンスベルガーの『軍法』（1566年）から取った，ヨースト・アマンの木版画．

とを見ればよくわかる。

この二枚の絵は、「最終公判」と「長い槍の裁判」を描いたものである。ここには近代の陪審員裁判がはっきりと先取りされていた。公判を主宰するのは、連隊長から任命された連隊の裁判官としての長で、そのそばに中隊自身の選んだ十二名の陪審員が立った。公判は野天で行なわれた。裁判官、陪審員、連隊の士官が方形になって木のベンチに座り、ランツクネヒトたちはその回りに大きな円陣を作って立った。

裁判官は開廷にあたってこう述べた。「生まれ貴く、厳格にして尊敬すべき、慎重なる貴顕ならびに法官がた。私は、われらの貴き侯にして主君なるかたの名において、またこの連隊の長たる恵みぶかき君の名において、またわが権力の名において、高き筋より任命

長い槍の裁判．ヨースト・アマンの木版画．

せられたる長、代官として、この席に着いております。かくして私は、みなさまがた全員と、私をも含めた関係筋とに指を立てて誓う、すなわち貧しきと富めるとを問わず、何者にも好意、悪意を抱かず、嫉妬あるいは憎悪、愛顧、姻戚関係によることなく、われわれが全能の神の御前において最後の審判の日に審判せらるるごとく裁判を行ない、判決をくだすことを誓う責任と義務を有するものであります」

そのあとで列席者一同は誓いの指を立てて、軍法の各条項を忠実に守ることを誓った。憲兵司令と被告はそれぞれ代弁人を選んだ。これは訴追と弁護を行なう検事と弁護士にあたる。被告人にはさらに、弁明の機会がかなり多く与えられた。被告人の代弁人が頼めば、審理は三度まで延ばすことができた。被告人に法律上の保護を与え、証人に陳述させるためである。しかし遅くとも四回目の公判で判決が下されなければならなかった。死刑ときまると、裁判官は死刑の判決を言い渡して、罪人を憲兵司令に渡し、憲兵司令は部下のクネヒトに命じてただちに罪人を刑場に連れて行かせた。剣による処刑は名誉あるものとされた。ランツクネヒトがたとえば休戦を命じられたのちにも戦いつづけたような場合に、この刑が執行された。殺人その他ふつうの犯罪の場合には絞首刑、反逆の罪の場合には車裂き、もしくは四つ裂きの刑が行なわれた。

この種の判決言い渡しと執行と並んで、「長い槍の裁判」があり、これはランツクネヒト自身が要求できた。そのときも彼らは集まって円陣を作ったが、審理の主宰者は裁判官ではなくて憲兵司令であった。憲兵司令は被告を連れて円陣のなかにはいると、こう言った。

「おはよう、親愛なる尊敬すべきランツクネヒト諸君。身分の高きも低きも、われらが集うたのは神の思召しによる。われらが最初に、正しい支配を行ない、貧しい者にも富める者にも等しく不正に対する刑罰を行なう誓いを立てたことを、諸君は御承知のはずである。それに基づいて、親愛なるランツクネヒト諸君、私はきょう諸君に、悪を罰する手助けを求め、多数による判決を下されんことを願う。それによってわれらは諸侯ならびに君主に対して責任をとることができるのだ」

それから起訴が行なわれて、それがすむと、旗手たちは旗を巻き、逆さにして地面に突き立てて、これを再び自由にひるがえらせるのは、公正な判決が下されて連隊が再び名誉を取り戻してからのことである、と宣言した。それから行なわれる審理にさいしても、被告には弁護人がつけられた。細かい討議が終わると、一人のランツクネヒトが選ばれて、その男がまた四十名の仲間を選び、彼らが相談して判決を下した。この手続きがもう二度、そのときどきに違う人を新しく選んで繰り返された。そのあとではじめて、全隊の判決が採決される。円陣を組んだ全員が、手をあげて採決に加わることができた。判決が下されると、旗手たちは再び旗を取りあげて、連隊の名誉が回復されたことに対して一同にお礼を述べた。判決が死刑だと、ランツクネヒトたちは槍と剣をかまえてただちに二列に並び、その端に旗手たちが立った。「哀れな男」と呼ばれる罪人はもう一度懺悔することを許され、そのあとで憲兵司令に連れられて三度、列のあいだを通り抜けた。戦友に別れを告げ、許しを請うことができるようにするためである。それから、最後にいましめが解かれ、クネヒトたちが槍と剣を下にさげると、憲兵司令が罪人の肩を三度たたき、死出の旅路につくよううながした。剣と槍で固められた道への入り方が決然としていればいるほど、死ぬのも早かった。逃げることは不可能だった。「哀れな男」を逃した者は、その代理に立たなければならなかったからである。罪人が槍の下で倒れて死ぬと、ランツクネヒトたちはひざまずいて、あわれな魂のために祈った。それから死者のためになお三度の刀礼を行ない、連隊長は兵士のりっぱな態度に対して連隊に感謝した。

今日のわれわれには、古い法の考え方と民主的な自己理解と残酷さとのこの奇妙な混合が、どうも分かりにくく思われる。これを粗暴化の表現とのみ解することは、問題をあまりに単純化することになろう。このさいわれわれは、槍ぶすまのあいだを走らされる刑罰そのものよりもむしろ、それに先立って全部隊の参加のもとに行なわれる、起訴と弁護を含む細心の審理のことを考えたほうがいい。一世紀後にこの刑から発展した、二列の兵隊のあいだを鞭で打たれながら通らされる軍事刑罰――これについてはのちに触れる――は、この点でまったく違っている。この残酷な処罰ないし処刑行為は、もっぱら指揮をとる士官あるいは君主の恣意にゆだねられていたからである。

ランツクネヒトはとりわけ「長い槍の裁判」を固執したが、それは、そうすれば彼らの協同体が外に向かっては声望を、内に向かっては団結を確保することができたからである。彼らには、そのほかにほとんど民主的な権利が残されていなかった。なぜなら軍法の基本的規定によれば、彼らは「協同体を形成する」こと、すなわちがっちりと一つにまとまることを許されなかったからである。苦情は、倍給傭兵を代弁者として申し立てるほかはなかった。反乱はもちろんきびしく禁じられていた。皇帝の軍法には、はっきりと「反乱者はただちに容赦なく絞め殺すべし」と記されている。

それでも、たとえば給料が期日どおりに支払われなかったり、全然支払われなかったりした場合には、重大な反乱に発展することがしばしばあった。次の章でフルンツベルクの生涯を述べるときに、ランツクネヒトにとっては宿命的なそういう反乱に触れることにする。クネヒト自身は、別の言葉を使って自分たちの目標をきわめてはっきりと表現した。彼らはそういう暴動を「変革」と呼んだのである。たいていは戦争に勝った直後、彼らは戦場あるいは野営地で集会を催してすべての士官の解任を宣言し、票決によって自分たちのなかから選んだ男を「将軍」にしたが、同時に評議会を作って、その同意なしには何事も決定できないような仕組みにした。そのほかの士官の等級も、自由選挙で決められた。こうして彼らは、ふつうの軍隊には見られないきびしい秩序に従うことになった。カード賭博、酩酊、殴り合いはきびしく罰せられ、娼婦は陣営から出て行かなければならなかった。重要な決定は、常に部隊の集会で論じられた。いかなる反逆をも防ぐために、手紙を書くことすらきびしく禁じられ、選び出された士官たちは文書による報告を受け取ることは許されず、第三者の前で口頭で交渉を行なわなければならなかった。こうすれば外部からの誘惑と働きかけはどんなものでも十分に防ぐことができると、彼らは信じ、事実そのとおりでもあった。ただ君主が反乱者たちの決意を打ち砕こうとして自前の部隊を編成しなければならなくなった場合には、話は別である。ランツクネヒトたちがこういう共同行動を起こすことはまれにしかなく、あってもたいていは、司令官が部下に対する義務を守らなかった場合に限られた。

こういう連中が相手では、士官たちも楽ではなかったであろうことは十分に理解できる。

現代に書かれたゲオルク・フォン・フルンツベルクのある伝記は、ランツクネヒトのこういう性格をきわめて的確に表現している。「彼らはめいめい、命令、処置、行軍方向などが果たして目的にかなっているかどうかについて隊長と言い争う権利も能力も当然あるものと考え、納得できる理由がなければおさまらなかった。しかもそれだけではまだ足りなかった。部隊運動のたび、戦闘行動のたびに、司令官は、まったく統制がとれていなくてじゃまになる女や子供の群れに注意を払わなければならなかったのである」

諸侯がこういう部隊を投入する折りに、ときとしてどんなに怒りに駆られたかを、ヘッセン方伯ヴィルヘルム四世の言葉が証明している。彼は同時代人に「賢者」と呼ばれた人物なのだが。「この世に戦争ほど嫌悪すべきものはない」と、戦争についての彼のある文章は書きはじめられている。だれしもその言葉には賛成するほかないだろう。ところが、戦争の苦難について書かれるのかと思うと、期待を裏切られる。すぐそのあとにつづけて、「特に神の名が濫用され、名誉を傷つけられることはまことに汚らわしく、腹立たしい。りっぱな法規と秩序は戦時にはすべて地に落ちる」と書かれ、それから「君主と領主はほんとうなら支配し命令するはずの部下と兵隊にさんざん嘲られ、思いあがった態度に出られて、反対に彼らの下僕となり、彼らの欲することをしなければならなくなる……」と記されるのだ。おそらくこれよりはっきりした書き方はできないだろう。部下が戦争中にいろいろ文句をつけ、勇敢に黙って戦闘におもむくことをしなければ、それは瀆神行為に類する、というわけである。

負傷したランツクネヒトと軍医. 1520年ごろのペーター・フレートナーの木版画.

しかしランツクネヒトはなんといっても、戦争に使うために徴募された連中であった。振舞、装備、武器などの点で独特であったから、戦闘のしかたにも新しい方法を取り入れる必要があった。ランツクネヒトが活躍した数十年ほど、戦争の絵が残されている時代はない。それらの絵を見れば、戦闘や攻城の様子を細かな点に至るまで再構成することができる。ランツクネヒト軍の強さの根本であった長い槍の集団がそこいらじゅうに描かれているのだ。

彼らを正しく配置するには、独自の戦術を開発しなければならなかった。はじめのころ、たとえばスイス兵のあいだではこれがふつうだったが、縦列と横列の数が同じ二つの梯団が衝突すると、たいへんな揉み合いが起こった。前列は後列によって前方へ押された。絵を一目見れば、兵たちが槍でお互いに突き刺し合ったのではないかという推測が成り立つ。ある専門家の見解では、事実そういうことがときどき起こったという。同じようにしばしば槍が折れて空中に飛ぶか、あるいはクネヒトの手と腕の下を抜けて後ろへすべり、そのために両軍の前列はお互いに体が密着してどうしようもなくなってしまうこともあった。

それでドイツのランツクネヒトの指揮官は、倍給傭兵、つまり特にいい武器を持った連中を第一列におき、彼らが矛槍あるいは太刀をかまえて突撃した。もっと正確に言えば、それは全然突撃などではなく、敵の槍をはね飛ばすために体を回転させながら腰をひねって武器をあちらこちらに振り回すだけであった。ほかの兵は、敵に突撃するのに突破口を利用した。しばしば第一列と第二列に、留鉤銃で射撃して隊列に突破口を開くために、銃兵がおかれた。

長い槍をかまえているランツクネヒトにはなかなか近づきにくかったから、敵は奇妙きてれつな策略を考え出した。ラヴェンナの戦いでスペイン軍は戦い慣れた兵士に、長い槍の下をくぐって地面を這って行き、短いスペインの刀でランツクネヒトの足に切りつけさせたのである。

十六世紀初頭以来、ドイツのランツクネヒトの指揮官は、縦列よりも横列のほうが長い梯団を編成して敵を包み込む、という戦術に移行した。それでもこの強力な兵団は依然として大量の兵員を擁し、動きが緩慢であった。平均兵力が六千名で、縦列が四十五名、横列が百三十五名だったことを考えれば、それもしかたない。ふつう徴募のあとの教育期間はわずか数週間にすぎなかったのだから、こういう巨大な隊形を動かすのは指揮官にとってきわめて困難なことであった。

フルンツベルクは戦線の前での各個戦闘をやめさせ、前進する兵団に命じて、敵の騎兵が攻撃してきたときに「はりねずみ」と化することをやらせた。ランツクネヒトの戦う相手は歩兵だけではなく、騎兵のときもあって、騎兵はすばやい運動で包囲攻撃に転ずることができたからである。そうなると、ランツクネヒトはまりのようにがっちりと丸く固まって四方に槍を突き出し、騎兵の攻撃を不可能にした。

給料をもらって戦闘におもむく戦士がまず第一にわが身の安全を考え、戦利品のことしか念頭にな かったことは容易に推察できよう。だがランツクネヒト時代の最初の数十年間はそうではなかった。これまでにあげざるを得なかったあらゆるネガティヴな性質にもかかわらず、この単純な男たちは、はっきりした名誉感情、身分感情を持っていたのである。「各兵士あるいはランツクネヒトの使命と職務は、主君に召しかかえられて金をもらうやいなや、雇い主に従う責務を負うことである。金をもらったら皮膚と肉体と生命を売ったことになるからだ」

この名誉概念は一面ではきわめてポジティヴに評価できるが、その反面しばしば、ほとんど想像もできないほど過酷な戦いにつながった。「先陣の雑軍」という慣行にその過酷さが感じられる。これはくじできめられた男たちや、戦闘で罪のつぐないをさせられる罪人までもまじった志願兵の雑軍で、敵の突撃を食い止めるために本隊の前に立たされ、一人でも生き残ることはまれであった。

一五一二年、ラヴェンナ付近の戦いでドイツのランツクネヒトが敵の砲兵の砲撃を浴びて甚大な損害を被り、たけり立って、敵と猛烈な白兵戦を演じた。フランスの騎兵隊が救援にきて、その司令官が戦利品を奪うことをすすめると、彼らは「われわれはここで称賛と名誉のために戦ったのです。がらくたになど用はありません」と答えた。しかしこれが例外であったことはたしかである。高潔で騎士的な戦いの時代はとうに過ぎ去っており、「ヴュルツブルクのランツクネヒトの戦い」という絵を一目見れば、しっかりとまとまった兵団の突撃が激しい各個戦闘に移りはじめたらどうなるかが、あまりにもよくわかる。

ランツクネヒトの指揮官たちは、戦闘を前にした部下を、高潔なスローガンだけでふるい立たせることはできず、とりわけ戦利品をちらつかせざるを得ないことを、知りすぎるほどよく知っていた。「悪しき戦争」が宣言されたときは特にひどかった。そうなるとまったくなんの容赦もなく、戦いは残酷な虐殺に変貌したからである。町の襲撃後にはしばしば、ほとんど筆舌に尽くしがたい惨禍が起こった。こういうときには、「有能なクネヒト」の裏面がとりわ

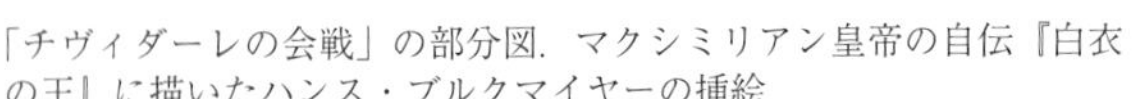

「チヴィダーレの会戦」の部分図．マクシミリアン皇帝の自伝『白衣の王』に描いたハンス・ブルクマイヤーの挿絵．

けはっきりと表に出た。戦争史のこの悲しい一章は、古代からヴェトナム戦争に至るまでのどの戦争に対しても常に新しく書き直されなければならないであろうのに、一般市民の苦難が物の数にもはいらないという理由で決して書かれることはないのである。

クネヒトたちが盲目の憎悪にとらえられ、スイス兵を相手に、あるいは敵方に走ったほかのランツクネヒトの兵団を相手に戦うとき、その戦闘はとりわけ残忍なものになった。スイスの傭兵とドイツのランツクネヒトとのあいだには奥ぶかい憎悪がくすぶっていて、両者がぶつかれば必ず火をふいた。一五一三年に八百名のランツクネヒトが優勢なスイスの傭兵軍に攻撃されたとき、彼らはまず、敵に渡すまいとして、貯めた給料を川の中へ捨て、それから最後の一兵まで戦って全滅した。古い歌には、討たれたランツクネヒトまでが、死んだスイス兵の隣に横たわりたくないという内容が歌われている。

ランツクネヒトはまた、「黒い中隊」にも激しい敵意を抱いた。これは、十六世紀前半の混乱した時代にフランス側に立って皇帝およびドイツと戦った傭兵団である。パヴィーア付近の戦いを歌った歌に、アウクスブルクの都市貴族ゲオルク・ラングマンテルの率いるこの黒い兵団の没落を聞くことができる。

しかしランツクネヒトの生活を語るこの陰鬱な章を閉じるにあたって、親しみの持てるひとつの展望をつけ加えておきたい。十六世紀の末ごろ、ときとして特殊な「よい戦争」が起こった。敵味方に分かれたランツクネヒトの二つの部隊が衝突したとき、彼らはお互いに兵力を数え合って、弱いほうは戦うことをせずに躊躇なく強いほうの捕虜になったのである。しかし戦争をする者たちが損をしないこの種の「戦闘」は、残念ながら広く浸透するには至らなかった。

フルンツベルクとシェルトリーン——ランツクネヒトの野戦指揮官

一四九九年の冬、農民と市民の子弟がシュヴァーベンから、チロルから、そしてスイスから、ランツクネヒトに応募するためにトリエントへ出かけて行った。ミラノ公ロドヴィコ・イル・モーロが、皇帝マクシミリアン一世の同意を得て、この募集を行なったのである。ランツクネヒトの力を借りて、フランス軍に奪われた自分の公国を取り戻そうというのだった。新しく募集されてトリエントで教育を受けたランツクネヒトのなかに、若いドイツの貴族、シュヴァーベン地方のミンデルハイム出身の、二十六歳になるゲオルク・フォン・フルンツベルクがいた。このころはまだ貴族が新しい歩兵に応募することは珍しかったが、それをあえてした人たちは時代の兆候をすでに認めていたのであって、おそらく自分で分かっているよりもはっきりと騎士階級の没落を予感していたのであろう。この若いフルンツベルクは新米ではなく、すでに一四九九年夏、マクシミリアン皇帝その人のもとで「シュヴァーベン戦争」に加わってスイス兵と戦い、皇帝軍の敗北をともに体験していた。彼が、スリルを味わうために戦争と戦闘を求める冒険家でなかったことはたしかである。それどころか、若いに似ず、同じ貴族の多くの者に比べてたいそう思慮ぶかかったように思われる。若年のおりにもう驚嘆すべき教養を身につけていたのだ。彼は一兵卒として働くことによってさまざまの経験を積もうと、このとき考えていた。

この数週間の教育期間に彼は槍の操法を習ったが、なおもう一つ覚えたことがある。つまり、徴募されたスイス兵には信用がおけないということである。彼らは公を裏切って、まだ戦いが始まらないうちに敵と結んだのである。フルンツベルクは給料ももらわずに一五〇〇年春、再びシュヴァーベンの故郷に戻って、まもなく結婚し、領地の管理を引き継いだ。

しかし、もうランツクネヒトの生活からは離れられなくなっていた。すでに一五〇四年、三十一歳の彼はメミンガーの部隊を率いて抜群の功をあらわし、マクシミリアン皇帝その人の手で騎士に任じられた。これは旧時代最後の残響である。フルンツベルクは騎士の位に特別の価値を認めはしなかったが、皇帝との親密な関係はたいせつにした。皇帝はこのシュヴァーベン人の軍事的才能を見抜いていたのだ。この二人をより密接に結びつけたのは、もしかすると歩兵という新しい兵種に寄せる特別の好みだったのかもしれない。

わずか数年後にはもう、皇帝にとってフルンツベルクがどんなに役に立ち、信頼できるかが実証されることになった。あちこちで、同盟が結ばれるかと思えばたちまち戦争が始まるというふうで、こういう接近と離反から政策の大綱をつかみ出すのが困難なこの不穏の時期には、軍隊も徴募されるかと思えばたちまち解散させられるという状況であった。ランツクネヒトが突如として興隆してきた一半の理由もそこにあるのではないだろうか。君主たちにとって、ランツクネヒトはもはや道具ではな

「ラヴェンナの会戦」の部分図.『白衣の王』に描いたハンス・ブルクマイヤーの挿絵.

くなった。流血の仕事にすぐ役だてることができ、どうしても必要というのでなければ一口も早く捨ててしまうような存在ではなくなっていたのである。

それゆえに皇帝は、ヴェネチア共和国と戦争状態にはいった一五〇九年、フルンツベルクに、みずから一連隊のランツクネヒトを募集し、それを率いて戦いにおもむくように求めた。彼がこの時代でもっとも著名な司令官の一人にまで出世すると同時に、「ランツクネヒトの父」——今日でさえなお好んでそう呼ばれる——にもなるのはこのときに始まる。

そしてこのことから再び、若いフルンツベルクがみずから進んでランツクネヒトに志願したことを述べたときに提出した「なぜ?」という問いが生まれてくる。こうなってはもう彼一人の問題ではなくなって、彼は自分の領地を危険にさらさなければならず、物質的、肉体的、精神的に重荷を負った。彼にとって、富や戦利品などあまり問題ではなかったかもしれない。ほかのランツクネヒト指揮官とは違って、彼は比較的貧乏のままだったのである。些細なことかもしれないが、居城ミンデルブルクの出納簿を見て、一五二〇年聖ゲオルクの日（四月二十三日）のあとの水曜日の項に、フルンツベルクの支出として二グルデン——城門部屋でのカード賭博代——が記されているのを知ると、いささか考え込んでしまう。これから詳しく述べることになるが、シェルトリーンは一五二八年ナポリで賭博に負けて、彼自身の言によれば五千ドゥカーテンをわずか一時間のうちに失っているのである。

フルンツベルクの場合、名声欲、名誉欲もその行動の理由ではなかっただろう。でなければ皇帝カール五世が彼の成功にもかかわらず、それに見合う顕彰をしなかったときに、もうやめると言い出したはずだからである。彼は故郷では平和を愛する穏やかな人物とされていて、貢租を支払う義務のある農民に常に信頼されていたから、マクシミリアン皇帝との友情から生まれた義務意識につながる戦争好きと、これとがどうまじり合っていたのか、今日ではなかなかに理解しがたい。

彼はまた、歩兵という新しい兵種に対して特別鋭い勘を持つ、生まれながらの軍隊指揮官であった。そのことは、彼が自分で募集した連隊の連隊長として加わった最初の征戦ではやくも実証された。彼は数的にはるかに優勢なヴェネチア軍を相手に、部下を率いてヴェローナ市を数か月間にわたって防衛し、それからわずか千八百の兵力でドロミーティ地方にあるヴェネチアの諸拠点を占領したのである。山地での戦闘はきびしくて、骨が折れたが、フルンツベルクは部下を把握するすべをはじめからよく心得ていたにちがいない。部下は進んで彼とともに苦難に耐え抜いたのである。この征戦の終わりにマクシミリアン皇帝によって、ボーツェンに近いルンケルシュタイン城の城代職をゆだねられ、彼は家族を連れて数年間そこに移り住んだ。

しかしその地でできる良質のぶどう酒を長いあいだ味わうことはできなかった。一五一三年にはもう、皇帝にあらためて上部イタリアへ呼ばれ、七千名のチロルおよびシュヴァーベンのランツクネヒトを率いてそこへ出かけて行ったのだ。クレアッツォ付近でフルンツベルク軍と、その同盟軍であるスペイン兵とは、ほとんどどうしようもない苦境に陥ったが、フルンツベルクはヴェネチア軍司令官の降伏要求を——受け入れればぶじに退却できただろうに——激

ランツクネヒトのフェルトヴァイベル．1545年にゾルムス伯の出した『軍令』に描いたハンス・デーリングの木版画．

しい言葉で拒否した。それから、みずから最前列に出て戦い、ヴェネチア軍を打ち破った。敵の損害は五千を越えた。

それから何か月かのあいだ、戦争は小さな戦闘や攻城を何度も繰り返して単調に明け暮れ、あげくの果てに彼は重い病気にかかった。同時代の報告には、兵士の悲惨と窮状についてはほとんど一言も記されておらず、ただ絵のなかに、道化のように飾り立てた彼らの姿が描かれているだけである。しかし司令官の運命から、一般の兵士の生活状況を逆推論することはできる。熊のように強く、部隊指揮官のことだから陣中生活、戦争生活ではたしかに有利な点がなかったとはいえないフルンツベルクのような男でさえ、苦難には耐えきれなかったのだ。多くの一般兵士にとってはどんなにかつらい生活であったにちがいない。

病気のフルンツベルクはようやくアウクスブルクまで運んでもらい、そこで数週間病床にあった。しかしある程度回復すると、たちまちまた皇帝にイタリアへ呼ばれ、ヴェローナの防衛任務を受け持たされたが、マクシミリアンは、補償金を取って町をヴェネチア軍に引き渡してしまった。腹を立てたフルンツベルクはミンデルブルクに戻った。平穏の二年が恵まれたが、果たして平穏と言っていいかどうか。そのあいだに妻が死んだからである。

一五一九年はじめ、マクシミリアン皇帝が死に、選帝侯たちはマクシミリアンの孫であるスペインのカールを新しいドイツ皇帝に選んだ。カールが一五二一年春、ヴォルムスに国会を召集すると、フルンツベルクもそこへおもむいて、チロル伯爵領の最高司令官として、またルンケルシュタインの城代としての地位を確認してもらった。伝えられているところでは、彼はそのとき、国会に呼ばれたマルチン・ルターにも会ったという。彼がその肩をたたきながら、「お坊さん、お坊さん、むずかしいことをやっていますな」と元気づけたという話は、ルターが皇帝の前で言ったとされる「ここに私は立っています。私にはほかにどうしようもないのです」という言葉と同じく、伝説と考えるべきである。

フルンツベルクは、カールが神聖ローマ皇帝に選ばれたことによって政治的な重点が変化するとともに、彼にとって生涯でもっともきびしい年月が到来し、その重荷で自分がついには肉体的に参ってしまうであろうことを、予感することができなかった。国会の直後に、フランスとの戦争が起こった。戦闘はピレネー山中で始まって、それからネーデルランドに移った。フルンツベルクは再び徴募の太鼓を打ち鳴らさなければならなかった。彼は今度は一万人の全歩兵を指揮し、騎士のフランツ・フォン・ジッキンゲンが騎兵隊の司令官になった。

スケルデ河畔のブーシャン付近で、彼らはフランス王フランソワ一世の軍に遭遇した。このとき、フルンツベルクが最前列に出て敵に切り込むことができるばかりではなく、偉大な司令官の器でもあることが明らかになった。つまり捕虜の口から敵の兵力がはるかに優勢であることを聞くと、退却をすすめ、作戦会議の席でもその意見をつらぬいたのである。夜のあいだに、彼は兵を率いて、気づかれないように敵から離脱した。ランツクネヒトたちが安全なところまできたとき、彼は「全員がこの日いのちを救われたことを主なる神に感謝せよ」と命じた。この退却成功をフルンツベルク自身、

「最高の幸運にしてもっとも誇るべき作戦行動」と考えている。

　ランツクネヒトはこの短い征戦ののちに再び解職された。一部はスペイン国境地帯の戦場で働くために雇われ、その他は四散したが、長いこと徴募を待つ必要はなかった。一五二一年の秋に、戦闘の重点が上部イタリアに移ったからである。フランソワ一世は一万六千名のスイス兵を徴募していた。フルンツベルクは自分の費用で六千名のランツクネヒトを集め、冬のさなかに、雪の積もったアルプスの峠を越えて彼らを上部イタリアへ連れて行った。それから一五二二年四月二十七日、ミラノに近いラ・ビコッカ付近でドイツ兵とスイス兵のあいだに激しい戦闘が交えられた。

　この時代の戦争と傭兵制度との無意味さがこの場合ほどはっきりしたことはまれである。ドイツ兵とスイス兵は、それまでの戦闘では味方同士になったことさえあったのだが、このときはお互いに盲目的な憎悪を燃やした。たとえばスイスの副司令官アルノルト・フォン・ヴィンケルリートは、ヴェローナではフルンツベルクの下で働いたこともあるのだが、それがいま、「やあ、昔の仲間だな、見つけたぞ。おれの手にかかって死ね！」と叫びながら襲いかかってきて、フルンツベルクに打ち殺された。司令官のあいだで起こったと伝えられているこういうことが、一般兵士たちのあいだでもしばしば繰り返されたことはたしかである。

　スイス兵を破ってフルンツベルクは名声ますますあがり、しばらくのあいだ再び故郷へ帰ることを許された。平穏の数か月を利用して、彼は本のなかに埋もれた。これは、乱暴なランツクネヒト指揮官のイメージにはまったくぴったりしない。しかし実際、彼はその時代にしては教養の高い人間で、りっぱな蔵書を持っていた。それはフルンツベルクが精神的な潮流とかかわり、政治的な、とりわけ宗教的な変革を注意深く追求していた証拠である。古くからの戦争仲間フランツ・フォン・ジッキンゲンがドイツの騎士たちに、皇帝と諸侯に対する蜂起を呼びかけたとき、慎重なフルンツベルクはその計画の断念をすすめた。事実、その企図は挫折したのである。

カール五世とフランソワ一世とのもめごとがつづいていたイタリアで、一五二四年に再び戦争の炎が激しく燃えあがり、皇帝はまたもフルンツベルクの助力をあてにした。五十歳になっていたランツクネヒト指揮官がためらったのは、健康状態が思わしくなかったためばかりではない。いつまでもつづく戦争の無意味さをさとって、これ以上血を流すこと

ランツクネヒトの旗手. ハンス・デーリングの木版画.

に加担したくなかったのだ。それでも結局は、再びランツクネヒトを徴募してイタリアへおもむくことを承知したのには、息子のカスパルを気づかう心が働いたのであろう。カスパルは、パヴィーアでフランス軍に包囲されていた皇帝軍に所属していたのである。そしてこのパヴィーアで、戦争の運命が決せられることになった。

フルンツベルクはメランで徴募を行なった。皇帝の言葉は空（から）約束にすぎなかったから、彼は再び私財を投じて、諸処で信用貸しをしてもらわなければならなかった。それにもかかわらず、一五二四年のクリスマスの直後にいよいよ進発となったとき、ランツクネヒトには一か月分の給料しか渡すことができなかった。危険な事態だった。給料が滞ったのでは反乱の恐れがあるからだ。十一箇中隊を率いて、フルンツベルクは間道伝いに上部イタリアのロディに向かった。そこにはもう一人のランツクネヒト指揮官マルクス・ジッティヒ・フォン・エムスが、十八箇中隊とともに待ち受けていた。皇帝はもちろん約束した金を送ってきていなかったし、フランス軍は数的にはるかに優勢で、事態は絶望的だった。

こういう状況をフルンツベルクは包み隠さず部下に打ち明けたが、同時にパヴィーアで包囲されている皇帝軍の窮状を訴え、そのなかには友人や縁者がたくさんいることを指摘した。彼の率直な言葉は、空約束よりははるかに効き目があった。「彼はみんなの父だ。彼のために身体と生命をなげうとう」と、隊長や兵士は叫んだ。フルンツベルクは高まった士気を利用してただちに進発した。同盟したスペイン軍も動き出し、一五二五年二月はじめにパヴィーアへ到着した。三週間、皇帝軍とフランス軍はにらみ合っていたが、皇帝側の二人の司令官、ペスカラとフルンツベルクはついに決戦を求めた。ペスカラは部下のスペイン兵に、きみたちの飢えを満たすに足るパンを与えることはできない、フランス兵から奪うがよい、彼らのところにはありあまるほどあるのだから、と言った。勝利かさもなければ死しかあり得ないことを十分に心得ていたフルンツベルクは、軍装の上にフランシスコ派の僧服を着て出撃したという。

フランス側に立って戦うスイス兵と、皇帝側のチロル兵、シュヴァーベン兵とのあいだの奇妙な憎悪がまたもや爆発して、おそろしい殺し合いになったが、それがもっとも激しかったのは、ドイツ兵が「黒い兵団」とぶつかったときだった。この兵団は、フランス側に雇われて戦うドイツのランツクネヒトである。その指揮者ゲオルク・ラングマンテルはフルンツベルクに一騎打ちをいどんだが、一人のランツクネヒトに射殺された。「一騎打ちの名誉にふさわしくない男だ」というのがその理由であった。戦いは、ドイツのランツクネヒトがかつてあげたことのない大勝利をもって終わった。彼らはフランス王を捕虜にし、王自身の書くところによれば、王には「ただ名誉と裸の命」しか残らなかった。この「裸の命」という表現はほとんど言葉どおりに受け取ることができる。なぜなら、ランツクネヒトたちは捕虜にしたのがだれだかわかると、ほとんど身ぐるみはいでしまったからである。

勝利の立役者フルンツベルクは、王の持っていた豪奢な剣を授けられた。しかしそれがすべてであった。皇帝は彼の司令官に、いかなる好意のしるしをも与えなかったのである。

夏のはじめに彼は、大がかりな農民蜂起がまだくすぶっているシュヴァーベンの故郷へ帰ってきた。シュヴァーベンの農民指導者のうちの二人は彼に従ってイタリアで戦ったことがあり、フルンツベルクはひそかに彼らと話し合って譲歩させることに成功した。すべての貴族領主が領内の農民とこういう理性的な関係にあったならば、以下の各章で述べるような恐ろしい事件はおそらく起こるには至らなかったであろう。

パヴィーアの日はランツクネヒトには勝利をもたらしたが、皇帝に平和をもたらすことはなく、わずかに息つく暇を与えただけだった。というのは、フランソワ一世はあらゆる条件に同意したにもかかわらず、釈放されると、あれは強制されたものだから無効だと宣言したからである。王が教皇と対皇帝の同盟を結ぶと、イタリアはまたもや戦場と化した。それでフルンツベルク

輜重の曹長と女の酒保商人. ハンス・デーリングの木版画.

は一五二六年の秋、再び徴募を始めなければならなくなった。彼の名声は響き渡っていたので、短期間で一万二千名から成る軍隊を編成することができたが、そのなかには騎馬をやめて倍給傭兵として働く貴族も多数まじっていた。このときの相手は教皇だったから、たくさんのプロテスタントの若者が応募した。フルンツベルク自身は「敵が多ければ名誉も多い」、自分は神の御加護を得て皇帝とその民を救うつもりであるが、それは教皇が誠実な兵士を筆舌に尽くしがたいほどに抑圧するからだ、と言っている。

彼はこのまえの征戦のときには少なくとも一か月分の給料は支払うことができたのだが、今度は約束だけで部下を釣っておかなければならなかった。農民戦争が人心を刺激し、不満分子の数がふえていただけに、これは危険なやりかたであった。

敵が主要道路を封鎖していたので、部隊は間道を通って山地を越えなければならなかった。数人のたくましいランツクネヒトがフルンツベルクを支えた。肥満しているうえに心臓障害に苦しんでいたために、ほとんど苦難に耐え抜くことができなかったのだ。

ポー平野の北縁に達しながら、まだ給料を払ってもらえなかったので、兵士たちのあいだには不穏な空気がただよいはじめた。おれたちはなぜ募集に応じたのだ？　冬、山の中で凍死したり飢え死にしたりするためではないぞ。ローマの富に心をひかれたからなんだ。ドイツ兵よりも、上部イタリアで合体したスペインの傭兵のほうがもっとうるさくせっついた。そしてとうとう司令官たちを説き伏せ、ドイツとスペインの両軍は二月末にローマに向かって進発した。

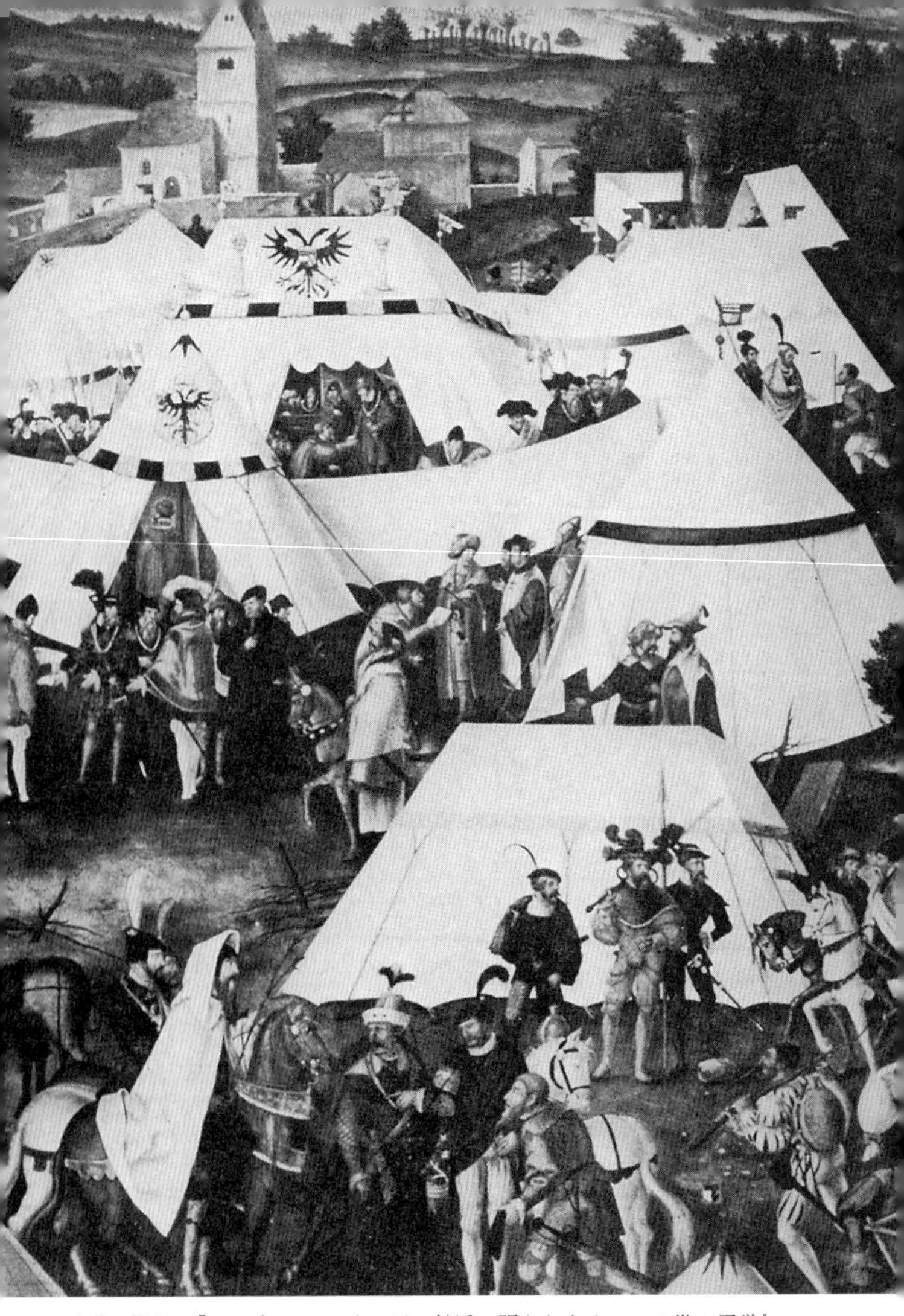

陣営の場景.『1546年，ラウインゲン付近に張られたカール5世の軍営』という絵の部分図で，作者マッティーアス・ゲールングは，シュマルカルデン戦争の折りの皇帝の陣営の中心を描いている．貴族やランツクネヒトの姿が見え，諸侯や兵卒のテントも描かれている．うしろのほうの，あけ放したテントの中では，ちょうど，皇帝が前にひざまずいているラウインゲンの市長にあいさつしているところである．

ボローニャに接近したとき、皇帝は教皇と休戦し、教皇はランツクネヒトの給料にあてるために六万ドゥカーテンを支払わされることになったという噂が広まった。これを一人あたりにすれば、数か月にわたる苦難の報酬としてわずか二ドゥカーテンにしかならないではないか。

おおっぴらに怒りが爆発し、スペイン兵は自軍の司令官のテントを襲い、司令官はあやうくフルンツベルクのもとに逃れた。フルンツベルクはただちに自分の指揮する中隊を整列させて、過ぎた日々の苦しさと戦利品の見込みを説き、現在の危険きわまる状況のなかで一致団結するよううながした。しかし「石をも動かす」熱弁も、たけり立った兵士たちには空念仏だった。「金だ、金だ!」と、彼らがわめきちらしたかと思うと、もう最初の槍が何本も「ランツクネヒトの父」に向けられた。それは彼にはあまりにも大きなショックだった。彼はよろめき、卒中に襲われてくず折れた。急に興奮のさめたランツクネヒトたちは、瀕死の病人が運び去られるのをじっと見守るだけであった。

ある目撃者が「不満な一古兵」の言をわれわれに伝えてくれているが、その言葉のなかにランツクネヒト生活の悲劇のすべてが衝撃的に映し出されている。「神がおれをこの戦争から助け出してくれれば、おれはもう生涯戦争なんぞまっぴらだ。おえらいさんは好き勝手に仲よくしたりけんかしたりしているが、皇帝に忠実に仕えたおれたちは、肉切り台にのせられて犠牲にされてしまう。やつらは自分の利益ばっかり考えて、おれたちを破滅するままにまかせるのだ」

重病のフルンツベルクはフェルラーラに残っていなければならなかったが、そのあいだに彼の部下のランツクネヒトは、スペイン軍の司令官シャルル・ド・ブルボンの指揮下にはいってローマに進軍

ゲオルク・フォン・フルンツベルク．同時代の人クリストフ・アムベルガーの描いた肖像画の部分図．

フランス王フランソワ1世がパヴィーアの戦いでドイツのランツクネヒトの捕虜となる．ブリュッセルで織られた同時代の壁掛けのシリーズの一部．

し、五月はじめにローマに到着した。そしてただちに突撃を開始したが、激しい抵抗にもかかわらず攻撃はわずか一時間で終わった。それだけに、占領した町の略奪は長くつづいた。シャルル・ド・ブルボンが重傷を負ったので、もはや軍団の乱暴をおさえることができる者はいなくなった。

イタリア人はこの恐ろしい略奪を「サッコ・ディ・ローマ」(サッコには略奪の意味もある)——「ローマの袋」と呼んでいるが、その責任はドイツのランツクネヒトにあると、長いあいだ言われてきた。それはとりわけ、もっとも詳細な目撃者の報告がドイツ人の手で書かれていることによるが、その観察者たちはもちろんまず、同国人に興味のある話を書いたのだ。事実、雑兵たちがほしいままに町じゅうを暴れ回った。約八千人が殺され、女は暴行され、家は略奪され、貴重な芸術品が打ちこわされた。この略奪がローマにおけるルネサンスの終焉と見なされるのは正当といわなければならない。しかし実際は、ドイツ兵はスペインとイタリアの傭兵に比べればまだしもましだった。金とワインと食料品さえあれば、住民には手を出さなかったからである。とりわけルター派のランツクネヒトの「悪ふざけ」は、ほとんど典型的と言いたくなるが、根本的には無邪気なものだった。彼らは聖職者の服を着て教皇や枢機卿に扮し、仮装行列をやって教会とその制度を嘲ったのだ。

同時代人に一種の天災と見なされたこの略奪をわずかなりとも美化しようとする者は一人もいない。これはランツクネヒトの歴史の暗い一ページなのである。しかし、罪はランツクネヒトだけにあったのだろうか? そのときになって突然憤激の態度を見せた皇帝は、彼らに数か月間一文の給料も払ってはくれなかった。彼らは、最初は給料を、次に戦利品をあてにして、数か月間このうえない艱難に耐えてきたのではなかったか。こういう苦労をしてきたあとだけに、単純な男たちはまっしぐらに略奪の陶酔へと飛び込まずにはいられなかったのである。

　略奪がなおもつづけられているあいだに、ペストがはやり出して、短期間のうちに、はじめは過労で、次には不節制で弱っていた兵士たちの多くが死んだ。死者のなかにフルンツベルクの息子メルヒオルもはいっていた。死期の迫っていた司令官はそれでもなお故郷へ運ばれ、一五二八年八月、まだ五十五歳の若さで死んだ。死の数週間まえ、彼はカール五世の弟でその代理をつとめるフェルディナントに、心ゆさぶられる手紙を書き、強い言葉で自分の経済的窮状を訴え、援助を請うた。しかしこの手紙には返事すらもらえなかった。彼の秘書が追悼文のなかで次のように言っているのは正当である。「彼は最後にこう言うのが常であった。戦争には人に嫌われる点が三つある。哀れな無辜(むこ)の人々を破滅させ抑圧することがその一つ、二つ目は兵士たちのだらしない、罰せらるべき生活、それともう一つは諸侯の忘恩である。不実な人間が取り立てられて金持ちになるのに、功績のある者は報いられずに終わるのだ」

　ランツクネヒト指揮官も、たくみに、非良心的にさえ立ち回れば財産を作り、金持ちになれるということを、セバスチアン・シェルトリーンの運命が証明している。フルンツベルクより二十三歳若い彼は、一四九六年にヴュルテンベルクのショルンドルフに生まれた。市民だった両親について詳しいことはわかっていないが、彼はチュービンゲンの大学に行って、大学修士(マギスター)の学位を得た。しかし、二十一歳のときにもう学問に興味を失って一五一七年にランツクネヒトの募集に応じた。ついでに言えば、この事実は、ランツクネヒトという身分が当時、あらゆる住民層にどれほど魅力を及ぼしたかを示す一つの証左である。

のちにシェルトリーンは自分の体験をていねいに書き記した。それを読めば、ランツクネヒト指揮官の生活を十分にうかがい知ることができる。彼の報告の二ページ目にもう、目をひく記述が出てくる。同じような内容のものは何度も繰り返して現われ、彼とフルンツベルクとの違いをはっきりさせてくれる。それはつまり、こういう記述なのだ。「戦争は三か月つづき、私は五百グルデン受け取った」。五百グルデンといえば当時の大工の年収のほぼ八倍にあたるのである。

シェルトリーンは鋭い金銭感覚を有し、金を取るすべも、また支出するすべをも心得ていた。フルンツベルクが生涯金欠に悩み、皇帝のためにランツクネヒトを募集する目的で所有地を抵当に入れたのに反し、シェルトリーンは征戦ごとにどんどん財産をふやしていった。二十七歳のときにもうみずから部隊の徴募を引き受けたが、そのとき事務の練達ぶりと同時に組織者としても優秀なところを見せたにちがいない。諸侯がはったり屋に、たいせつな徴募の仕事をまかせるはずはないからである。

カール五世とフランソワ一世との大規模な紛争のとき、彼はフルンツベルクの下で働き、パヴィーアの戦いにも加わった。戦闘そのものについては回想録のなかに何も報告がないが、騎士に任じられたことにはちょっとだけ言及しているから、勇敢な働きで衆にぬきんでていたにはちがいない。そして最後にまた決算表が出てくる。「こうして私は聖霊降臨祭のときに心楽しく帰郷し、千五百グルデンを持ち帰った」

それ以後、斬り込みとなるとそこにはかならずシェルトリーンの姿が見られた。彼は良心の痛みなど知らず、ともかくもうかりさえすればよかった。そして、最初はとてもそうは思えないところにさえ、もうけはあるにちがいなかった。たとえば、農民に対抗して結成されたシュヴァーベン同盟で、歩兵の曹長を務めたことがそれである。彼は持ちまえの細かさと数字に対するすぐれた感覚とを生かして、部下がケーニヒスホーフェン付近で九千名、数日後にさらに四千名の農民を打ち殺し、二百名を焼き殺し、ヴュルツブルクの占領後——このことについては次章で詳しく述べる——六十五名を斬首したことを報告している。そして最後にこう記される。「この戦争で私は五百グルデンを得た。同じ戦争で三人の農民を捕虜にしたが、彼らは四百グルデン払うと約束した」。こういう率直さを見ると、彼に対する敵意は失われるが、だからといって共感が増すわけでもない。シェルトリーンとフルンツベルクとの違いほど大きな違いはほとんどあり得なかっただろう。フルンツベルクはローマ戦争から瀕死の重病にかかって故郷へ帰り、皇帝にあてて物乞いの手紙を書かなければならなかったというのに、隊長として同じ戦争に加わったシェルトリーンのほうは、一万五千グルデンと、「りっぱな衣服と宝石」を手に入れたと記しているのである。批判は容易だが、シェルトリーンのような男が当時はふつうであって、フルンツベルクが例外だったということを忘れてはならない。

シェルトリーンはともかく一五三二年までに略奪で大金を稼ぎ集め、一万七千グルデンでアウクスブルクに近いミンデル河畔（ミンデル川はドナウ川の支流）の領地ブルテンバッハを買い取ることができた。こうなれば、偉大な先輩フルンツベルクのように領地所有者として重きをなすことができ、四十歳になった彼としては大いに満足であったろう。しかもその領地は、そのころ死んだフルンツベルクの息子の手であまりうまく管理されていなかったミンデルブルクから、それほど遠くなかったのである。

しかし彼は家にとどまってから八週間後にはいられなかった。領地を買ってから八週間後にはもう、アウクスブルクの部隊の隊長として、五百名のランツクネヒトと五十名の騎兵をひきいて対トルコ戦争に出て行ったのである。これは諸侯のあいだでつづいている争いと違って、もっと危険であり、もうけも少なかった。トルコ軍は強力な敵で、三年まえにウィーンを攻囲し、これを撃退するのは大仕事だった。今度は、シェルトリーンも略奪で金を手に入れるばかりが能ではない、もっとりっぱな仕事をやってのける

騎兵を指揮する司令官．ハンス・デーリングの木版画．

こともできるのだということを証明してみせた。彼は一万六千の兵を擁するトルコ軍部隊の攻撃をみごとに防いだばかりか、敵に大打撃を与えることができたのである。その結果、彼は商売をつづけるのに必要な名声を手に入れた。それに、どうやってだかわからないが、この征戦で四千グルデンを稼ぎ出すことまでやってのけた。これだけあれば、新しい領地に帰って城を建てることができる。カール五世は、忠実に仕えたフルンツベルクのことはあまり顧みなかったのに、このシェルトリーンを貴族の身分に引きあげた。それで彼は以後、シェルトリーン・フォン・ブルテンバッハ（フォンは貴族の称号）と名乗ることが許される。

一五三二年から四六年までの年月、皇帝とプロテスタント諸侯のあいだをあちこちに揺れ動くシェルトリーンの姿が見られる。最初はおそらく、どちらの側についたらいいのか、よくわからなかったのであろう。彼はアウクスブルク市の隊長でありながら、同時にヴュルテンベルク公ウルリヒとヘッセン方伯フィリップに仕えていた。しかし、だからといってその間に、皇帝に徴募されて対フランスの戦いに加わってはならないわけはなかった。カール五世にとってこの企図は失敗に終わり、皇帝は南フランスで一万二千のドイツ兵を含む二万以上のランツクネヒトを、飢えと病気と死によって失った。しかしシェルトリーンはまたもやその手記に「この戦争から五千グルデンを持ち帰った」と記すことができた。

やがて、ドイツ諸侯相互間の、そしてまた諸侯と皇帝との、内政面、宗教面での争いで、しだいにランツクネヒト同士が戦わなければならないことが多くなった。徴募地域としては依然として南方がもっとも好まれ、したがって、いわば源泉にもっとも近い南ドイツにいたランツクネヒト指揮官たちが、多くの供給を受けることになった。すでに心理的な軍略や宣伝を用いて工作が行なわれさえしたことは注目をひく。たとえば、シェルトリーンはヘッセン方伯フィリップを通じて、バイエルン公が「シュマルカルデン同盟」*に対して動員した場合には、公のもとにあるランツクネヒトたちをたきつけて騒擾と反乱を起こさせるように、という委託を受けていた。

* 一五三一年二月に、カール五世の政策に反対するプロテスタントの諸侯と都市の同盟で、フィリップはその指導者の一人。一五四六年、シュマルカルデン戦争が皇帝とのあいだに起こり、同盟側は敗れてフィリップは捕えられ、同盟は分解した。

このシェルトリーンは相当な策士だったにちがいない。というのは、たくみにカトリック側とプロテスタント側のあいだを泳ぎ回り、いつも何か利益を得られそうなほうについたのである。たとえば一五四四年、フランスに新たに遠征が企てられると、「大元帥」、「模範貴族」として募集に応じ、またも七千グルデンを手に入れた。次の年、彼はプロテスタント側に立って活躍し、ブルテンバッハを小さな兵営に造り直し、アウクスブルク市の委託を受けて何か月かのあいだそこに千二百名のランツクネヒトを待機させた。これはまったく新しいやりかただった。それまでは、征戦のあるたびにランツクネヒトを徴募して、戦争が終わりしだい解職してしまうのが常だったからである。たといどんなに少数であろうと、一部隊を常駐させせれば金がかかった。しかし、その金を払ったのはシェルトリーンではなく、この場合はアウクスブルク市だった。

シュマルカルデン戦争でプロテスタント諸侯が皇帝と戦ったとき、五十歳になるシェルトリーンは公然と同盟側について、諸侯と同盟した南ドイツの諸都市の歩兵部隊を指揮した。時代はすでに変わっていた。フルンツベルクは二人の皇帝に仕え、シェルトリーンはカール五世に厚遇されながら、南ドイツにおける抵抗の中心人物となるのに痛痒を感じなかった。彼は精力的に戦ったが、同時に、修道院や教会の財産から取れるものは遠慮なく取った。そういうところは農民戦争の影響をとうに克服して、地下室と金庫を満たしていたから、シェルトリーンは聖職者たちからしたたかに搾り取ることができたのだ。「彼らは私に五百グルデンくれた……彼らは私に四百グルデンくれた……」この騎士殿にはそれを認めてやらなければなるまい。彼は取ることにかけては上品ぶってなどいなかったし、また誠実でもなかった。

戦争は皇帝の勝利で終わり、シェルトリーンはさしあたり領地を捨ててコンスタンツに避難所を求めなければならなかったものの、このときでさえまた「給料、贈り物、戦利品で三万グルデンを手に入れた」

どこででも金と戦利品の話ばかりである。部下との関係については、われわれはまったく何も知らない。折りに触れて五千人か、せいぜい一万人のランツクネヒトの話が出ることはあるが、それ以上になることはない。引きつづく係争と戦争でひどい目にあっている一般市民に対しても、同じように、何も配慮されることがなかった。戦争をするのは、彼にとっては単に職業にすぎず、いちばんもうけの多い商売にすぎなかった。

士官の作戦会議．ハンス・デーリングの木版画．

しかしそれから、苦しい日々が何か月もつづいた。シェルトリーンはスイスに逃げ、バーゼルに避難所を与えられた。そんな状態だっただけに、彼は、父フランソワ一世のあとを継いだフランス王アンリの申し出を喜んで受け、「個人として年額千二百クローネの給料」でフランスに仕えた。

このひと滴が樽をあふれさせた。皇帝はいずれにせよ、「大元帥にして模範貴族」なる男の行動に追放宣言をもって応じた。一五四八年八月三日、アウクスブルク市の市民は、かつての傭兵隊長を主人公とする奇妙な芝居の触れ口上を聞いたのである。

しかし一五五二年以後、プロテスタント諸侯と皇帝とが協調するようになったとき、老いつつある男は出番がきたのを見てとった。数人の友人がカール五世との和解を取り持ち、皇帝は追放を取り消したばかりか、シェルトリーンに領地を返してやった。一五三三年から一五七七年に死ぬまで、彼は裕福な土地貴族の生活を送った。奪い取りだまし取って集めた財産を、彼は二十年以上にわたって悠々と味わうことができた。仕事といえば、回想録を書き、隣人たちといさかいを起こすことだけだった。

シェルトリーンが領地に引きこもってから三年後の一五五六年、皇帝カール五世も政治の舞台から退き、マクシミリアン以来上部イタリアとドイツでずっとつづいていた戦争は、それから五十年以上のあいだやむことになった。そうなるともう、ランツクネヒトもそれほど必要とはされなくなった。戦争もなければ戦利品もない――そのころのランツクネヒトの状況を簡単な文句で言い表わせばこういうことになる。平穏は衰亡を意味した。十七世紀はじめに状況が再び悪化したときには、ランツクネヒトはすでに傭兵(ゼルドナー)になってしまっていた。

ランツクネヒト対ブントシュー

「親愛なるランツクネヒト諸君、諸君のうちのある者たちは反乱を起こし、われわれが農民を正義に反して、というのはもっぱら彼らが神の福音を引き合いに出すからなのだが、敵に回そうとしている、と言っていることを私は知った。そして農民は諸君を動かして、われわれから自分たちのほうへと鞍替えさせようとしている」――シュヴァーベン同盟の司令官ゲオルク・トルフゼス・フォン・ヴァルトブルクは、一五二二年、なみなみならぬ穏和な言い方で麾下の部隊にこう演説した。彼の心配には十分な根拠があったように思われる。ユーバーリンゲンのランツクネヒトたちはとっくに、「自分たちの槍に農民を刺したり切ったりすることはさせない」と宣言していたのである。シュヴァーベンと中部ドイツのほかの市町村においても、同じような激動が起こった。

数日のあいだだけ、農民の運命はどうともはっきりしないように見えた。貴族と諸侯が農民に対して行動を起こそうと思えば、ランツクネヒトを必要とした。ドイツの住民の五分の四は農民階級だったと推定されるが、それが一五二五年の最初の何か月かのあいだ、激しい暴動を起こした。残りの五分の一は、しばしば農民に共感を抱いた市民と、数のうえではもっとも少ない身分である貴族から成っていた。貴族が危機の数週間のあいだ自分たちの優位を防衛しようと思えば、それにはただ一つ、農民と農民を戦わせるしか方法がなかった。

農民戦争という、ドイツ最初の社会的、政治的な大革命について、きわめて印象ぶかい、しばしば衝撃的なイメージを与えてくれる報告はたくさんある。しかしその多くは農民と貴族という両敵手のことばかりを述べ、無名の大衆のなかから数人の指導的人物を拾いあげはするが、この悲劇性を指摘することは怠っている。すなわち貴族は軍隊のなかで指揮者の地位を占めていたものの、部隊の大衆を構成するのはランツクネヒトだったのであって、そのランツクネヒトが農民層から徴募されなければならなかったことをわれわれはすでに知っている。したがって、彼らが少なくとも一瞬は、同じ身分の人間に立ち向かうのをためらったろうことは十分に理解できる。とは言っても、そういうためらいが良心から出たものではなく、とりわけ農民の優勢に対する恐れからではなかったかという、意地の悪い疑いは残る。トルフゼスがもっともらしい言葉でなだめようとした良心の遅疑は、農民の形勢が非になるに従って消えていった。そのうえになお、「有能なクネヒトたち」には豊富な戦利品がはっきりと保証されていたのだ。こういうわけで、ドイツ史一般の暗い章のひとつである農民戦争は、ランツクネヒトの歴史においてもその暗い一章を構成するのである。

農民の反乱は何も青天の霹靂(へきれき)ではなかった。すでに全十五世紀を通じて、見通しのきく人たち、説教師、学者、政治家たちは、農民の社会的、政治的な地位から生ずる危険を指摘していた。彼らの経済生活が特別に苦しかったというのではない。農地と屋敷の大きさとで、貧乏な多くの騎士や貴族をしのぐ者もいた。村落共同体の生活は、季節の変化によってきまった労働のリズムを持ち、それが中世のあいだに確固たる形をとるようになっていた。村が外部からの危険や侵入してくる敵に脅かされることもなければ、農民自身が戦争に駆り出されることもなかった。

しかし、この事実にこそ、災いのひとつの根があったのである。農民は領主に保護されるかわりに、その権利と自由の一部を断念した。この従属が彼らを時とともに怠惰にし、領主にとって、彼らをますます強く締めつけて従属させるのは易々たることであった。たとえば共有の森、あるいは村の裁判における古くからの権利は少しずつ切り縮められ、それと同時に、すでに象徴的な意味しかもたなくなっていた税が再び導入された。たしかに、村に住む多くの農民はのんびりと一日一日を送って、自由と権利のことなどほとんど、あるいはまったく気にかけず、食べるものさえ十分にあれば満足し、領主の課す重荷を羊のようにおとなしく担っていた。

こういう怠惰な農民大衆が貴族に安心感を与えた。貴族のなかにも誠実に農民たちのために努力する者もいたが、また平穏なのをいいことに、最後の自由民までむりやり隷農の身分にして従属させる者もいた。ドイツのほうぼうの地方で、激しい嵐の前兆であるいなずまがひらめいても、彼らはみんなそれを見逃した。すでに一三九一年にゴータの周辺地方で、一四三一年にはヴォルムス近在で、その地の農民がはじめて騒擾（そうじょう）を起こしたが、その絶望と怒りはユダヤ人に向かってそらされ、ユダヤ人だけがもっぱら、税と高利の責任を背負わされた。

それからのち、小さな局地的暴動が、特にアルプス地方と前アルプス地方とに繰り返し起こった。

南シュヴァルツヴァルトでこういう暴動が起こったとき、はじめて一般民衆の目じるしとして、一種の旗じるしである農民靴（ブントシュー）が竿の上に突き刺された。それは、農民のはく典型的な単純な靴で、交互に編み合わせて膝まで届く皮ひもがついていた。農民はのちにこの靴の絵を旗に描くようになり、それでこのときの農民一揆はしだいにこの名、ブントシューで呼ばれるようになった。

一四七六年に、フランケンで、「ニクラスハウゼンの笛吹き」と呼ばれるハンス・ベーム――今日なら村の楽師というところだろう――が、神の前ではすべての人間が平等であると説教し、税や領主の非道や、非キリスト教的な聖職者を攻撃した。やがて何万という人々が集まってきて彼の説教に耳を傾けたが、ヴュルツブルクの司教がたちまちひそかに手を打って、彼を逮捕させた。その報を聞いて、その日の夜のうちにおよそ一万六千の信奉者、あるいは同時代のある年代記作者のかなり的確な表現によれば、巡礼者も、ヴュルツブルクへ押しかけてきた。司教は多少のお世辞を使って、人々をなだめた。しかしみんなが引き揚げると、請願者のなかに数名の反徒が潜んでいるという情報があったからと称して、騎兵に跡を追わせた。農民は陰険な攻撃に対して防戦し、十二人が刺し殺され、数人が逮捕された。司教は数日後その大部分を釈放したが、ハンス・ベームと、そのもっとも近しい仲間のうちの二人はヴュルツブルクで処刑された。農民は首を切られ、笛吹きは異端者とされて焼き殺されたのである。

一四九三年、アルザスの農民のあいだで暴動が、一年後にはシュパイヤー司教領でブントシューの蜂起が起こった。重税、飢饉、三年間国内で猛威をふるったペストが、反乱を養う地盤を作ったのだ

ニクラスハウゼンの笛吹き．同時代の民謡のとびら絵．

が、この場合にもまた、宗教的な陶酔が一役買っていた。ドイツの至るところに不穏な空気が重苦しくおおいかぶさり、宗教改革がよりどころとしたこの空気は、こういう農民の蜂起のなかに、はっきりと姿を現わしてきた。それはもはや抑えるすべもなく、ほかならぬ一般民衆がそれを受け入れ、ほかに伝え、その意味を解釈した。

政治的、社会的な新秩序を待望する声と、これが結びついた。この新秩序とは、硬化して完全に時代遅れになった社会構造や、一面を強調しすぎる過去数世紀の封建秩序や、貴族と聖職者から抜け出して、農民と市民の政治的権利を拡大してくれるはずのものであった。

農民だけでこういう新秩序を強引に作り出すことはできなかった。彼らが何かを達成しようと思えば市民の助力を求めなければならなかったが、市民はすでに述べたように、当時、全人口の一小部分をしか占めていなかった。市民の各層から、農民の抱くしばしば熟し切らない思想を整然とした線に乗せようとつとめた人もちょくちょく現われ

農民がブントシューの旗に誓う．1514年の木版画．

てはいる。しかしこういう見識のある人たちがその主張をつらぬくことができず、貴族の側にはほとんどまったく見識が見いだされなかったことが、ドイツ史の悲劇である。

こうして農民戦争という大闘争は、つかみそこねたチャンスと誤解が長々とつながる一つの鎖となり、その行き着く先は暴力が理性に打ち勝つ、恐ろしい流血の対決であった。農民戦争という言葉ほど一般の見解に混乱を巻き起こした概念はめったにない。というのは、ほんとうは、さまざまの地方で起こり、それぞれに重点も違う農民一揆というべきなのであって、これは実のところ百年以上もまえから中部ヨーロッパ全域に長い鎖のようになって続発していた比較的小さな一揆の最後の環にすぎなかったのである。共通しているのはただ、農民の要求をほとんど一つも認めようとせず、固陋な態度によって農民を残忍な反徒の役割へ追い込んだ貴族の反応だけであった。

ブントシューがすでに何度も暴動を起こしていた南シュヴァルツヴァルトでは、まったくこっけいなきっかけで火がついた。一五二四年八月、その地の農民はジークムント・フォン・ルプフェン伯に対して暴動を起こしたのだが、それは領主の妻がえりにえって収穫期に、糸を巻くのに使うかたつむりの殻をむりやり捜させたからだといわれる。このかたつむりの殻はもちろん、杯をあふれさせた最後のひと滴にすぎない。

反徒はプロテスタントの説教師フープマイヤーとかつてのランツクネヒト、ブルゲンバッハのハンス・ミュラーを、精神的、軍事的な指導者と仰いだ。彼らが戦争を欲したのではなく、この場合はまず貴族による抑圧に反抗しただけだということをはっきりと強調しておかなければならない。それよりまえにも、またそのころにも、ほかならぬ南ドイツから多数のランツクネヒトが徴募されたため、一方ではこの地に闘争心がさかんだったこと、そして他方、軍隊での服務を終えたかつてのランツクネヒトは、定住する農民より良心のとがめを感じないですんだことを忘れないようにしよう。大蜂起が始まった時期は、上部イタリアでドイツのランツクネヒトがフルンツベルクの指揮下に勝利の道を進んでいたときと一致する。

一五二五年初頭までに南ドイツの騒擾はさらに遠くまで広がり、とりわけケンプテン修道院領を含むアルゴイ地方をのみ込んでいた。そこではもう一世紀もまえから、領主修道院長たちが自由な農民を強制して隷農にし、そのさい数々の残酷な行為をほしいままにしていたから、農民がなぜもっと早く力を結集して、肩に重くのしかかった軛（くびき）を振り払わなかったのかが不思議に思えるほどである。

暴動はケンプテンから、ウルムとボーデン湖のあいだの上部シュヴァーベン全域に広がった。農民は三つの大きな「団(ハウフェン)」にまとまった。この表現が決しておとしめられた意味を持っていないことは、ランツクネヒトのあいだで使われていた言葉だということからわかる。当時は人数の多い少ないはあれ、群衆のまとまりを意味していただけである。

バルトリンゲン農民団――ウルムの南にある村の名をとった――、アルゴイ農民団、ボーデン湖農民団を作ってまとまった農民が、武器を持って現われても、それだけではまだ、彼らが武器の力で要求を通そうとしているということにはならない。農民が野獣に対すると同様に無頼の徒に対して身を守らなければならなかったきびしい時代には、武器の携帯はあたりまえのことになっていた。隷農にしてもそうであって、そのときまで貴族はだれ一人としてそれに文句をつけてはいなかった。バルトリンゲン農民団は、上部シュヴァーベンのズーニンゲンに住む鍛冶屋、ウルリヒ・シュミートを指導者に選んだ。境遇に恵まれ、思慮深くて声望の高い人物である。この選び方によってはっきりする点が二つある。一つは、農民が経済的な困窮から行動したのではないということである。どの反乱地域においても、運動の指導的地位についたのは裕福な人たちだった。それともう一つは、シュミートは暴動ではなくて、ただ正当な権利を欲するだけの穏健派の代表者だったことである。

彼はいつも、どこででも、交渉を求めた。貴族にとってこんなにやりやすい相手はいなかっただろう。彼らははじめからシュミートをだまし、その誠実さを恥知らずに利用し尽くした。それで彼は、さまざまの事件が起こるにつれてしだいに過激分子に席を譲らざるを得なくなり、ついにはみんなから見捨てられ、のちにようやくスイスに逃げて命を全うすることができた。

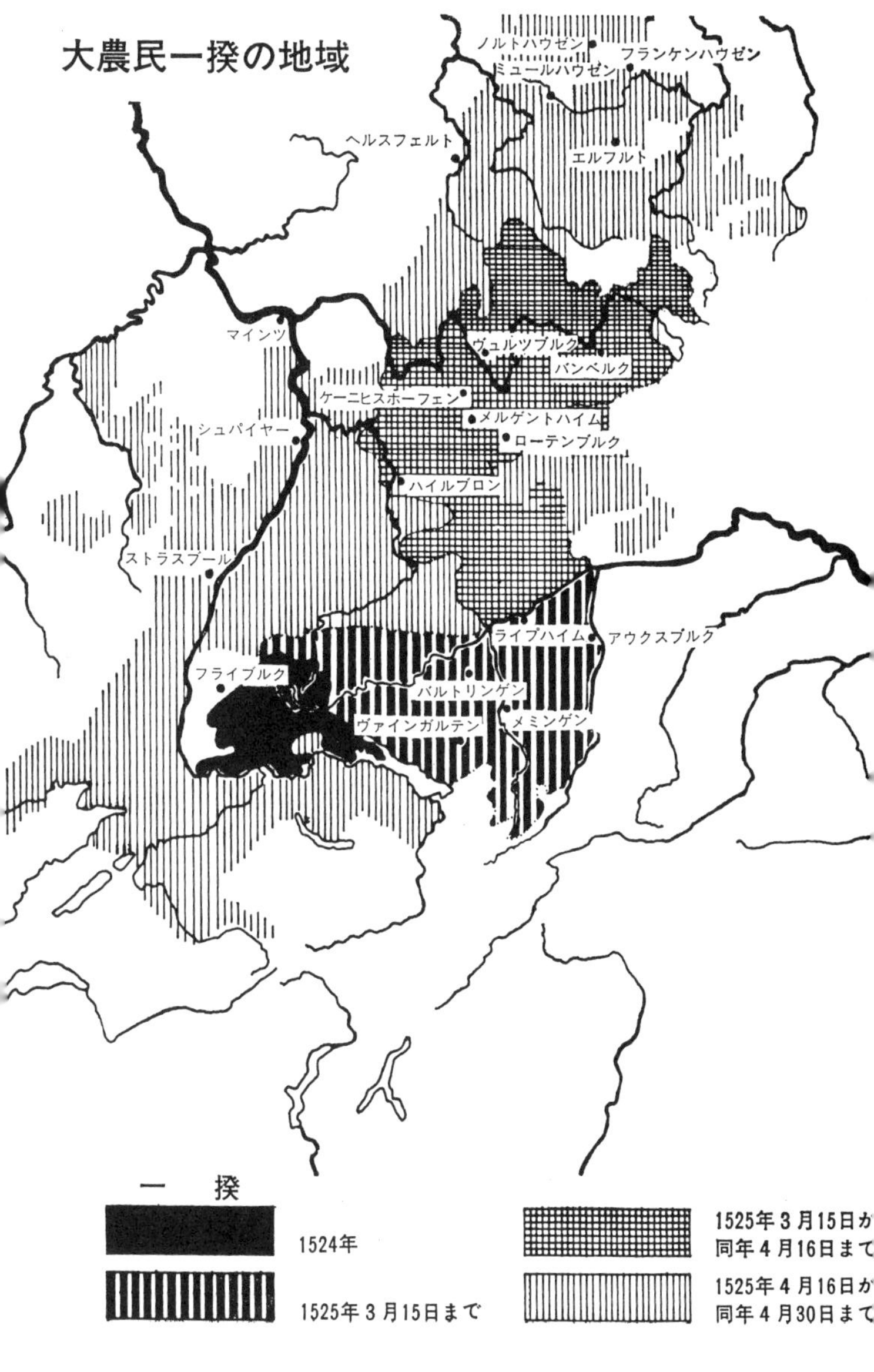
大農民一揆の地域
ノルトハウゼン
フランケンハウゼン
ミュールハウゼン
ヘルスフェルト
エルフルト
マインツ
ヴュルツブルク
バンベルク
ケーニヒスホーフェン
メルゲントハイム
シュパイヤー
ローテンブルク
ハイルブロン
ストラスブール
ライプハイム
アウクスブルク
フライブルク
バルトリンゲン
ヴァインガルテン
メミンゲン
一　揆
1524年
1525年３月15日まで
1525年３月15日か
同年４月16日まで
1525年４月16日か
同年４月30日まで

ヴュルテンベルクの農民の指導者、マテルン・フォイヤーバッハーも、シュミートと同じく富裕な層の出身だった。彼は私情をまじえず、公正に仲間の言い分を代弁することにつとめたから、ロットヴァイルにある皇帝の高級裁判所さえ、彼が敗北後死刑を宣告されるはずのところを無罪釈放したほどである。

こういう名前のリストはなお長々とつづけられよう。農民たちの穏健な態度を示すのにもっとも適切な証拠は、暴動が起こってからすぐシュヴァーベン方言で書かれた、有名な十二箇条である。これは今日なおていねいに読む価値のある政治的ドキュメントのひとつである。ここに記されている要求がどんなに穏健なものであるかには、驚くほかない。しかしそれ以前のいかなる改革プログラムよりもラディカルである。ラディカルといっても言葉の本来の意味、すなわち「根源に達する」という意味においてであって、旧秩序を根源から完全に新しく作りなおしはするが、ぶちこわしはしないということである。農民たちは序言ですでに、自分たちは反徒ではなく、こういう要求によって厳格に福音を守ろうと思っているのだと強調する。この人たちが、自分たちは信仰の地盤の上に立っているが、この地盤が不安定な立場にある自分たちにとって最上の支えなのだと繰り返し強調しているのは、いかにも控え目に感じられて心を打たれる。彼らはまた、聖書を引用して要求の正しさの証明と裏づけをしようとしているが、これには、彼らの側に立ったルター派聖職者の影響がはっきりと認められる。

第一条にも司祭の問題が取りあげられている。彼らは司祭を自分たちの手で選び、「司祭にふさわ

rüffent) erhören will/ Wer will den willen Gottes Tadlen?
Wer will in sein gericht greyffen? Ja wer will seiner maiestet Roma. 11.
widerstreben. Hatt er die kinder Israhel zů im schreyend/ er- Esaie. 40.
höret/ vnd auß der hand Pharaonis erlediget? Mag er nitt Roma. 8.
noch heüt die seinen erretten? Ja er wirts erretten? Vnd in ei- Exodi. 3.
ner kürtz. Derhalben Christlicher leser/ Solch nachuolgende vnd. 14.
Artickel liß mit fleyß/ Vnd nachmals vrteyle. Luc. 18.

Hienach volgen die Artickel.

Der erst Artickel

Vm ersten ist vnser demůtig bitt vñ
beger/ auch vnser aller will vñ mey-
nung/ dz wir nun fürhin gewalt vñ
macht wöllen haben/ ein gantze ge-
mein sol ein Pfarher selbs erwölen 1. Timo. 3.
vnd kyesen. Auch gewalt habē den Titon. 1.
selben zůentsetzen/ wañ er sich vn- Actuum. 14.
gepürlich hielte. Der selbig erwölt Deutr. 17.
Pfarher sol vns das heylig Euangelion lauter vnd klar pre- Exo. 31.
digen/ on allen menschen zůsatz/ leer vñ gebot/ dañ vns den Deutr. 10.
waren glaubē stetz verkündigen/ geyt vns ein vrsach got vñ
sein gnad zů bitten/ vns den selbigen waren glauben einbil- Iohan. 6.
den vñ in vns bestetten. Dañ wañ sein gnad in vns nit einge- Gala. 2.
bildet wirt/ so bleyben wir stetz fleisch vñ blůt/ dz dañ nichts
nütz ist/ wie klärlich in der gschrifft staht/ dz wir allein durch
dē waren glaubē zů gott komē kündē/ vñ allein durch sein barm-
hertzikeit selig müssē werdē. Darum̃ ist vns ein solcher vorge-
er vñ pfarher vō nöten vñ in diser gestalt in gschrift gegrünt.

Der ander Artickel

Zum ander nach dem recht Zehat auff gesetzt ist im altē Te-
stament/ vnd im Newen als erfült/ nichts destminder wölle

A ij

同時代の印刷による 12 箇条の一部.

しくない振舞があったときには」解任できることを望んだ。それとともに、司祭が「教義、戒律など人間による付け加えをいっさいすることなく」、つまり支配の目的のためにねじ曲げたり解釈を変えたりすることなく、純粋で明確な説教をすることが要求されている。そのかわりに自分たちは――と、第二条にいう――大十分の一税、すなわち穀物十分の一税、つまりしきたりによれば二十分の一、あるいは三十分の一の穀物束を納める用意がある。これで司祭の俸給を払い、残りは村の貧民のために役だてるか、もしくは不時にそなえて備蓄したいというのであった。小十分の一税――つまり果実と野菜のそれ――、特に家畜十分の一税は、聖書に何も記載がないからという理由で拒否された。

またも、すべての人間を救済したキリストをはっきりと引き合いに出して、第三条は隷農制度を拒否する。第四条は獣類、鳥類、魚類を共有財産とすることを要求し、お上(かみ)――つまり貴族――が、「道理のわからない動物たちに食わせて、神がせっかく人間のために成育させ給うたものを台なしにしてしまう」のは、農民に害を与えるために猟獣を養っているようなものだということを強調する。第五条では、貴族がわがものとしてしまい、身分の低い者は高い金を払って買わなければならない薪を問題にする。貴族と聖職者が売買契約を結んだという証拠はないのだから、山林は共同体の所有に戻すべきだという要求である。

第六条と第七条は夫役(ぶやく)と労役に向けられている。その廃止が要求されているのではないかと思われるかもしれないが、決してそうではなく、農民が自分の仕事もできるようにその軽減が求められているにすぎない。第八条の問題とするところは、農民の土地に掛けられ、貴族に払われる租税である。

これについては、「尊敬すべき人々」の鑑定に従って協定を行ない、「農民が只働きをする結果にならないよう」、まあまあ我慢できる程度にまで税を引き下げようというのである。

第九条は刑罰を問題にする。「大きな違犯」――つまり中くらいの重さの犯罪――に対する恣意的で不公平な処罰のしかたを廃止することが要求されているのである。第十条は第五条と意味上同じである。第五条では山林だったが、ここでは共同体のものでありながら領主に没収された牧草地と耕地が問題にされている。これまた共同体に返還されるべきであり、かつて強制的に買収が行なわれた場合には、穏便に和解手段を講ずるようにせよ、というのであった。第十一条は、隷農が死ぬとその子孫と相続人は最上の家畜を、女の場合には最良の衣服を領主に渡さなければならないという法習慣の廃止を要求している。

ここまでの十一箇条からしてすでに、まったく無理のない、真剣に受け取られるべき改革を提案する穏健な要求であるのに驚かされるが、さらに第十二条は、農民が、「神の言葉と一致しない」要求はすべて引っ込めるつもりだということを述べている。そして、もし領主たちが容認した項目のどれかがのちに不当なものであることがはっきりしたら、その譲歩はただちに無効とする、というのであった。宗教改革の論難書と同じく、この十二箇条もビラに印刷されてアルゴイからホルシュタインまで、アルザスからエストニア、リヴォニアまで、ドイツ全国にたちまち広められた。領主である貴族と聖職者にとって、これほど都合のいい交渉の土台はほとんどなかったろうと思われるが、彼らはそれを利用することはしなかった。南ドイツでは、農民の敵である諸侯、領主、大都市はもうずっとまえから、土地の平和を確保するためにシュヴァーベン同盟に結集していた。しかしこの同盟を牛耳る冷ややかで頑固な政治家、バイエルンの官房長レオナルト・フォン・エックは、平和的な解決などは考えなかった。彼は農民との交渉をだらだらと引き延ばし、いっさいの和解に反対して、かたくなに、力による農民の抑えつけを要求した。彼にもっと妥協の用意があったなら、おそらく多くの流血は避けられたであろう。

同盟がすでに一五二五年二月以来軍備を整えていることは、農民も知っていた。それゆえに前記の三つの農民団はきびしい軍隊秩序を作りあげた。その秩序からは、かつてのランツクネヒトの影響と、すでにランツクネヒトの陣営で見て知っているのと似た、単純な民主的秩序の萌芽とをはっきりと感じ取ることができる。兵団は連隊に分かれ、そのトップには連隊長と評議会がすわった。しかし農民は、起こるかもしれない戦闘に備えただけではなく、自分の農場のことも考えなければならなかった。冬のあいだは集まることも容易であったが、このときは畑仕事に出なければならなかった。そのために大小のグループが入れ替わり立ち替わり団を離れた。代わりの人数を出すこともあったが、そうでないときは、ほかの人たちにもどうしても必要な仕事をしてもらえるように、しばらくすると帰ってきた。

こういう状況のもとでは、農民団は決して狭い故郷からあまり遠くへ出かけることはできなかった。反徒が常に違う土地で別々に行動し、まとまって共同の大きな作戦を行なうことができなかった決定的な理由は、おそらくこれであったのではないかと考えられる。

農民団の大きさについてはよくわかっていない。おそらくいま述べた理由から、彼らは絶えず入れ替わったのではないか。同時代の記録では、シュヴァーベン地方における反徒の数はおよそ十万と見積もられている。この数は決して誇張ではあるまい。同じころフルンツベルクが同じ地域からイタリア遠征の部隊を徴募し、シュヴァーベン同盟のランツクネヒトもこの地域から補充されたことを考えれば、農民壮丁の大部分が武器をとったものと想像してよさそうである。

しかし反徒の給養はどういうふうにすればよかっただろう？　本来の騒擾は一五二五年春、つまり冬の貯蔵食糧が尽きた時点に始まった。城から多くを奪うことはできなかった。都市の一部は争いに巻き込まれなかったし、また他の一部では貯蔵食糧が安全なところにしまい込まれていた。そうなると残るのは特に修道院で、事実、南方での最初の攻撃は修道院に向けられた。それは聖職者の領主がとりわけ憎まれていたこともあるし、また農民の給養にどうしても必要な貯蔵食糧が豊富に修道院の納屋にあることを、農民が正確に推測し得たためでもある。

だが、まだそこまではいかなかった。領主から取ること少なく、農民に与えること多い和解がまだ可能であったろう。しかしシュヴァーベン同盟の軍備がだれの目にもはっきりしてくるにつれ、穏健分子が主張を通すことはむずかしくなった。過激派がますます前面にのさばり出てきたが、そのなかには村でいちばんやかましいわめき屋、疑わしい分子がまじっていた。たとえばシュヴァーベンのロイバスとその手下コンラート・ヴィルトは、浮浪者で常習窃盗犯であった。

上部シュヴァーベンでのいくつかの事件が信号の役割を果したことを見逃してはならない。地図を見ればそれがはっきりする。三月中旬まで上部シュヴァーベンが暴動の渦のなかにあり、四月中旬までホーエンローエ領、タウバータール、今日の下部および中部フランケンで、四月末までヴュルテンベルク・プファルツ、ライン地方の諸司教区、ならびにチューリンゲンで、暴動のあらしが吹き荒れた。チロルとザルツブルクでは、その歩みはかなり遅れた。ここでの暴動は、ほかの土地ではもう終わるか、もしくは少なくとも最盛期を過ぎてから、ようやく始まったのである。八七ページの地図にしるしのつけられている暴動地域と少なくとも同じ程度に重要なのは、白い箇所、つまり騒擾がまったく、あるいは少なくともほとんど起こらなかった地域である。バイエルン公爵領、ベーメン王国、上部および下部オーストリアがそのなかにはいる。これらの地方の農民も他と比べて少しはましな状況にあったが、はるかにいいとまで言えないことはたしかである。昔のバイエルン（いまのバイエルン州に比べてはるかに狭い）では、種族的特徴である粘り強い重苦しさが目立って阻害の働きをしたらしく、ベーメンでは辺境地域が孤立していて、国の中心にはスラヴ系の農民が定住していた。そして最後に、宗教的な要因も過小に評価してはならない。宗教改革がほとんど確固たる地歩を占め得なかったのは、ほかならぬこの地域なのである。

農民戦争に関する近代の報告には、上部シュヴァーベンでどんなに短期間のうちに事件が劇的なクライマックスに向かって進んだかが、ほとんど指摘されていない。一五二五年三月六日、月曜日、上部シュヴァーベンの三つの農民団の代表はメミンゲンに集まって討議し、その翌日、「キリスト教連盟」を組織した。このときにはまだ、交渉する時間が残されていただろう。しかしシュヴァーベン同盟が軍備を整えていたので、三週間後にはもう最初の暴力行為が始まった。三月三十日、木曜日に、農民は修道院と貴族を殲滅することを決定した。修道院と貴族の館（やかた）が次々に反徒の手に落ちた。彼らはこうして、どうしても必要な貯蔵食糧を獲得したのである。オットーボイレン修道院一つだけに二千五百マルター（一マルターは百十五―百八十リットル）もの穀物があったといわれる。どうしてもそういうことになりがちだが、修道院なり貴族の館なりを奪取すると、たいていはひどい略奪がそれにつづいた。「農民が主（あるじ）になるときほど短刀の切れ味が鋭くなることはない」と、襲われたある修道院の修道士が記している。

しかし復活祭の週の火曜にあたる四月四日にはもう、シュヴァーベン同盟は最初の決定的打撃を与えようとして行動に出た。同盟の司令官、ゲオルク・トルフゼス・フォン・ヴァルトブルクは、部下のランツクネヒトを率いて――彼らもたいていは農民の子弟であったことを、常に忘れないようにしよう――ライプハイム付近でバルトリンゲン農民団を撃破した。この戦いについての同時代の報告は、最後に、戦利品を得ようとするランツクネヒトの欲望の激しさを強調している。敗れた農民は彼らの一人一人に一月分の給料をやると約束していたのだが、もちろんその金を払うことはできず、同盟のほうはどうしてもランツクネヒトを必要としていたので、司令官は部下に逃げられまいとして、その給料を払ってやった。

それから司令官は一日もむだにすることなく、ただちにアルゴイ農民団攻撃に向かい、聖金曜日にヴルツァハ付近でこれを撃破した。そして聖土曜日には上部シュヴァーベンのヴァインガルテン修道院で、ボーデン湖農民団に立ち向かった。ここでどうしても雌雄を決しなければならなかったのだが、このときにも農民側には大きなチャンスがあった。一万二千という数は同盟軍のほぼ二倍だったし、ほかならぬこのボーデン湖農民団が特に戦争に強いという評判だった。資金もたっぷりあったから、ランツクネヒトを徴募することまでやっていたし、大砲だってあった。要するに多少の自信があれば、勝てるという計算を立ててもよかったのである。ところが肝心の自信が彼らには欠けていた。

逆に、トルフゼスのほうは情勢を冷静に判断した。彼はこちらから攻撃をかけることを禁じ、復活祭の月曜日に、ためらう農民と「ヴァインガルテン条約」を結んだ。この条約に従えば、農民は中隊を解いて団を解散しなければならなかったが、武器の保持は許された。そして双方が半数ずつ選ぶ四ないし六の都市で仲裁委員会を作り、苦情はそこで処理されることになった。

三月六日に農民は「キリスト教連盟」を作り、三十日に武力を用いることを決定し、四月十七日に条約が結ばれた。上部シュヴァーベンの暴動はちょうど六週間つづいたわけで、そのうち最初の三週間にはなお、交渉を求める努力がなされていたのだ！　こういう単純な計算をはっきりと念頭においておかなければならない。条約締結そのものが、農民にとって問題なのは暴力ではなくて自分たちの権利であったことを、おそらくもっともよく証明していよう。しかし彼らは、シュヴァーベン同盟が条件をきちんと守ろうなどとは全然考えていないこと、そしてまたこの条約によってシュヴァルツヴァルト、ヴュルテンベルク、フランケンでの暴動の鎮圧に手を貸す結果になることを予想もしていなかった。

三月二十二日、ローテンブルク周辺の農民が蜂起した。町自体でも、都市貴族の市会に対して職人

武装した農民.
ハンス・ティロールの木版画.

と一般民衆の暴動が起こり、ここでは、市民がただちに農民に味方した。彼らははじめから、シュヴァーベン人とは違う目的を追求した。シュヴァーベンでは重荷の軽減がねらいだったのだが、夫役がもうあまり重要な役割を果たさなくなっていたここフランケンでは、政治的な諸権利が問題であった。反徒のなかには裕福な農民、いや豪農までいて、仲間に加わろうとするあらゆるグループにワインを一樽と手押車いっぱいのパンを提供することを約束した。

わずか数日のうちに、暴動はローテンブルクからヴュルツブルク司教区の南部全域に広がった。農民はたちまち、諸処の修道院を徹底的に略奪し、貴族の城に火を放った。フランケン人は、例の十二箇条に付け加えたいわゆる城箇条をきっぱりと領主たちに突きつけた。「すべての聖職者と俗人、貴族と非貴族はこれ以後、一般の市民および農民の権利を守り、他の一般人以上のものであってはならない」。今日なおフランス人はあらゆる特権を廃止した一七八九年八月四日夜の国民議会の決議を、誇らしい気持で回想する。だがフランケンの単純な農民は、この箇条によって二百五十年以上もフランス人に先んじていたのである。ここには、上部シュヴァーベンの社会的な改革プログラムとはもはや何ひとつ共通するところのない、ラディカルで民主的な革命傾向がはっきりと現われている。

フランケン人が四月二十七日にオクセンフルトで作ったきびしい軍隊秩序も注目をひく。ランツクネヒトの手本にならい、またその影響をはっきりと受けて、隊長、旗手、憲兵司令、車陣長、輜重長から、もっと下の階級までが選挙によって選び出されたのである。貴族で農民の味方につこうと思う者は、城と砦を壊し、大砲を農民団に引き渡さなければならなかったが、動産は保全することが許された。

農民の圧力はたいそう強く、貴族の一部は事実、彼らの要求に従わざるを得なかった。たとえばホーエンローエ家のアルブレヒト、ゲオルクの両伯爵は、農民団の陣営に現われて十二箇条を認め、大砲を引き渡した。農民はそれにこたえて、二人を「兄弟ゲオルク、兄弟アルブレヒト」と呼んだ。「二人がいまはもう領主ではなく、農民だから」というわけだった。しかし衷心から農民の側についたのは、おそらく、のちに触れるフロリアン・ガイヤーだけだったろう。

貴族と農民の関係は、フランケンとオーデンヴァルトでは不幸な星回りのもとにあり、ヴァインスベルクの流血の日によって暗い影を投げかけられた。農民戦争の歴史を扱う本でこの事件を詳しく述べないものはないし、この事件ほど農民側に不利な働きをしたものもなかった。しかし実際にはどういうことが起こったのだろうか？　その背景はなんだったのだろうか？

フランケンの農民の一週間後に、オーデンヴァルトとネッカルの農民が蜂起した。その農民団のひとつがイェックリーン・ロールバッハに率いられて、ハイルブロンに近いヴァインスベルクの町と城に向かって進撃した。城の防衛に任じたのはようやく二十七歳のヘルフェンシュタイン伯で、妥協しない貴族側の代表者であるこの男は、激しく農民に立ち向かった。彼はすでに、反徒側につこうとした者を斬り捨てており、ほかの者は、妻子に復讐すると本気で脅しておさえた。となれば、反徒がヴァインスベルクを特に危険な抵抗の巣と見たのも不思議ではない。「美男伯爵」と呼ばれたヘルフェンシュタインは、すでに聖金曜日に、一部隊を交渉で釣っておき、油断していた後衛にいきなり襲いかかって殲滅したために、農民の激怒を買っていた。

いずれにせよ、彼は敵を特に重大視してはいなかったらしい。あるいは軽率に行動しただけだったのかもしれない。ともかく復活祭の朝、ヴァインスベルクの教会へ行って、城の見張りにはわずか数名のランツクネヒトしか残さなかった。農民は内通でそれを知り、ただちに城を占領して、マクシミリアン皇帝の庶子である伯爵の妻とその子供を捕えた。そのうえで、今度は町自体に矛先を向けた。降服要求を、ヘルフェンシュタインが脅し文句を並べて拒否したので、農民はそれにこたえて突撃を開始した。数人の市民がひそかに市門を開き、やがて町は農民の手に落ちた。十八人の市民が戦闘で死に、騎士と部下のランツクネヒトは捕虜になった。

翌朝、農民は裁判を開き、過激分子、特に女たちが主張をつらぬいた。伯爵と十三人の騎士、数人のランツクネヒトは、ランツクネヒト方式で「槍ぶすまのなかを駆り立てられ」、女たちはさらに遺体をはずかしめた。伯爵の妻はスカート一枚残して衣服を剝がれ、二歳になる息子とともに堆肥運搬車に乗せられてハイルブロンへ送られた。

この凶行には弁解の余地がないし、ヘルフェシュタインがおのれの過酷さと残酷さとによって恐ろしい運命を招いたという事実に変わりはないが、これが農民側にあっては例外的な場合だったことを見逃してはならない。反徒はどこででも略奪には躊躇を見せなかった。同時代の報告によれば、フランケンだけで百六十二の城と四十八の修道院が占領され、その一部は焼き払われた。しかし血の凶行はきわめてまれである。農民の指揮者が生命の危険をおかして過激派に抵抗し、その主張をつらぬいたこともしばしばあった。

それにもかかわらず、ヴァインスベルクの一つの事例が一般化されて、農民側に著しく不利な働きをした。奇妙なことに、農民が悪者にされたのは、捕虜を殺したためというよりはむしろ、貴族を「屈辱的」なやりかたで死なせることをあえてしたという事実によるところが大きかった。

農民に対するマルチン・ルターの態度におそらく最も強く影響したのは、ヴァインスベルクの凶行であったろう。宗教改革者ルターはまだ暴動の起こらないうちは農民の状況に多大の理解を示し、臣下の農民を庇護するよう、何度も諸侯に警告を発していた。一五二五年四月にはなお、「シュヴァーベンの農民の十二箇条に応じて行なう平和への勧告」のなかでこう書いている。「あなたがたの首には剣が擬せられている。あなたがたはまだ、しっかと鞍にまたがっていて、だれにも鞍から持ちあげられることなどはないと思い込んでいる。そういう確信と度しがたい思いあがりが、あなたがたの首をへし折ることになろう」

彼には農民の要求が当然のものと思われたが、暴動が変貌しはじめると、彼はもう、農民がこれらの要求を持ち出すときに折り折り見せるやり口に長くは賛成していられなくなった。

ヴァインスベルクの事件と、のちに触れるチューリンゲンの暴動とに直接影響され、彼はひどく興奮して「強盗殺人をほしいままにする農民暴徒に反対する」というパンフレットを書いた。彼は鋭い言葉で彼らの非行を責め、官憲がただちにきびしく介入してくることを求めた。「それゆえ、いまここで、できる者はひそかに、また公然と、打ちかかり、絞め殺し、突き刺すがよい。そして彼らほど有毒、有害で悪魔的なものはあり得ないことを考えるのだ。暴動を起こした人間は、狂犬を打ち殺さなければならないときと同様、これを打ち倒さなければ、自分が打ち倒され、自分とともに国全体が打ち倒されるからである」

ルターのこの発言は、とりわけ自分の教義を広めようという配慮から出たものと解さなければならないが、彼自身のちに第二のパンフレットで、いくらかその調子を和らげようとした。しかし第一のパンフレットはすでに農民の企図にネガティヴな影響を及ぼしてしまっていた。しかしそれによってはじめて、暴力を用いない解決を考えていた人たちが農民に背を向けたのだと主張するならば、これもまた時代の因子を過小に評価するものといえる。事件が次々とあわただしく起こっており、そのためルターのきびしい言葉はむしろあとになってから貴族たちが自己を正当化するのに役だったと考えていいのではないか。ある人々が「ドイツ人のように無作法な民族には隷農制度でも穏やかすぎる」というフィリップ・メランヒトン（一四九七―一五六〇。宗教改革者、人文主義者で、ルターの主要な協力者）の言葉を引き合いに出したのと同じことである。

逆に、ヴァインスベルクの出来事は、激情家の貴族の頭を冷やす働きをしたかもしれない。彼らは農民が容易ならぬ相手であること、穏健分子が優位を保持するであろうなどといつまでも安心してはいられないことを認めざるを得なかったのだ。それまでにはまだ、多数の農民が打ち殺されたことに憤激した者はいなかった。オーデンヴァルトとネッカルタールの地方貴族はすでに農民と協調しはじめ、その農民たちは最後に、貴族で騎士のゲッツ・フォン・ベルリヒンゲンを連隊長に選んだ。

さまざまの事件をある程度概観しようと思えば、再び日づけを一瞥しなければならない。一五二五年復活祭――騒擾が起こってからまだ一月とたっていない。上部シュヴァーベンの農民団はちょうどヴァインガルテンでシュヴァーベン同盟と条約を結んでいるところである。ネッカル＝オーデンヴァルト地域では、ヴァインスベルクの凶行が憤激と不安を呼び起こし、ラインラントではようやく危機が訪れようとしている。それから五月初めにフランケンでは事態が重大化する。すでに多数の城が占拠され、食べるに従って農民の食欲は増してきた。彼らは勝手気ままになり、今度は司教都市ヴュルツブルクを占領しようとしている。

五月七日、日曜日に、最初の農民大集団がヴュルツブルクの前面に到着して、市の周辺に陣営を張った。市民は彼らと連合し、公開書簡で、司教とフラウエンベルク城の守備隊に服従の取消しを通告した。そのあとで農民は、市民ばかりか数人の貴族の支援を受けて、町を支配する城の攻囲を開始した。場面はまたもや騒々しくなるが、われわれはともすれば次のことを忘れがちである。すなわち、頭のかっかした農民がヴュルツブルクの城を包囲攻撃するというまったく無用で無益な試みをやっていたのと同じときに、ハイルブロンでは数人の穏健な農民指導者が、ホーエンローエ家の官房長ヴェンデル・ヒプラーおよびミルテンベルク出身でクーアマインツの元代官フリードリヒ・ヴァイガントといっしょになって、ほかならぬ帝国行政の改革と新秩序に手をつけようとしていたのである。もしこの試みが成功していたら、農民は数世紀を飛び越して帝国の新秩序に決定的な寄与をなし得ただろう。だが残念ながら、大暴動のこのたいせつな転機はついにつかまれることなく終わった。

ハイルブロンでは五月初め、南ドイツのさまざまの農民団から派遣された委員が独自の農民議会を組織していた。この議会にヒプラーとヴァイガントは、十二箇条の要求を織り込んだ草案を提出した。しかしさらにそれを上回って、強力な統一国家が作られ、裁判制度と商業が新たに整えられることになった。貧しい者をも、富める者、身分の高い者と同様に援助して権利を与えることが定められ、同じ貨幣、同じ量目が要求された——これはほぼ五百年後の一八七〇年以後になってはじめてかなえられた願望である。利率は四パーセントに制限されることになり、最後の条項は諸侯に対する皇帝の明確な優位を要求するものであった。

この改革プランの諸要求は、はっきりと諸侯の優位に対して向けられていた。だが実現に持っていくのにはもう時期が遅かった。フランケンの農民がヴュルツブルクのフラウエンベルクを囲み、農民団の委員たちがハイルブロンでためらいながら帝国改革の計画を練っているあいだに、ゲオルク・フォン・ヴァルトブルクは同盟軍を率いて攻撃に転じ、五月十二日、ヴュルテンベルクのベーブリンゲン付近で農民の一軍団を殲滅した。農民はその日の朝、原っぱに集まって会議をしているところを、背後からランツクネヒトに襲われたのだ。まだきちんと戦闘態勢を整えないうちに戦いが始まった。それはもう戦いとはいえないようなもので、八千の農民が死んだ。

ヴァインスベルクの虐殺の主要責任者の一人である笛吹き、メルヒオル・ヌンネンマッハーは捕えられ、円を描いて走り回れるようにして、鎖で木に縛りつけられた。それから薪が木の回りに積みあげられ、火がつけられた。トルフゼスや同盟のほかの騎士たちは、自分の手で薪を運んできて、捕虜が火に追われていよいよ速く木の回りを駆け、ついに倒れて炎のなかで死ぬのを笑いながら見物した。これもヴァインスベルクの虐殺の責任者であるロールバッハは、ホーエンアスペルクの近くで捕えられ、チュービンゲンで斬首された。一説によれば、笛吹きと同じやりかたで焼き殺されたともいわれる。

ゲオルク・フォン・ヴァルトブルクはそれから北へ向かい、「農民ゲオルク」というそのあだ名を恥ずかしめなかった。彼はどこででも、慈悲というものを知らなかったのである。通りがかりにヴァインスベルクの町は焼き払われ、農民に味方したつけを払わされたかっこうになった。同盟軍の次の目標はヴュルツブルクであった。そこでは農民の一部が隊長たちの了解なしに、五月一五日、城に突撃を試みたが、準備不足のこの軽々しい企画は当然のことながら挫折せざるを得ず、無用の損害を出しただけだった。

攻囲軍はますます粗暴になって、周辺のぶどう酒蔵をからにし、乱暴な振舞をやめさせようとする隊長のことなど、もう全然気にかけなくなってしまった。市民のあいだには農民に対する最後の共感も消えうせた。だれももう、蜂起の大きな目標、十二箇条、あるいはハイルブロンの改革の試みのことなど考えてはいなかった。敵が近づいてくるという知らせを聞いて、ネッカルタールの農民は五月の末に、自分たちの故郷を守るために引き揚げた。

タウバー河畔のケーニヒスホーフェン付近で、タウバー河谷の小さな共同体の農民と市民は、ヴァルトブルクの率いるランツクネヒト軍を迎え撃った。彼らは車陣を作って敵のタウバー渡河を防ごうとしたが、同盟軍は強力にすぎた。ベーブリンゲンのときと同じように、戦闘は屠殺に変わった。ケーニヒスホーフェンの三百人の市民のうち、虐殺を免れたのはわずかに十五人だったといわれる。ヴュルツブルクへの道は開かれていた。聖霊降臨祭の日曜日、六月四日に、もう一度約五千の農民がギーベルシュタット付近、ヴュルツブルクに近いマイン河谷上方の台地で、車陣を組んでそのなかに立てこもった。しかしランツクネヒト軍が近づいてくると、パニックに陥って逃げ散り、ほとんど全員が殺戮された。約二百人の一部隊だけが、仲間の焼き払ったインゴルシュタット城の廃墟に整然と退去して、そこで死物狂いに戦ったあげく全滅した。

その二日あと、聖霊降臨祭後の火曜日に、ヴュルツブルク市は同盟軍に無条件降伏をした。フランケンの暴動はこれとともに終わった。三月二十二日にローテンブルクの農民の蜂起で始まって、上部シュヴァーベンの暴動と同様、ちょうど六週間つづいたのである。

それから農民の「処罰」が始まり、約一万人が処刑されたといわれる。この数字は少し多すぎるかもしれないが、個々の申し立てを足してみると、まことに悲しい決算表ができあがる。ゲオルク・フォン・ヴァルトブルクは、自分の手で千二百の首を斬ったと自慢しているし、ヴァインスベルクでは八十一人の農民が斬首され、キッチンゲンでは八十人が斬首、六十九人が目をえぐり出されて指を切り落とされた。ヴュルツブルクでは、ケーニヒスホーフェンでは、メルリヒシュタットでは、エーリンゲンでは、ネッカルスウルムでは……というふうに、到るところで処刑が行なわれた。市民も捕えられて、何週間ものあいだ牢獄に入れられた。たとえばヴュルツブルクでは、司教がティルマン・リーメンシュナイダー（一四六〇？—一五三一。彫刻家でヴュルツブルクの市長をも勤める）を牢獄に放り込んだ。

もう一つの大きな暴動の巣、チューリンゲンでは、農民一揆はまったく別の経過をたどった。「上部シュヴァーベンの農民は、農民層の背負う重荷を軽減しようとしただけだし、フランケンの農民は同時に帝国を改革し、農民階級の政治的地位を戦い取り、自分の運命を皇帝の運命と結びつけようとしたのに対し、チューリンゲンの農民はひたすら共産主義革命を成就しようとした」というふうに、ある著名な歴史家は各地の事件の特色づけを行なっている。南ドイツとフランケンでは、一揆は農民自身のなかから生まれ育ってきたのだが、チューリンゲンでは、それははるかに強度に、もう何年もまえからその地盤づくりに励んでいたただ一人の男の仕事であった。

その男トーマス・ミュンツァーは大学で神学を学び、ルターの教義を奉じたが、しだいに宗教的な夢想家から社会的な革命家へと成長していった。彼は、「おえらがた」、「動物のように食ったり飲んだりして日を送っている、でぶでぶっくりした豊頬の人たち」を敵に回して、農民と職人の社会的、政治的な要求を代弁する弁護士になった。ミュンツァーは生まれながらの政治的なアジテーターであって、パンフレットや、とりわけ説教で、ほかの農民運動の指導者がだれ一人として及ばないほど激しく大衆の心を燃え立たせた。彼は「キリストを真の支配者」とする「地上の神の国」を打ちたてようとしたのだが、それは単に平和な方法によるのではなく、彼の説教によれば、剣によって不信心の徒を力ずくで破滅させようというのだった。彼は卑賤の者の社会的な抑圧に憤激した。「暴利、盗み、強奪という澱（おり）がわれわれの領主、諸侯であって、彼らはあらゆる被造物をわがものにしてしまう。水中の魚、空中の鳥、地上の作物など、すべてを彼らは所有せずにはおかない。……こうして彼らはすべての人間をそのかして、貧しい農夫、職人その他、生きとし生けるものから皮をはぎ、削り取らせる。……貧しい男を敵に回すのは、領主たち自身のせいなのだ。暴動の原因を彼らは除こうとしない」

ミュンツァーの生涯には、多くの分裂した奇妙なところが残る。それだから今日なお、彼について見解が分かれるのも不思議ではない。マルクス主義の歴史記述からすれば、彼は共産主義の偉大な先駆者である。しかしのちに拷問によって強制された自白――「だれしもその必要に応じて分配を受けてしかるべきだ」――を私有財産の否定と同一視してはならず、それよりはるかに強く原始キリスト教的生活共同体をよりどころとするものなのだという見解を抱く人もある。

ルターはミュンツァーの思想をきびしくはねつけ、彼が説教活動をしていたザクセンのアルシュテットから追放されるよう取りはからった。それで彼はチューリンゲンの小都市ミュールハウゼンへ行ったが、ここは、すでに彼よりまえ、説教師のハインリヒ・プファイファーが古い市民的秩序の転覆を目ざして活動していたところである。

このミュールハウゼンがまたどうして、革命的な政治思想を受け入れるような状況にあったのかを調べてみると、それはおそらく住民の社会的状況と関係があるのではないかという興味ある結論が出てきた。その当時、この町の九人の市民だけが四千グルデンを越す収入に対して税金を払っていたが、その九人の財産全部を合わせても、たとえば南ドイツの大商人一人の財産よりもまだ少なかった。約半数の市民の財産がわずか八十グルデンと八百グルデンのあいだで、四分の一は資産皆無であった。こういうわけで、これらの市民の多くは、南ドイツの農民よりも経済状態が悪かった。それゆえこの人たちが、新たな政治的、特に社会的理念を養うのに絶好の地盤となったのである。

もう一五二三年から、町は沸き立っていた。トーマス・ミュンツァーがやってきたとき、おそらくプファイファーは、ミュンツァーのほうが精神的に、また弁舌に関しても、自分より優れていることを認めたのだろう。彼はミュンツァーの下についたのである。しかしミュンツァーの過激な思想はまだ浸透するには至らなかった。奇妙なことに、ほかならぬ周辺地域の農民が彼に敵対し、市参事会は

トーマス・ミュンツァー．

農民の助けを得て、市内の暴動を決定的に鎮圧することに成功した。

ミュンツァーは市から追われ、シュヴァルツヴァルトへ行って、そこの農民に自分の抱く理念を説教し、それによって大暴動の準備を整える助けをした。一五二五年二月、彼はミュールハウゼンに戻って、一般民衆の暴動を起こす準備をした。南ドイツの農民はブントシューを戦いのしるしとして旗に描いたのだが、ミュンツァーは大きな白い絹の旗を造らせてその上に虹を描き、「主の言葉は永遠なり」という文句を記した。四月の後半になってようやく、南ドイツの農民戦争の最後の波がチューリンゲン地方にも達し、ミュンツァーは火のような弁舌で、自分の信奉者たちに革命を呼びかけた。そのときに、彼の大きな弱点が明らかになった。自分自身の言葉に酔い、自制がきかなくなってしまったのだ。そういうとき、彼は聴衆に、地上における神の国ばかりではなく、ときとして途方もない約束をした。すぐにわかることだが、危機的な状況のもとでは、これは恐ろしい危険を招く要素を含んでいる。

ここチューリンゲンでは、とりわけ諸都市のなかで激動が始まった。といっても、劇の第一幕はむしろ喜劇に似ていた。ランゲンザルツァの市民が四月二十五日に市参事会に対して反乱を起こしたとき、ミュンツァーとプファイファーは約五百人の一隊を率いて救援に行こうとした。しかし市民はその間に要求の一部をつらぬいていて、過激な兄弟たちとはむしろかかわりを持ちたがらず、市門を閉じて彼らに幾樽ものビールを浴びせかけた。

それから数日のあいだ、大部分の村落共同体と都市で、暴動の炎が燃えあがった。しかし南ドイツとフランケンの農民が無視できない強力な部隊を組織したのに反し、チューリンゲンでは、農民と市民から成る比較的小さなグループができたにとどまり、まとまった政治的、社会的な目標を欠いていた。これはこの地には隷農制度がなく、十分の一税も南ドイツの場合と比べてその果たす役割が少なかったこととと、とりわけ関係が深い。それで十二箇条も、南ドイツでのような政治的浸透力を得られなかった。

土地の貴族はばらばらの状態だった。一部は抵抗したが、ほかは――南よりも多く――反徒に味方した。二週間後にはもう重点は、キフホイザー山系のふもとにあるフランケンハウゼンの町で結成された、ただ一つの真に大きな農民団に移った。その兵力は六千で、目的のために全力を尽くす市民と農民から成っていた。彼らの綱領には四項目しかなかった。そのうち二つは十二箇条のなかにあるもので、神の言葉を妨げられることなく説教できることと、薪、水、牧場、猟区を自由に利用できることである。それにもう二つ、領主は城を壊し、ごたいそうな称号を捨てることという項目が付け加えられていた。それだけである。しかも領主たちにはその代償として、支配地域にある教会の財産をすべて与えることになっていた。それもたいていの場合、わずかなものにはとどまらなかった。

ミュンツァーは五月十二日、もっとも熱心な信奉者三百名を率いてフランケンハウゼンに到着し、ただちに指揮をとったが、彼にはわずか三日しか残されていなかった。すでに、集結していたヘッセン方伯フィリップ、ゲオルク公、ザクセン選帝侯ヨハン、ブラウンシュヴァイク公の軍が進撃してきたのである。ミュンツァーの不運は、九百グルデンを持たせてニュルンベルクへ火薬を買いにやったスイスのランツクネヒトが金を持ち逃げしたことである。信奉者を不死身にしてやるという彼の約束は、不足した火薬の足しにはならないことが明らかになった。諸侯は例の古い計略を用いて、農民団が戦闘体形をとると交渉を始め、それから不意に攻撃をかけた。思いがけない襲撃にショックを受け、ミュンツァーの約束が敵の弾丸に対してなんの役にもたたないことを知って、反徒のあいだにパニックが起きた。彼らは潰乱してフランケンハウゼンへ逃れようとしたが、そこの狭い小路で殺戮された。

五千人が死んだ。フィリップ方伯とゲオルク公はさらに特別な見せ物を楽しんだ。フランケンハウゼンの女たちに、夫を助けたかったら、捕虜にした反徒たちの説教師を棍棒でなぐり殺せと要求したのである。ミュンツァーも捕えられ、拷問台の上でぶっ倒れたという。暴動がつづいたのは三週間で、南ドイツの場合よりももっと短かったが、ここでもそのあと、他の地域と同じようにきびしい裁

法廷で．背景に種々の処刑法がはっきりと見てとれる．

判が行なわれた。ミュンツァーとプファイファーは、ほかの五十人とともに処刑された。

一五二五年夏までに、南ドイツにおける暴動の最後の中心地が、次々にシュヴァーベン同盟にたたき伏せられた。ザルツブルク地方の農民だけは一五二六年春まで持ちこたえたが、この暴動はもう、地方的な性格のものでしかなかった。

なぜ農民が挫折したのかについては、戦争が終わったあとから今日に至るまで、大いに論議が戦わされてきた。戦闘意欲、勇敢さ、あるいは装備の問題ではなかった。その点では敵側のランツクネヒトとたしかに同等であって、戦闘精神においてはしばしば立ちまさってさえいた。しかし農民は軍事的、政治的な指導者を欠いていた。「戦争に慣れていたランツクネヒトは下士官としては優れていたかもしれないが、司令官としてはだめだった」と、ある農民戦争の専門家は確認している。真の政治的指導者はただ一人、トーマス・ミュンツァーだけだったが、その彼ですら、一小グループを熱狂させることができただけだった。

大きな政治的目標が欠け、そのことがまた団結に影響してばらばらに分裂していたため、敵にとっては次々に各個撃破するのにまことに都合がよかった。農民にはまた、同盟者もいなかった。いくつかの都市がこの運動に味方するにはしたものの、それはまず第一に、自己の利益を追求するという目的のためだけだった。

そして結果は？　まず直接の損害はどうか。死者の数は正確にはわからない。貴族の側の死者は微々たるものだが、農民側は約十万の死者を出したといわれる。それも南部および中部ドイツだけに限っての話である。多数の村が破壊され、畑は休閑地になった。きびしい歳月がやってきた。経済状態にさしたる変化はなかった。生き残った人々が粘り強い労働の意欲を持って再出発したからである。しかし農民階級が迎えた政治的な大きなチャンスは逃げてしまった。農民は政治的な未成年の状態のなかへ押し込められ、まさしく労働動物と化して、その後何世紀かのあいだに、「農民は牛のかわりで、角（つの）がないだけだ」という文句が彼らにとって悲劇的な意味を獲得するに至った。

ゲッツ・フォン・ベルリヒンゲンとフロリアン・ガイヤー――農民のための闘士

「グンデルスハイムの農民は隊長たちを私のところへ使いによこし、私に話があるから来てほしい、と言ってきた。私はどうしたらいいかわからなかったし、それに彼らに襲撃されるのではないかという心配もあった。そんなことになれば、私の家族と一党が被害を被ることになろう……それで私は馬で出かけることにきめ、飲み屋の前で馬を降りた。中へ入ろうとすると、ちょうどマルクス・シュトゥムプフが階段を降りてきて、叫んだ。『やあ、ゲッツじゃないか』『私だよ』と、私は言った。『私になんの用だろう?』するとと、彼は言った。『きみに隊長になってもらいたいんだよ』『やれやれ』と、私は大声で叫んだ。そんなことはまっぴら……』『受けてやりたまえ』と、マルクスは言った。『ぼくの主君やほかの諸侯のためになることだし、一般貴族のためでもある』」

このように騎士ゲッツ・フォン・ベルリヒンゲン自身が、オーデンヴァルト農民団に加わった暴動農民の指揮をとることになった決定的瞬間を描写している。

ゲッツ・フォン・ベルリヒンゲン——この本にあげた多くの人名のうち、彼のほど有名な名はおそらくほとんどあるまい。それはゲーテのせいである。彼はゲッツに、上品な人間なら口にすべきではなく、そのため、使わざるを得ないときにはゲッツの名で代用する言葉（「おれのけつをなめろ」）を言わせたのである。ゲーテのしたことはそれだけではない。戯曲『鉄手のゲッツ・フォン・ベルリヒンゲン』で彼が舞台にのぼせたゲッツは、法と正義のための闘士であり、滅びゆく騎士階級の最後の偉大な代表者であり、勇敢な男であったが、もはや自分の時代を理解せず、また時代に理解されることもなかった。ほんとうのゲッツとこの理想像の共通点はほとんど、あの有名な鉄の手だけである。

彼は年老いてから、すでにわれわれの知っているランツクネヒトの指揮官、シェルトリーン・フォン・ブルテンバッハと同じように回想記を書いているから、彼の青年時代、四十歳半ばまでの壮年時代、そしてまた農民戦争における彼の役割については、われわれにもある程度わかっている。といっても、すでに述べたように、制限をつけての話である。なぜなら、悲哀と誇りをまぜ合わせながら「めちゃくちゃな」青年時代を回顧するこの古だぬきは、同時に熱心に、また実に巧みに、自分にかけられた有罪の疑いを晴らそうと努めているからである。法と正義のための闘士、最後の高貴な騎士というイメージは、回想録を読んだあとではいささか怪しいものであることがわかる。とはいっても、どんなに敬虔な人間でも、悪意の隣人におもしろくなく思われれば平和に生活することはできない、という古いことわざの文句を考えればしかたがない。

そしてゲッツには、そういう悪意の隣人がたくさんいたようである。また、十九世紀末の何人かの歴史家は、高貴な騎士像から最後の金を掻き取って、彼を落ちぶれた盗賊騎士、「ナポリの盗賊団の親分」に仕立てあげた。それもゲーテの理想像と同じく誤っていることを、今日のわれわれは知っている。

しかし、彼の時代に立ってゲッツを理解しようと試みても、現代の尺度に従えばまだネガティヴなところがたくさん残る。当時、同じ騎士の多くがなんとか生き残って、自分の城で、しばしば農民にも劣る質素な生活を送らなければならなかったのに反して、ゲッツはけんかや争闘で暇つぶしをしながら、しかもたいていはそれで物質的な利益まで手に入れることに気を配っていた。

彼が勇敢であったことは認めてやらなければならない。二十九歳のときすでに、いわゆるランツフートの継承戦争で不運にも弾丸にあたって右手を失っていたのだ。それ以来彼は、もぎとられた手首のかわりに、実に巧みに考案された仕掛けの鉄の手をつけて剣を握り、戦闘のときにもほんものの手同様にそれで剣を扱うことができるようになった。それからというもの、その手のために彼の名声は著しく高まった。それは今日なお、ヤクストハウゼンにある彼の城の小さな博物館に展観されている。

ゲッツは彼の受けた教育の典型的な産物であった。その当時の貴族の青年が受けた教育とは、戦争あるいは少なくとも取っ組み合いのための教育であった。こういうわけで彼は「暴れん坊」に育った。暴れん坊とは、一人前の騎士にならないうちからすぐに剣を振り回す若者のことで、当時の乱暴者のタイプは多少とも美化してこう呼ばれるのが常であった。二十歳代の半ばまで、ほうぼうの領主のもとで、当時ありきたりの小規模な戦争に加わったのち、彼は今日のハイルブロン郡にあるヤクス

一揆の農民．作者不詳の木版画．

トハウゼンの、先祖代々の城に引っ込んだ。城での単調な生活はあまりおもしろくなかったらしく、彼はよかれあしかれ機会さえあればいさかいに介入した。『回想録』で彼は、自分に関することで十五の争いごとがあったことを記しているが、二、三の小さな事件は書いていないと考えてよい。そのほかになお、しばしば「友人や、よい仲間」を助けに行っている。

　われわれはこういう争いごとをも、当時の社会を背景において見なければならないが、だからといってその釈明もしくは正当化をするつもりはない。貴族の領主たちは都市がますます裕福になるのを不信の眼でながめていた。彼らのほうはしばしば経済的に苦しかったのに、「胡椒（こしょう）袋」――彼らは商人を軽蔑してこう呼んだ――はどんどんその財産をふやしていった。それでゲッツをも含む騎士たちは、しばしば取るに足りない理由を作ってけんかを売り、商人に対してきびしい態度に出ることを当然の権利と考えた。彼らがほんとうに、圧迫された人たち、あるいは暴利をむさぼられた人たちの面倒をみることなどめったにありはしなかった。たまたまあった場合には、それをいい機会にして自分のよくない目的を達したものである。騎士がこういう争いごとを起こして商人をつかまえ、身代金を払うまでは放さないというやりかたは、今日の「営利誘拐」に当たるだろう。そこにあまり大きな違いはないはずである。広い住民層のなかに金持ちに対する羨望があったために、騎士は必要とする人気を得た。ゲッツがただ一人でニュルンベルク全市に対して挑戦した勇気といおうか、あるいは無鉄砲といったほうがいいだろうが、これには一種の賛嘆を禁じ得まい。しかし彼の行動は常に、金と財産を手に入れるためだけの純粋な暴力行為にとどまった。この争いとそれに結びつく騒擾とはゆゆしい広がりを見せ、皇帝までが調停に乗り出した。回想録を読むと、この事件全体が無邪気なけんかのように思えるが、それはゲッツが、その背景と結果に詳しく触れることをしていないからである。

しかし、割を食ったのは金持ちの商人だけではなかった。そのことは、回想録のただ一箇所を読んだだけではっきりする。ゲッツはバンベルクの司教との争いのことを、こう書いているのである。「騎士仲間のハンス・フォン・ゼルビッツも十四日のちに同じくバンベルクの司教の敵になり、司教の館とフィルスエックという町を焼き払った」。それは、上部プファルツにある小さな町フィルスエックのことだが、そこの庶民など例によってものの数でもなかったのだ。

一五一七年に、ゲッツは家族を連れてネッカル河畔のホルンベルク城に移った。そのときから、彼の周囲はまえよりも平穏になり、私闘はやんだ。その二年後、彼はシュヴァーベン同盟とヴュルテンベルク公ウルリヒとの争いで公の味方につき、ひどい目に会った。捕虜になって、三年間ハイルブロンの獄に入れられていたのである。長い拘禁のあとだったから、出てからはじめは様子を見なければならなかった。そのためにジッキンゲンの反乱にも加わらなかったのだろう。一五二二年に起こったこの反乱についてはすでに、ゲオルク・フォン・フルンツベルクと関連して述べておいた。

しかし農民一揆が起こると、彼はまた活動的になった。だがもともと農民側についたのではない。一五二五年の復活祭の日曜日、これはヴァインスベルクの虐殺の日だが、彼は友人、親族とともに、諸侯会議の召集を要請した。そのときの彼は、騎士仲間の大部分がそうであったように、何をしたらよいのか、自分ではよくわからなかったらしい。このように確信がなく、混乱しているさなかに、農民たちが、農民団の指揮をしてほしいという要求を持って飛び込んできた。この考えは的はずれではない。ゲッツは戦争の経験に富む勇敢な男とされ、争いごとのために、敬意と恐怖のまじった声望を得ていたからである。すぐに指揮を引き受ける気になったのか、それとも彼自身が主張するように農民に強制されたのかという問題については、学者たちのあいだで論争があった。最終的にどちらが正しいかはおそらくわからずじまいになるであろう。たぶん、いくつかの要因が働いたものと思われる。目に見える反徒の圧迫、戦闘意欲、好戦的な傾向と同時にまた、このおそろしく不安定な時代に、一方では友人である貴族を助けよう、またそれよりはむしろ、戦いの矛先を旧来の敵に向けようという考えなどが働いたのであろう。

いずれにせよ四月二十六日、彼は何日にもわたる交渉ののち、要請された隊長職を一か月だけ引き受ける用意のあることを言明した。それと同時に彼は、ホーエンローエ家の元官房長ヴェンデリーン・ヒプラー――前章で詳しく述べた――といっしょになって、農民に宥和的な働きかけをしようと試みた。そして二人は五月初め、アーモルバッハで反徒に、十二箇条を穏和に実行する義務を負うという宣言を出させることに成功した。彼らは同時に、できるかぎり合法的な状況を再び作り出そうと試みた。たとえば、世俗の領主、聖職者の領主の財産は保護すべきこととされる一方、好き勝手な略奪は禁じられ、体刑をもって脅されたのである。

しかし彼らはそのために、獲得したばかりの自由が消えていくのを見た過激派にはひどく受けが悪かった。過激派は、多少の制限を加えられはしたものの、こういう宣言によって進歩がもたらされたことを認めようとせず、新しい指導者たちに裏切られたと思い込んだ。したがって、それに対する返答は実にはっきりしていた。つまり彼らは、きびしい命令に背いて、アーモルバッハに近いヴィルデンブルクをあっさり焼き払ってしまったのである。アーモルバッハ修道院の略奪は、ゲッツ自身それほどおもしろくなく思ったわけではないらしい。彼が略奪品でふところを肥やしたという、同時代の年代記作者の非難に対して、彼は回想録でかなりいいかげんな自己弁護をするだけで、告発を防ごうとする。自分は「二、三の物品を農民から買い取った」のであって、しかもその品にはがっかりさせられたという彼の主張は、まさにナイーヴとしかいえない。

ヒプラーが「農民議会」の準備のためにハイルブロンへ行っているあいだに、オーデンヴァルト農民団はゲッツの忠告に逆らってヴュルツブルクへ向かった。フランケンの貴族の代表者との交渉は、はじめからうまくいきそうもなかった。農民が、受諾不可能の要求を出したからである。貴族はわれわれに味方してフラウエンベルク城を明け渡せ、そのあとで、破壊するかどうかを決定しようというのであった。彼らはそのうえ、撤退の代償として十万グルデンを払うことを要求した。

五月十九日、シュヴァーベン同盟が進撃してくるという知らせがヴュルツブルクに達すると、ゲッツは農民たちに、できるだけ早く城の守備軍と条約を結ぶように求めたが、それも聞き入れられなかった。それでゲッツは、足もとに火がつくのを感じた。回想録のなかで彼は、人々が自分の首を切り落とそうと考えていると、一人の農民に教えられたのだと主張しているが、実際は引き揚げる機会を捜していただけである。そして、ネッカルタールの農民が五月二十六日、近づいてくるシュヴァーベン同盟の部隊から故郷を守るためにヴュルツブルクを去ったとき、その機会がきた。ゲッツは彼らとともにホーエンローエ家領のなかまで入ってから、突然、任期が切れたと宣言した。こういう危機に、見えすいた口実を作って、彼は農民たちを運命の手にゆだねた。農民のほうからはもう、危険の迫ってくる心配はなかった。それよりもむしろ、彼はシュヴァーベン同盟に対して、首に巻きついた縄をはずすことを試みなければならなかったのである。五月末に彼はひそかにホルンベルクにもどり、フランケンで農民の首が転がっているあいだ、ひとまずそこで待機した。

それから彼は、シュヴァーベン同盟に対して自己正当化に努め、次の年には裁判で完全に無罪判決をしてもらうまでにこぎつけた。しかし、事実かなりおかしいこの無罪判決は、彼の仇敵にとってはおもわくちがいだった。彼らはゲッツを襲い、あらためてアウクスブルクにいるシュヴァーベン同盟のところに出頭することをむりやり約束させた。彼はそこで二年間牢獄に入れられ、不面目な条件をつけてようやく釈放された。たとえばもう馬に乗らないとか、生涯ホルンベルク城の管区内にとどまり、夜はまったく城を出ないと約束しなければならなかったのである。十年間――五十歳から六十歳まで――彼は事実、鎖につながれた犬のような生活を送った。そのあとでようやく、皇帝が口をきいた。かつてはあんなにけんか好きだった男だから、トルコ軍との戦いに使えるのではないかと期待したからである。ゲッツはたちまち百人の騎士を集めてウィーンへ行ったが、休戦になって、また故郷へ帰ってきた。

六十四歳のとき、彼はもう一度皇帝カール五世に従ってフランス軍と戦うことができたが、それから最終的に引退し、なお十八年間ホルンベルクで暮らしてから、一五六四年、「八十歳を越えること少々」で死んだ。

回想録が彼を有名にした。しかし彼が果たしてそれに値したかどうかという疑問が思わずわきあがってくる。彼はしばしば「重要な農民指導者」と評価されるが、事実はそうでなかったことはたしかである。オーデンヴァルト農民団とともにいた四週間と、その逃走ぶりとは、およそ名誉あるものとはいえない。彼の周囲には、農民運動に彼よりもはるかに持続的な影響を及ぼし、明確な目標をかかげ、与えられた可能性の枠内で何事かを成し遂げた人たちがいた。たとえば騎士フロリアン・ガイヤーがその一人である。彼は農民一揆と関連して繰り返しその名をあげられながら、ついにゲッツ・フォン・ベルリヒンゲンの人気には及ばなかった。

この二人には共通点がいくつかあった。二人とも帝国直属騎士であった。ということはつまり、かつては帝国内で指導的地位を占めながら、のちには完全に重要性を失った身分に属していたわけである。年齢の点でもあまり違いはない。ガイヤーはゲッツより十歳年少だった。二人ともフランケンの農民一揆と密接に結びついていた。二人の運命はのちの詩人たちの創作意欲を刺激した。ゲーテは一七七三年に、ゲッツをドイツの過去の「りっぱな男」に仕立てたし、ゲルハルト・ハウプトマンは一八九六年、事実に密接によりかかって、フロリアン・ガイヤーを法と正義のための闘士として描き出そうと努めた。

しかしフロリアン・ガイヤーについて知られているわずかな事実から明らかにしなければならない重要な違いもあった。ガイヤーはヴュルツブルクの南方、オクセンフルト郡にある村ギーベルシュタットに定住していた貴族の家の出である。若いゲッツが取っ組み合いと私闘に明け暮れていたのに反し、フロリアン・ガイヤーについては、そういうたぐいのことはまったく伝わっていない。これは、フランケンの領主たちが暴力行為を自衛策と称していたような時代にあっては、たいへんなプラスである。ゲッツ自身はまだ比較的無邪気なタイプに属していた。たとえば、トーマス・フォン・アプスベルクのように罪もない犠牲者の右手を切り落としたり、マンゴールト・フォン・エーバーシュタインのようにできるだけ多くの身代金を搾り取ろうとして犠牲者を拷問したりする男もいた時代である。フランケンのいくつもの城が犯罪者の、あるいは穏やかに言えば贓物（ぞうぶつ）隠匿者の巣に成りさがり、そのために誠実な貴族は、貴族仲間の悪評に悩まされなければならなかった。

フロリアン・ガイヤーも、こういう乱暴者と手を組んだわけでもないのに、農民に味方したということだけで乱暴貴族と同視されてしまった。手を組んだなどとはとんでもないことである。もしそうだったとしたら、どうして農民の側に立ってこういう盗賊騎士どもと戦っただろうか。むしろ、貴族身分のおかれた状況に絶望し、絶望したからこそ農民の側に立ったもののように思われる。彼は農民とともに、そして農民によって、政治的な新秩序を打ちたてようと願ったのである。

彼がフランケンの騎士としてはただ一人、自発的に、また意識的に農民とのつながりを求めたことはたしかである。窮迫してやむを得ずその方向に走ったのではない。なぜなら財政状態は安定していたし、諸侯に仕えていい地位につき、ランツクネヒトの隊長としても成功していたからである。

彼がいつタウバータール農民団に加わったのか、その日時は正確にはわからない。たぶん、一五二五年四月前半、運動が始まってすぐのときだったろう。ゲッツはのちに、自分は強制されたのだと主張しているが、ガイヤーはだれに強制されたのでもなかった。彼はほんとうにその運動に、政治的新秩序の可能性を見たように思われる。しかし彼の立場ははじめから容易なものではなかったろう。農民は貴族を信用しなかったからである。だいたい農民が彼の抱く革命的な理念を把握できるはずもなかった。貴族の廃止、城の取り壊し——これが農民のかかげるスローガンだったのだ。農民はほとんどだれ一人として、この騎士の心底に潜む動機なりとも理解はしていなかっただろう。彼は実際は農民大衆を、帝国の、よりよい政治的秩序を見いだす仕事を手伝ってもらうための道具にしようとしか考えていなかったのだ。

ブントシューの旗を持った農民に囲まれる貴族．ペトラルカ＝マイスターの木版画．（ペトラルカ＝マイスターは，16世紀前半にアウクスブルクで活動した木版画家．ペトラルカの作品に挿絵を描いたことでこの名がある．）

おそらくガイヤーは、フランケンの農民が復活祭後の木曜日にオクセンフルトで打ちたてた「新秩序」に手を貸していただろう。この新秩序は、すでに別の箇所で述べたように、まず農民団の軍事組織を定め、それを完全にランツクネヒト方式で編成すると同時に、「全体としてどこの貴族よりも堕落した」フランケンの貴族に対抗しようとするものであった。しかし、在来の専制領主を抑えつけようという意図は、それほど強くなかった。それよりはむしろ、新しくてきわめて過激なやりかたで、領主たちに新時代が始まったことを見せてやろうという試みだったのである。領主たちのうちで農民、彼ら自身の呼称によれば「キリスト教兄弟団」に加わろうと思う者は、城と砦を取り壊し、大砲を引き渡すことに同意しなければならなかった。フロリアン・ガイヤーは戦争の経験に富んでいたのに、農民は四月の末に、彼ではなく、自分たちの仲間の一人をタウバータール農民団の最高指揮官に選んだ。彼らは依然としてガイヤーを信用していなかったらしい。また彼が無軌道な行為と略奪をやめさせようと試みたという話は何度も繰り返して伝えられている。

たとえばある年代記作者は、彼がキッチンゲンに入ったために、そこの女子修道院の略奪が行なわれずにすんだことを、彼のために証言している。ホーエンローエ家の城、シリングスフュルストが焼き払われることにきまったとき、彼が決定的な力を持つ農民評議会は、若い伯爵とその妹の全動産をローテンブルクの修道院に安全に移すよう指令した。のちにもう一度、農民がヴュルツブルクで、フランケンの諸処にある貴族の館に対して起こした行動を正当化したとき、その言葉にガイヤーの影響がはっきりと感じ取られる。「われわれはまた、庶民に対してさまざまの暴力や傷害を加える有害な城および、強奪をこととする家々を根こそぎにして廃棄することに取りかかっている。その仕事の一部は公共の利益のために、陸路、水路での公共の安寧を促進することができるのではないかと期待しつつ、われわれが全能の神に助けられてやったことである」

ガイヤーが貴族の権力に反抗する度合に応じて、彼の闘争はまた教会の特権的地位にも向けられた。農民戦争のまえからすでに彼はルターの教義を信奉しており、ある知人の強調するところでは、「すぐれてプロテスタント的な人物」であった。果てしない争いと、考え方の違う人間への口汚い個人攻撃に巻き込まれていた同時代人の多くに比べれば、おそらくずっとりっぱな人物だったろう。彼はキッチンゲンで、「神を呪って瀆神行為を働くことをつつしみ、聖職者をののしることもしない」

ヴァイセナウ修道院の略奪．院長ムーラーの手稿に添えられたこのスケッチは，多様な細部を実におもしろく描き出していて，事件の残酷さをほとんど忘れさせる．

ゲッツ・フォン・ベルリヒンゲン．1547年ごろのガラス絵．今はヤクストハウゼンの城にある．

「農民ゲオルク」と呼ばれたトルフゼス・ゲオルク・フォン・ヴァルトブルク．1570年ごろの絵．

捕えられた農民．同時代の木版画．

よう市民に求めた。ローテンブルクでも同じく「下品な言葉と不法な行為で聖職者を苦しめない」よう説いた。しかし教会財産は、彼の意見では、没収されて農民と共同体に分配されるべきだが、この場合にもきびしい秩序に従って処理すべきであって、恣意は許されない。「数名の委員を任命して、教会財産が破壊されずに市全体と農民団全員に役だつよう、その接収と保管にあたらせる」

われわれがふつうガイヤーを戦士と考えるのは、たぶんロヴィス・コリント（一八五八―一九二五。ドイツ印象派の画家）が一九〇六年にハウプトマンの戯曲『フロリアン・ガイヤー』に添えて描いた有名な絵のせいだろう。そこには、剣とぼろぼろになった旗を持ち、甲冑に身を固めた戦士が描かれているのである。しかし実際は、農民側に立ったわずか数週間のあいだ、彼は戦闘ではなくて交渉に明け暮れていたのだ。弁の立つ代表者を必要とするところには、農民は必ず彼を派遣した。五月六日、彼はほかの委員三名とともにキッチンゲンへ行き、そこの市民に農民運動の目標を説明して彼らを味方にした。その三日後にはもうヴュルツブルクへ出かけて、そこでの交渉を主宰し、条約の条項を市に受け入れさせている。彼は貴族の小城を破壊することには熱心だったが、このとき、フラウエンベルク城の守備軍との交渉では、同じくらい熱心に城の保全に力を尽くした。領域君主の所有する城を破壊しても、それは私闘沙汰を抑えることとはなんの関係もないと考えたからである。ガイヤーが交渉の途中で腹を立てて次のように言い切ったのも、ここでのことであった。「もし自分がはじめからタウバータールの農民の暴力傾向を知っていたら、自分が彼らと親しくつき合っていることは別として、彼らが突き殺されるのを黙視しただろう。それが悪魔のつき合いであり、福音にはふさわしくないことはよくわかっている」。農民戦争のことを書いたヴュルツブルクの年代記作者ローレンツ・フリースは、ともかくそう記している。

五月十三日以後、ガイヤーは東奔西走しはじめた。まずローテンブルクへ行って、キッチンゲンのときと同じように、町に農民との同盟を結ばせた。ヤコブ教会の聖歌隊席から、彼は集まった市民に向かって演説し、参会者全員に、条約の条項を忠実に守ることを誓約させた。そしてローテンブルクから今度はブランデンブルク辺境伯カージミルの陣営に行こうとした。反徒に好意を寄せるよう伯を説き伏せられるという期待が持てたからである。しかし農民はまた彼に不信の念を抱いたらしい。すぐにヴュルツブルクへ戻るようにと要求したことから、それがわかる。ヴュルツブルクでは、いったん確立された秩序が、シュヴァーベン同盟の軍が近づいてくるという報を受けて、すでに崩壊していた。オーデンヴァルト農民団はゲッツ・フォン・ベルリヒンゲンとともに退去し、フランケンの農民は、近隣地区の反徒と共同防衛措置をとる相談をするために、シュヴァインフルトでの会議を招集した。ここにもまた、フロリアン・ガイヤーは現われている。しかし彼は六月三日にはもう、ローテンブルクに向かった。そこから辺境伯の陣営におもむいて交渉を始めるつもりだったのである。

三週間まえだったら、その交渉にも意味があっただろう。

しかし、局面はすでに転換していた。ヴュルツブルク郊外で農民が敗北したという知らせがくると、ローテンブルク市の参事会はガイヤーとその仲間を追放した。彼が、同じころインゴルシュタットにある自分の城の廃墟で起こった悲劇的事件の知らせを受けていたかどうかはわからない。そこで聖霊降臨祭の日曜日、約二百人の農民と、戦争の経験に富むかつてのランツクネヒトが、最後の一人まで絶望的な抗戦をして全滅したのである。

希望のことごとくがむなしく消えるのを見たガイヤーが、いったいどんな考えに心を動かされたのかも、われわれにはわからない。ともかく、彼は北へ馬を進めた。おそらく、まだ抗戦をつづけていたヘンネベルクの農民のところへ行くつもりではなかったろうか。捕虜にならずに、ヴュルツブルクを迂回することはできた。ヴュルツブルクの北方リンパルにある義兄弟の城に泊めてもらうつもりだったのではないかと思われる。しかし、頼って行った相手は、部下の一人に面倒な客を打ち殺させて、やっかい払いをした。

戦争の惨禍

ビアフラであれ、ヴェトナムあるいは近東であれ、戦争の起こっているところならどこででも、カメラマン、あるいはテレビカメラマンは必ず、焼け落ちたり爆撃で破壊されたりした家々、負傷者、死者、飢餓に瀕した人々、あるいは避難民の行列、爆撃など、戦争の惨禍を大写しにする。見る者の心を揺り動かそうとするのだが、たいていはその目的を達することなく終わる。自分が直接に脅かされていないときは特にそうだが、われわれは他人の苦難に対してあまりに感覚が鈍磨し、無関心になってしまっているのだ。昔の戦争の惨禍を描いた記録に対しては、もっと無関心であることが多い。われわれは過去の無数の戦争の規模をはかるのに、せいぜいその継続期間をもってすることに慣れていて、犠牲者の数を問題にしはしない。そうしようと思ったところで、それは困難な仕事であろう。人間の命はものの数でもなかったから、人的損害が正確に計上されることなどなかったのである。

しかし、一六一八年から四八年までの三十年間ヨーロッパ中央部、特にドイツの国々を荒廃させた大戦争に限って、その様相をめったにないほどの迫力でわれわれに伝えてくれる記録がいくつか残っている。それによってわれわれは、戦争という、すべてを支配する復讐の女神や、兵士の状況、住民の苦難などをまざまざと眼前に描き出すことができる。それればかりかわれわれは、おそらく現代のテレビ・ルポルタージュよりももっとあとまで感銘を残す、絵のルポルタージュまで持っている。多くの細部までゆっくりと眺められるから、印象が深いのである。もっとも、ゆっくり眺めるだけの暇があればの話なのだが。

それは、ロートリンゲンの人ジャック・カロの手に成る十八枚のエッチング、『戦争の悲惨と災禍』である。一五九二年に当時のロートリンゲン公国の首都ナンシーに生まれたカロは、十六歳の若さでジプシーといっしょにイタリアへ行き、そこで画家、特に銅版画家としての修業を積んだ。やがて、多くは人間を批判的に、細部にまでわたって描いた彼のエッチングと素描は、美術好きの諸侯の注目を集めた。彼は一六二一年までイタリアにいて、フィレンツェが彼の第二の故郷にまでなったが、それから故郷の町ナンシーに帰ってきた。

そのころロートリンゲンはまだ、三十年戦争の影響から免れていたが、一六三三年には戦争に巻き込まれた。フランス王ルイ十三世がみずから強力な軍隊の先頭に立って、征服を開始し、国土は荒廃した。都市は次々に落ち、ついにナンシーも開城しなければならなくなった。カロはその現場証人となった。彼はそれまでに何度もフランス王のために仕事をしてきていたが、ナンシーの陥落を賛美する大きな銅版画を描いてくれと王に求められると、こう言って拒絶した。「私はロートリンゲンの者でございます、陛下。私は私の公爵と私の国土の名誉を傷つけることは何ひとつしてはならないと存じます」。彼はそれよりはむしろ、まだ事件の印象がなまなましいうちに、戦争のもたらす惨禍のは

げしさを容赦なく告発する決心を固めた。それで彼は、十八枚の銅版画シリーズを描いた。その題材はロートリンゲンでの事件ではあったが、根本的には特定の土地に結びついた絵ではなく、北ドイツの農家、あるいは南ドイツの村を描いたものと考えてもよい。フランス人だろうが、スペイン人、スウェーデン人、あるいはドイツ人だろうが、兵士もまた、惨劇のなかの人物としてはみな同じである。

この絵のシリーズが、戦争あるいは戦闘場面からではなく、一見無害の、部隊徴募から始まっているのは注目をひく。しかし、実はこれこそ諸悪の根源だったのだ。徴募の方法は、ランツクネヒトの時代このかた、それほど変わりはしなかった。諸侯は相変わらず、著名で経験に富む徴募官に部隊の編成をまかせていた。相変わらず、徴募場では太鼓の音が志願者を誘い、古参の曹長がなみなみとついだジョッキや杯を持って世話を焼いていたから、志願者もそう長く考えてはいなかった。徴募場

「部隊の徴募」
富の神プルートスが地下に隠し持つ
戦争と平和をあやつる金ゆえに,
戦士は危険と苦難をかえりみず,
故郷を捨てて他郷へおもむく.
遠くへ運ばれ, 軍隊にはいる.
悪徳に対する武装をおこたってはならぬ.

でのいかさまもまえのままで、徴募官たちは、以前のように兵士を二度つづけて整列させるか、装備の悪い連中を倍給傭兵と称するなどして、どうすれば「君主を手ひどくごまかし、だますことができるか」を試みるのだった。

一方、応募する連中もまえよりたちが悪くなっていた。われわれがすでに得ているランツクネヒトとその生活に関する知識からすれば、思わず、まだそんなことがあり得たのかと尋ねたくなるほどである。三十年戦争の長い歳月のあいだに、諸侯は兵士を、ますます多くの兵士を、常に新たに必要とするようになっていた。フルンツベルクやその部下の隊長たちが、兵士の出身や、ある程度そのモラルにまで注意を払うことができた時代は、もう過ぎ去っていた。いまはどんな男でも受け入れなければならなくなっており、応募者もそのことを心得ていて、その態度振舞のふてぶてしさに、徴募官すら恐れをなすほどであった。

「徴募官が一連隊のクネヒトを検査するときには、検査机の前に座りながらどんなに不安に駆られ、自分の肉体と生命をどんなに心配していることか」と、ある同時代人は報告している。

「彼がクネヒトの検査をやらされるときには、二倍の給料を提示しないと、しばしばどんなにものすごい音と悪口雑言とともに、銃が彼の足もとに投げつけられることか。しかも、われわれの先輩のようにきちんと給料分の働きをする男は、百人、いや千人に一人あるかなしである。すでに十年、二十年、あるいは三十年兵士を務めてきた者のなかにも、敵に対する槍の構え方、マスケット銃の撃ち方をろくに心得ていない者が少なくない」

兵士のなかでは二つのタイプが特に目立つ。一つは、長い年月にわたる戦争と苦難のために粗暴になった傭兵である。この手合が部隊の主力で、ドイツのさまざまの地方からだけではなく、外国からも雇われてきていた。ハプスブルク家の部隊のなかには、ドイツ人、チェコ

「会戦」
軍神マルスが鋭く突き，打ちかかって，
手ひどく殺傷される者があっても，
勇者の意気はおとろえず，
遅疑なくあらしに立ち向かい，
戦争の栄誉を手に入れんものと，
敵の血で月桂冠を染めあげずにはおかぬ．

人、クロアチア人、ハンガリー人、イタリア人、スペイン人、オランダ人、フランス人ばかりではなく、イギリス人、アイルランド人までもいた。逆に、ドイツ人はスペイン、フランス、あるいはスウェーデンの連隊に入って戦った。つまり、いちばん給料の高いところで働くわけである。このタイプのほかに、数はずっと少ないが、戦争直前の数年間に、「羽根飾りハンス」とか「ほら吹き」と呼ばれる、自慢たらたらで役たたずのタイプが生まれていた。彼らについては、「敵と遭遇すると、彼らは前へ出ない。射程外にいればだいじょうぶといって隠れてしまう。こういう手合が古参兵になるのだ」と、いわれている。

カロの一枚目の絵では、こういう違いは感じ取れない。右手の木の下でまだ徴募官が給料を払っているあいだに、町と陣営の中間にある中央の空き地で、士官がもう、徴募された兵士の教育をやっている。前景にマスケット銃兵、そのうしろに槍兵と、二種の歩兵をはっきり見分けることができる。両者の重要性はとっくに逆転していた。かつてのランツクネヒトの場合には、長い槍を持つ男たちに重要な使命が与えられていたのだが、それがもう従属的な役割しか演じないようになってきていた。三十年戦争中の兵士生活を迫力のある筆で描き出している冒険時代小説『阿呆物語』の著者グリンメルスハウゼンは、あるところでこう書いている。「マスケット銃兵はたしかに苦しむところ多い哀れな人間だが、惨めな槍兵に比べればずっと幸せな生活をしている。人のいい連中がどんな苦難に耐えなければならないかを考えると、腹立たしくなってくる。助けてやればやれる槍兵を殺すのは、罪なき者を殺すことであって、そういう殺しには申し開きの余地がないと私は思う。なぜなら、軛(くびき)をつけられた牛のようなこの哀れな連中は、敵の騎兵の切り込みから味方の軍団を守るために選抜されているのに、自分ではだれにもなんの害を加えることもないからである。彼らのうちのだれかが持つ長い槍に突き刺されるのは、まったく致し方がないことだ。要するに、私はこれまでに多くの作戦行動を見てきたが、槍兵が人を殺したのをめったに認めたことがない」

この同情的、嘲笑的な言葉のなかに、三十年戦争の傭兵軍の戦術がすっかり写し出されている。相変わらず五メートルから六メートルもある槍を持った槍兵は、歩兵部隊のいわばバックボーンを形成すべき任務を担っていた。カロの絵では彼らの姿をそれほどはっきりと見ることはできないが、同時代のほかの絵を見ると、彼らが――戦争の後半期であることはたしかである――すでに統一的な武装をしていたことがわかる。ランツクネヒトが完全武装して応募し、給料が装備の質に左右された時代は過ぎ去った。いまはもう、連隊単位で同じ装具が配られるようになった。槍兵には、額まで隠す頭巾、庇のない、カバセともいう兜、そのほかにしばしば、鉄の肩当て、半分の胸当て、腰当てが支給された。長い剣は、突くのにも切るのにも同じように使うことができた。服装はまえよりも統一されるようになったが、まだ制服はなかった。ランツクネヒトのズボン悪魔はとっくに意味を失い、ぶかぶかズボンはもとのようにぴったりしたものに戻っていた。もちろん、戦闘のときに敵味方を取り違えることはまだ起こり得た。兵士は叫び声で、士官は帯革で、味方を識別するほかはなかったからである。しかし、これにもともかく、傭兵がしばしば戦線を交替するとき——このことについてはのちに述べる——軍服まで替えなくていいという利点があった。

とっくに槍兵よりも重要な兵種になっていたマスケット銃兵は、鎧を着けていなかった。彼らの武器はマスケット銃あるいは火縄銃で、火縄銃ははじめ十一ポンド以上の重さがあったために、射撃するときには、夾叉して地面に立てた支えの上に載せなければならなかった。戦争が長びくあいだに、この銃はもっと軽い新型に替えられた。一六四〇年ごろの絵を見ると、大部分の傭兵の供給源であった身分、すなわち農民の簡単な服装をした、まったく別のタイプの兵士が描かれている。射撃のじゃまにならないように右側の縁(へり)を折り返したつば広の帽子をかぶり、クロアチア人の使うクラバテというマフラーを巻き、ぴったりした長い上着を着て、折り返しのついた長靴をはいた姿である。左肩から右腰にななめに掛けた負い革には、木製とブリキ製のカプセルが十一個差してある。そのうち十個には射撃のたびごとに銃身につめる火薬、十一個目には火薬皿に入れるための火薬が入っている。負い革のいちばん下に、弾丸を入れた袋、あとからつめるための角(つの)形の火薬、数メートルの長さの火縄が下げてあった。行進するときには十人に一人の兵士が火のついた火縄を手に持っていなければならなかった。戦闘が始まれば、もちろん全員がそうしなければならない。マスケット銃の装塡がどんなに面倒であるかを考えれば、これは決して簡単なことではなかった。ただ一発発射するのに、装塡の段階で実に九十九テンポを必要としたのである。

カロの絵の左後方に、騎兵の一部隊が見える。この兵種は戦争でしだいにもっとも重要になり、戦闘に決定的影響を及ぼすようになった。画家が二枚目の絵に「会戦」という題をつけ、騎兵の戦闘を前景に押し出して、槍隊は背後の混戦のなかでかすかに暗示するにとどめているのも不思議ではない。

ランツクネヒトの時代には、歩兵の槍隊が馬に乗って戦う騎士と貴族に対して優位を占めたのだが、いまになって、再び重点が移動したのだ。個々に戦う騎士が、甲冑をつけた騎兵集団に変わった。馬に乗った人を表わすイタリア語のカヴァリエーレから出たこの言葉、騎兵（カヴァレリー）は、今日なお使われるカヴァリール（礼儀正しい紳士）と関係がある。とはいっても、この騎兵は決して今日の意味でのカヴァリールのように振舞ったのではなく、その機動性を利して戦闘に加わり、その帰趨を決する役割を果たしたのである。

同じ騎兵隊のなかにも、武装によってさまざまの種類があった。たとえば、完全装備をし、騎士の槍を持って戦うところから名づけられた槍騎兵もあれば、同じく重装備をし、剣とピストルで戦う胸甲騎兵もあった。銃騎兵は胸甲だけを着け、ピストルと、すでにランツクネヒトの場合に述べた火縄銃を持った。そして最後に竜騎兵だが、これは馬に乗った槍兵あるいはマスケット銃兵で、騎馬までも徒歩ででも戦った。

　歩兵の場合と同じく、騎兵隊にも外人部隊が出現した。たとえばアルバニアの兵士や悪名高いクロアチア兵、あるいはハンガリー出身の軽騎兵である。彼らはみな、残忍な戦いぶりと、とりわけ略奪の点で、ドイツあるいはスウェーデンの兵士をしのいでいた。騎兵になるのはもう、貴族だけには限られなくなっていた。傭兵が騎兵として応募することもできたし、騎兵見習いから一人前の騎兵に昇進することもできた。そのことはたとえば、すでに触れた『阿呆物語』の主人公ジンプリチシムスのたどった運命の道から知ることができる。彼は若いときにクロアチア兵の手に落ち、それから竜騎兵のなかに入って、やがて馬術によって頭角を現わすのである。

　最初の二枚にはまだ戦闘部隊の姿が見えるだけだが、次の四枚には村や町における非戦闘員の苦難が描かれる。農民と市民は兵士よりもはるかに戦争の重圧に苦しんだ。それはとりわけ、部隊の構成と司令官の戦術とにかかわりがある。戦争の初期には、軍団の兵力はまだ二万人だったが、年がたつにつれてその数は増大した。ヴァレンシュタインは一六二三年に約十二万の兵を動かしたといわれ、スウェーデン軍の兵力もそれに劣らなかった。これらの軍団に、それを上回るとまではいえなくとも、しばしば同じくらいの人数の輜重隊が加わった。「今日、ドイツ兵を一連隊募集すれば、三千人の兵士について売春婦と少年が四千人はきっと現われる。どこにもとどまる気のないこういうすれっからしの軽薄なやからは、戦争を目ざしてどっと押し寄せてくるのだ」と、ある同時代人は嘆いている。これは事情をよく知っている人だから、その言が誇張でないことはたしかである。戦争の終わる

1640年ごろのマスケット銃兵. J.M.モッシェロッシュ作『フィランドレス・フォン・ジッテヴァルトの奇妙な物語』から.

ころに、ある司令官は自分の指揮する約四万の軍団に、なんと十四万人から成る輜重隊がくっついていた事実を強調している。一六五〇年にもなお、兵役解除を求めたスウェーデンの四箇中隊は、六百九十人の兵士のほかに六百五十人の女と九百人の子供を数えた。

同時代の画家は、十六世紀の画家のように典型的な陣営の図を残してはいないが、それでもいろいろな記録から、三十年戦争のときの傭兵の陣営が、百年まえのランツクネヒトのそれとほとんど変わっていないことがわかる。ただ、女がたくさんいて輜重も大きくなっているために、はるかに色どりが華かになってはいる。シラーは『ヴァレンシュタインの陣営』で、ブレヒトは『胆っ玉おっかさん』で、三十年戦争の陣営の場面を舞台にのぼせた。しかし実際の状況は、シラーの陣営の場面のように晴れがましくはなかった。とはいっても、従軍説教師――シラーは兵士たちをきびしくしかりつけるあの有名なカプチン修道会士によってりっぱな見本をわれわれに出して見せてくれたのだが――は、カトリック教徒とプロテスタント教徒とを問わずどの連隊にもいた。彼らも多くは、その手にゆだねられた小羊にほとんど劣るところのない乱暴な連中だった。たとえばスウェーデン王グスタフ・アドルフは、特に従軍牧師の飲酒癖に対して断固たる措置をとらなければならなかったほどである。

売春婦と兵士の妻のけんかや、賭博のときには兵士同士のけんかが、しじゅう起こった。恐れられる役人になった憲兵司令の任務も、それに応じて変わっていた。ランツクネヒトのあいだでは陣営内の司法はなお民主的な形をとるのがふつうだったが、そういう古い形態も変わってしまった。諸侯が、条項を記したきびしい文書と軍法を発布していたのだ。一般に、兵士と市民のあいだにきちんとした関係を打ちたてようとする努力のなされることが少なければ少ないほど、部隊そのものの内部での紀律はやかましかった。士官だけのための法廷は、すぐに判決を下すよう配慮し、処刑は日常茶飯事であった。それでもなお、一般人との区別はつけられた。兵士をふつうの地方絞首台で絞首することは許されず、兵営内の絞首台か、あるいは、このほうが多かったが、立木に吊るされた。こういう場景は、カロが別の絵のなかにぞっとするような形で描いている。

残酷なきびしさをもってしなければ、恐れられていた反乱をも防ぐことはできなかった。給料支払いが滞ると、反乱が起こったのだ。グリンメルスハウゼンは小説の登場人物の一人に反乱の報告をさせているが、彼自身、戦争の終わりごろ下部バイエルンの竜騎兵連隊でこういう反乱を実際に体験したのである。とりわけ若い兵士たちの心をひきつけるのに巧みな伍長がいて、それまでの士官たちをその位から降ろすことを宣言し、みずから連隊長になった。ところがまだ夢からさめないうちに、連隊は他の部隊に包囲され、武装解除されてしまった。お手盛りの連隊長と十八人の共謀者は処刑され、恐ろしい思いをした兵士たちは、新たに宣誓しなおすことを命じられた。だがマスケット銃はもう返してもらえず、軽い武器を持って騎兵隊に編成替えされた。脱走とならんで、敵前での臆病もきびしく罰せられた。たとえば、一六四二年、ブライテンフェルトの会戦ののち、皇帝軍司令官は、最初に逃げ出した連隊を武装解除し、恥知らずときめつけた。旗手、曹長、少尉および十人に一人の兵士が絞首され、騎兵大尉が二人、銃殺された。連隊長はプラハで裁判にかけられ、そのあとで斬首された。

こういう大軍団と、さらに大きな輜重隊とのおかげで、一般住民にとってさまざまの困難が生じた。兵士とそれに従う者たちに補給しなければならなかったからである。そのためには、戦争が戦争を養うという単純な法則があった。言葉を替えれば、中隊と連隊が最初に徴募されてしまえば、彼らは国全体から金を支払ってもらい、養ってもらわなければならなかった。実際ごく簡単な話だが、ただこの方式全体にはちょっとした難点があった。つまり戦争が始まって数年たつともう、戦場になった土地はすっかり搾り取られて、ほとんど食っていけるだけのものもなくなってしまう有様だった。これでは、そのうえ何万、何十万という兵士に補給などできるわけがなかった。

彼らを養うのには三つの可能性があった。一つは公のもので、いわゆる軍税、金と現物で納める税である。この税からしてすでに、規制されているとはいっても、とうてい要求するのが無理なほどの多額に達することがあった。皇帝軍のある騎兵隊長はシュヴァルツブルク伯爵領で、週ごとに、自分の給料として三百グルデン、中隊のために五百四十グルデン、三百シェッフェル（地方によって違うが、シェッフェルは五五―二二二リットル）のからす麦、車十台分の干し草、六シェッフェルの穀物、四シェッフェルの小麦、五シェッフェルの大麦、牛一頭、肥育豚二頭、子牛二頭、羊四頭、鵞鳥十五羽、食用雄鶏二十羽、半ツェントナー（一ツェントナーは五十キログラム）の魚、半ツェントナーのバター、卵二百個を要求したことがわかっている。この数量を詳しくわれわれに伝えてくれている年代記作者は、しかし、その隊長と兵士たちがほんとうにこれだけの量を手に入れたのか、入れたとしてもどれくらいの期間にわたってのことだったのかについては何も言っていない。

諸都市の公の負担も、これを下回ることはなかった。何度も何度も繰り返し、都市は支払いをしなければならなかった。チロルのハル市は、一六二五年から二七年までの三年間に、全部で四十万グルデン以上を、マクデブルク司教区は同じ時期にそのほぼ倍額を調達しなければならなかった。そして歩兵は毎月約六グルデンから十グルデン、騎兵は平均十五グルデンもらった。いちばん高い給料を取ったのはもちろん最高幹部である。連隊長は月額約五百グルデン、中将になると最高三千グルデンであった。

皇帝軍もスウェーデン軍も、非戦闘員に害を加えてはならないことを、軍法ではっきりと指令して

いる。しかし紙に書かれているりっぱなことも、戦争が長びくにつれてますます顧みられなくなった。詐欺師が軍税を利用することもしばしば起こった。彼らは士官に変装して町村へ行き、税を用意しろと言いながら、適当な金を出せばおまえのところは免除してやると言いたげな様子を見せる。心配になった住民は喜んで金を出すが、すぐそのあとでだまされたことがわかる、というようなことがよくあったのだ。

公の軍税だけでも市民と農民には重い負担であったが、戦闘部隊や敗走する集団の略奪、とりわけ輜重隊による略奪はますますひどくなって、特に地方住民にとっては重大な災厄となった。しばしば引用される『阿呆物語』の第四章に、グリンメルスハウゼンは、一隊の胸甲騎兵がシュペッサルトの農家を襲って、農民とその雇い人たちを残忍なやりかたで苦しめ、徹底的に略奪した話を書いている。こう述べてくれれば、このような略奪についての同時代の証言を得るのに、何も詩人の描写をまつ

「略奪」
暴徒はぶんどりと称して飲み屋を荒らし,
厚遇に報いるにあだをもってする.
平和の敵は，金を払わずにけんかを始め,
かたはしから器物を盗む.
ひとの持ちものでうっぷんを晴らし,
元気がつけば意のままにこき使う.

こともなかったのではないか、という疑惑が容易にきざしてこよう。それはともかく、グリンメルスハウゼンは誇張しているのではない。重みのある彼の声のほかにも、シュヴァーベン高原地帯の農民、バーデンや中部ドイツの牧師、あるいはメクレンブルクの作男ら、多数の人々の同じ嘆きの声が聞こえてくるのである。こういう人たちの報告、あるいは貧しい村の学校教師が自分たちの村の苦難を記したメモなどから衝撃的な報告をまとめあげることができるが、それは、ロートリンゲンのカロが一六三三年に『戦争の悲惨と災禍』という銅版画でわれわれに伝えてくれた絵と多くの細部で一致する。

それらの絵のうち、村の飲食店の略奪を描く一枚目は「略奪」と題されている。二枚目は「農家での略奪」、三枚目は「村の破壊と劫略」だが、四枚目の「修道院の破壊」は都市でのことになる。一枚目はまだ比較的無害に見えるかもしれないが、二枚目となると、まさしくグリンメルスハウゼンの『阿呆物語』の挿絵といってもいい

くらいである。詩人と画家は知り合いではなく、数百キロ離れたところでそれぞれ別に戦争を体験しているのだが、その同質性は、この大戦争の苦難が北と南、東と西でほとんど違わず、とりわけ住民は三十年の長期にわたって恐ろしい苦しみをなめなければならなかったことのひとつの証拠といってよいだろう。

この時代の農民の運命をぴたり言い表わした詩句がある。

兵士が一人生まれると
農民が三人あてがわれる。
一人は養ってくれ、
もう一人は娘を嫁にくれ、
三人目は身代わりになって地獄へ行く。

略奪する兵士たちが家の中に押し入って、動かせるものをさらって行くだけだったら、住民は幸せと思ってよ

「農家での略奪」
悪漢どもはいばり散らしてわるさをし,
すべてをかすめ取って何も残さぬ.
拷問して金のありかを吐かせ,
仲間に非行をけしかける,
みんなそろって，老若相手に
盗み，殺人，強奪，暴行を働く.

かった。しかしたいていの場合、すんなりと奪うだけではすまなかった。すむはずもなかった。農民はわずかの財物を安全なところへ移して隠そうとしたからである。何も見つからなかったり、見つかっても足りないときには、略奪者は人々を呼びつけてたちまちありとあらゆる責苦と拷問をはじめ、望みの品を奪った。

カロの絵の左前方に、短刀あるいは細身の剣で脅しているところが描かれているが、これはまだしもましなほうで、しばしば即死をもたらす「だけ」のことであった。右後方に見える拷問はこれとまったく違う。一人の農民が火の上に逆さ吊りにされ、数人の略奪者がもう一人を足で火の中へ押し込んでいるのである。グリンメルスハウゼンは『阿呆物語』のなかに「スウェーデン飲料」の話を書いているが、これは、犠牲者の体のなかに桶いっぱいの汚水をつぎ込むことである。首の回りに結び目をいくつも作った綱を巻きつけて、うしろから突っ込んだ棒でその綱をゆっくりねじるという拷問に会った

不幸な人もあれば、穴のあいた錐を使って馬の毛を舌に通されたうえ、ゆっくりと絶えず上下に動かされた犠牲者もある。また、ある人々はパン釜のなかへ這い込まされ、うしろに積んだ藁に火をつけられて、助かろうとすればその藁のなかをくぐりぬけなければならなかった。そして最後に、「笑う口で」隠し場所をしゃべらされた人たちもあった。これはグリンメルスハウゼンが主人公のジンプリチシムスに話させているやりかたなのだが、ジンプリチシムスは、略奪する胸甲騎兵が彼の父親の足の裏に塩をなすりこみ、その塩を山羊になめさせるのを見たのである。

カロの絵は、一種の一枚絵の手法で、多くの異なる出来事を一つの場面に凝縮して描いているが、その絵の左前方では一人の略奪者が女を捕え、中央後方では二人の男が同時に一人の女をベッドのなかで襲っている。娘や人妻の会った恐ろしい運命に言及しない現場証人はほとんど一人もいない。女は、幼い子から年寄りまで、見境

「村の破壊と劫略」
いくさと悪業にのみ生きる者どもが
あわれな農民にどういう教訓を垂れるのか.
しばりあげて村に火を放ち,
目の前で家蓄を打ち殺す. 義務を知らず法
をおそれぬやからゆえ,
泣いても叫んでもどうにもならぬ.

なく暴行された。唯一の助かる道は、森か沼へ逃げることであった。もっとも、時機をはずさずに逃げられたとしての話である。それゆえに多くの村は自警制度を作り、また森や沼や、それ専用に造った茨のやぶに、隠れ場所を確保した。近くの比較的大きな都市に逃げた村落共同体も少なくなかったが、そこへ行っても、防衛設備のない村より文句なしに安全とはいえなかった。たとえばラウエ・アルプのある靴屋兼業農民は、一六二五年から四八年まで、家族とともに三十回もウルム市へ逃げなければならなかったことを語っている。その間に森のなかに隠れ家を見つけようと試みたこともあるが、やがて飢えに追われてまた町へ入ったということである。

　都市自体も、こういう移動を好まなかった。もともと貯蔵食糧が窮屈なのに、どうしてももっと苦しくならざるを得なかったからである。戦争の初期には村々はなお団結していたが、年月がたつにつれて隣人としてのきずながゆるみ、お互いに畑を荒らし合うことも多くなった。恐ろしい飢餓ゆえにそういう行動をとらざるを得なくなったのである。農民が自衛手段を取って正規の部隊に抵抗しようとすると、とりわけ困った事態を招いた。東ブライスガウの小村キルヒホーフェンに住むこういう農民の運命を、フライブルクのある聖職者が現場証人としてわれわれに伝えてくれている。この農民たちを、同じようないくつもの試みの代表者と考えてもいいかもしれない。一六三五年に、キルヒホーフェンと周辺の共同体から約五百人の農民が集まって、近づいてくる敵に抵抗するために陣地を築いて立てこもった。こういう悪い時代に起こるはずのことがやはり起こった。農民は待ち受けることをせず、兵力をたのんで、辺境伯の領地にある近隣のプロテスタントの村々を攻撃して略奪した。相手もそれを防ぎ、治安を攪乱する敵と戦った。そしてフライブルクにいたスウェーデン軍部隊に応援を頼んだ。スウェーデン軍は数百の兵力をもってキルヒホーフェンの農民を攻めたが、撃退された。このことによって、争いは思いがけず、皇帝軍とスウェーデン軍との大戦争の一部——小部分ではあるが——に発展した。というのは、キルヒホーフェンの農民のほうもただちに、近くに駐屯していた皇帝軍部隊に援助を求めたからである。こちらにスウェーデン軍、あちらに皇帝軍が対峙して、そのあいだに、敵味方に分かれたカトリック、オーストリアの村々の農民と、プロテスタント、辺境伯領の村々の農民とがはさまれる形になった。このことは一見奇妙に見えるかもしれないが、千五百以上の部分に細分されたドイツの政治的、宗教的、それとともにまた軍事的な状況を、あまりにもよく反映している。

農民は、挽き臼のあいだにはさみ込まれたことをすぐにも悟るべきであった。皇帝軍は隊長の率いる千八百名の部隊を送ってきたが、それを見たスウェーデン軍、辺境伯軍、それに、これまたプロテスタントのライン伯、オットー・ルートヴィヒも部隊を集結して、約六千名をもってキルヒホーフェンへ進撃した。皇帝軍の隊長は敵側の優勢な兵力を見て、交渉をしたほうがいいのではないかと農民に考慮をうながした。しかし農民は聞き入れず、短くはあったが激しい戦闘が始まった。「農民は絶えず支援を期待していた」と、ある年代記作者は述べている。「彼らはまた、教会へ走って鐘の綱を引き、何時間も激しく鐘を鳴らした。近隣の人々に最大の危難を助けにきてもらおうとしたのである、しかし、なんの反応もなく、彼らはまったく孤立のままに取り残された」

スウェーデン軍とドイツの同盟軍とが陣地に殺到すると、皇帝軍と農民は降伏せざるを得なかった。兵士は一方の側に、農民は他の側に並んで立たされた。ライン伯は農民に、妻子のもとに帰ってよいと言った。勝った部隊が二列に並んで長い小路を形造り、農民はそのあいだを通って引き揚げるように言われた。しかし農民の全員が列のあいだに入ると、ライン伯の合図で、兵士は何も知らない農民たちを最後の一人に至るまで撃ち倒した。ライン伯は死者を葬らずに放置し、野良犬と野獣の餌にするよう命令した。「彼らは土のなかで腐るのに値しない」というのがその理由であった。それから、村のほうぼうに同時に火がつけられ、そこに残っていた老人、女子供は打ち殺されるか、火のなかに追い返されるかして、全員が死んだ。この事件を見てはっきりすることが二つある。一つは農民に対する残忍な処置であり、もう一つは敵の部隊に対する斟酌（しんしゃく）である。捕虜になった敵兵はたいていは寛大に扱われたばかりか、勝利者の部隊に受け入れられさえしたことも多い。給料さえ納得がいけ

ば、良心の呵責などたいした問題ではなかった。こうして、敗者は勝者と「カルテル」を結んで生命を保証され、そのかわりに武器と、服のなかに持っているものを全部引き渡せばよかった。さらに、身につけているものをそのまま持つことを許される場合さえあった。捕虜が身代金で買い戻されることもあったが、その金額はもちろん、軍人としての階級によってきめられた。

　戦闘部隊に公の軍税を取られ、略奪されるほか、特に戦争末期の数年と戦後最初の十年間には、農民にとってなお、除隊兵による略奪という第三の危険があった。ランツクネヒトの項ですでに「ガルテンデ・クネヒテ」のことは述べたが、この災いはさらにひどくなり、傭兵は数が多かったためにほんとうに一国の災害といってもいいほどになった。こういう略奪集団は「メロデ連（れん）」、あるいは災いにすらフランス語を使うこの時代の風習に従えば「メロドゥール」と呼ばれた。無頼の徒を部隊に編成したメロデ伯爵なる人物の名にちなむといわれる。す

「農民の復讐」
しばしばひどい目に会わされた農民が兵隊に刃向かう．待ち伏せて襲いかかる．
敵はもう裸で死んでいる．こうして彼らは，奪われた財産の復讐をなしとげた．

でに何度も引き合いに出したグリンメルスハウゼンは、小説の主人公ジンプリチシムスをこういうメロデ連のなかに入らせ、彼らの暴れぶりを色彩豊かに描き出している。「騎兵が馬をなくしたり、マスケット銃兵が健康を害するか、もしくはその妻子が病気にかかってあとに残りたがったりするような場合には、たちまち一組半のメロデ連ができあがる。この無頼の徒はジプシーそっくりだ。好き勝手に軍隊の前、後ろ、横、そして真ん中をうろつくだけではなく、習俗や習慣までも似ているからである。彼らはまるで冬のやまうずらみたいに、群れをなして垣根のうしろの陰や、火の回りなどにころがって、やたらにたばこをのんだり、のらくらしたりしている。そのあいだよそでは、まともな兵士が中隊のなかで、暑さ、のどの渇き、飢え、寒さなどさまざまの苦難に耐えているというのに。また、哀れな兵士が何人も疲労困憊して武器の下でくずおれそうになっている一方で、行進する軍隊のそばにくっついてかっぱらいの機会をねらっ

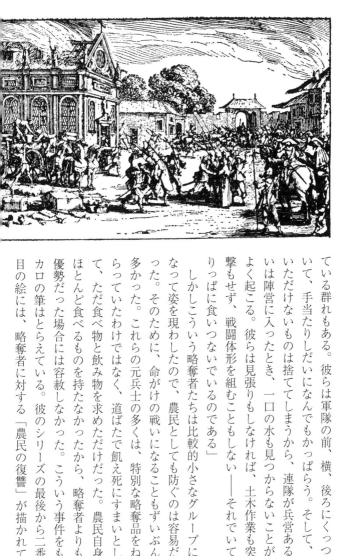

ている群れもある。彼らは軍隊の前、横、後ろにくっついて、手当たりしだいになんでもかっぱらう。そして、いただけないものは捨ててしまうから、連隊が兵営あるいは陣営に入ったとき、一口の水も見つからないことがよく起こる。彼らは見張りもしなければ、土木作業も突撃もせず、戦闘体形を組むこともしない――それでいてりっぱに食いつないでいるのである」

しかしこういう略奪者たちは比較的小さなグループになって姿を現わしたので、農民としても防ぐのは容易だった。そのために、命がけの戦いになることもずいぶん多かった。これらの元兵士の多くは、特別な略奪品をねらっていたわけではなく、道ばたで飢え死にすまいとして、ただ食べ物と飲み物を求めただけだった。農民自身ほとんど食べるものを持たなかったから、略奪者よりも優勢だった場合には容赦しなかった。こういう事件をもカロの筆はとらえている。彼のシリーズの最後から二番目の絵には、略奪者に対する「農民の復讐」が描かれて

「修道院の破壊」
食欲に目輝かす悪魔どもの
野蛮な瀆神行為の数かずを見よ．
略奪し，放火し，祭壇をぶちこわし，
神に身を捧げた人々をあざけり，
あわれな修道女を神聖な壁から引きずり出し，
厚顔にも誘拐して手ひどく辱める．

いる。この絵でも、異なる個々の場面が一つの残酷なパノラマにまとめられている。ここで絵が変わり、狩られる者が容赦を知らない狩る者になって、分捕った武器や、農機具、殻竿（からざお）などで兵士を野獣のように屠殺する。一人は他への見せしめに高い木に縛りつけられ、他の兵士たちは待ち伏せされて攻撃を受けている。

ちょっと考えたところでは、都市の住民は農民ほどひどい目に会わなかったように見えるかもしれないが、その考えには大いに制限を加えなければならない。都市といえども戦争の混乱を免れはしなかったのである。たしかに都市は、小さな村や孤立した農家のようにほんの行きずりに略奪されたり焼き払われたりすることはなかったし、大都市——たとえばマクデブルク——の破壊は例外ではあったけれども、都市は大小を問わずことごとく、直接間接に戦争に巻き込まれた。軍隊は村からたいていは農産物を奪い去るだけだったのに、多くの都市は、金と貴金属など、貴重な財物を引き渡さなければな

らなかったし、軍隊の要求に従ってそうすれば略奪を避けられるのではないかというので、市民の貴重な銀器が溶かされた。多くの都市にはカトリックもプロテスタントもいたから、皇帝軍かスウェーデン軍とその同盟軍か、どちらが入ってくるかによって、たいてい両派の一方が苦しめられることになった。

カロの絵にはある町の修道院の略奪が描かれている。教会と修道院の建物とが燃えているかたわらで、兵士たちは教会の財宝を運び出し、画面の右端で修道女たちを狩り集め、右手前で修道士たちを捕えている。この絵ではカトリック教団に属する人々の身の上に起こっていることが、別の町ではプロテスタントの身の上に起こる。都市が包囲攻撃に対して防戦したあげく占領されたときは、特別ひどいことになった。マクデブルクの小都市の運命については次章で詳しく述べることにするが、小都市の場合もそれとあまり変わりはなかった。略奪は兵士の思いのままだったのである。

「道ばたで死んでゆく者たち」
ああ，兵士の運命の悲しさよ．
戦争で死なずにすめば，苦難はいや増す．
物乞いするしか道はなく，
貧乏ゆえに笑われて，その身の上は
呪われる．人の苦しみを忘れるじゃまになるからだ．

たとえばある年代記作者は、一六三三年にスウェーデン軍に占領されたシュレージエンの小都市ゴールトベルクの状況を次のように物語っている。「貴族と非貴族は棍棒と鞭で打たれ、馬に縛りつけられて引きずりまわされ、強奪や略奪ならまだしも、射殺され、殺害され、絞殺された。女は乳房をくくられて、ある者は吊るされ、ある者は裸で縛られて町じゅうを引き回された。締めあげ、ねじりあげられて目と脳みそが飛び出し、燃える硫黄を投げつけられ、親指を締め木にかけられ、足で踏みつけられたために血が首にのぼった。井戸のなかへ追い込まれる者もあれば、パン焼き釜のなかであぶられる者もあった。女は責め苦にかけられた。抱いている子供が奪われて地面に叩きつけられ、家や市場や街路、墓地、教会などで夫や両親の眼前で死ぬほど辱められたために、こういう残酷な仕打ちを逃れようと、屋根、窓、塀から飛び降りた女も多かった。三百人を越える身分の高い婦人たちは、家畜のように鞭で追い立てられるか、もしくは首に綱をつけられて、馬と並んで引かれて行った。こういうたぐいのことはまだたくさんある」

アルゴイ地方、ケンプテンにいた皇帝軍の乱暴ぶりもこれに劣らなかった。「彼らは小路で見かけた男や女をことごとくむごたらしく殺し、次いで町内外の家々をきれいに略奪し尽くし、牧師や教会をも容赦しなかったため、もう靴一足見つけ出すこともできなくなった。家のなかに隠れて助かったと思った市民も、斧やハンマーでむごたらしく打ち殺された。命を助けられて捕われの身となった多くの市民は、数百、あるいは数千グルデンの金のために生かしておかれたのであって、ピストルや装塡した銃を心臓に突きつけられ、首に綱を巻きつけられて、金と金目のものの隠し場所をむりやり言わされた。長持、木箱、金箱はすべて、鍵がさしてあってもぶちこわされ、ベッドは切り刻まれ、何もかもが徹底的に破壊された。多くの女は恥ずべき扱いを受け、自分の夫を斧でなぐり殺すことを強いられた。要するに、彼らはどんな年齢、どんな身分をも容赦せず、老牧師をなんの理由もなく三度、四度と綱で吊るしあげ、むごたらしく殺害した。何人もの負傷した兵士に包帯を巻いてくれた床屋を、彼らは打ち殺し、その娘を辱めて目をくり抜き、殺した父親もろとも窓から外の通りへほうり出した。また、手を切り落とされた女たちもある」

宿舎の提供でさえもひどい重荷になった。兵士たちは何もかも同じように組織的に略奪しようとして、二週間ないし三週間ごとに宿舎を変えることがしばしばあったからである。フライブルクのある年代記作者は、家のそばの小さな菜園、香辛料畑までが輜重隊の女たちに略奪され、女たちはそれを自分たちの需要にあてるだけではなく、市場に持って行って売ったため、市民は自分で作った野菜を買わされることになったという話を書いている。

戦争の影響を直接受けなかった共同体もあるにはあったが、それらも間接には戦争の結果に苦しんだ。取引きはほとんど完全に止まり、かつては栄えた商業部門は潰滅した。たとえばヘッセンのガラス製造工業でいうと、十六あった工場が戦後はわずかに二つになり、アウクスブルクの紡績業では、織機の数が六千から三百に減った。

飢餓と伝染病に見舞われた都市の状況は特にひどかった。田舎の住民はまだしも自分でなんとか食っていくことができたが、市民にはしばしば、生きていくのに必要なぎりぎりのものさえほとんど残されていなかった。鳥やねずみも御馳走のうちだった。たとえば、改革派のある聖職者は、一六三五年のヴォルムスの状況を次のように描き出している。「このころ飢餓状態がひどくて、人々はパン焼き場で身を寄せ合って死んでおり、死者ももう安全ではなくなって、市参事会は墓地に見張り番を立てなければならなくなった。同じころ私は、ライン門の前の道の真ん中で死んでいる馬のそばに一人の女がいて、馬の肉を切り取り、それを前掛けのなかへ入れ、一部を食べているのを目撃した。馬の死体の真ん中には犬がたかって餌をあさり、頭の上には烏が何羽もとまっていた」

こういうような災いに、最後のもっとも悪質なものとしてペストその他の疫病が加わったが、これは、以上のような状況のもとであるから、何度も繰り返して流行しないはずがなかった。ペストの第一波は一六二六年、中部ヨーロッパに襲いかかり、第二波は一六三一年から三四年までつづき、よう

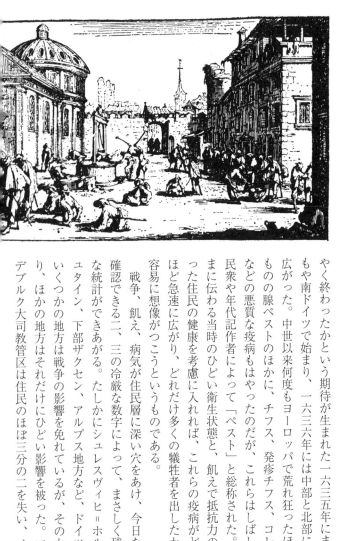

やく終わったかという期待が生まれた一六三五年にまたもや南ドイツで始まり、一六三六年には中部と北部にも広がった。中世以来何度もヨーロッパで荒れ狂ったほんものの腺ペストのほかに、チフス、発疹チフス、コレラなどの悪質な疫病もはやったのだが、これらはしばしば民衆や年代記作者によって「ペスト」と総称された。いまに伝わる当時のひどい衛生状態と、飢えで抵抗力の弱った住民の健康を考慮に入れれば、これらの疫病がどれほど急速に広がり、どれだけ多くの犠牲者を出したか、容易に想像がつこうというものである。

戦争、飢え、病気が住民層に深い穴をあけ、今日なお確認できる二、三の冷厳な数字によって、まさしく残酷な統計ができあがる。たしかにシュレスヴィヒ＝ホルシュタイン、下部ザクセン、アルプス地方など、ドイツのいくつかの地方は戦争の影響を免れているが、そのかわり、ほかの地方はそれだけにひどい影響を被った。マクデブルク大司教管区は住民のほぼ三分の二を失い、メク

「病院」
軍神の申し子の身の上に
いかに苦しい運命が見舞うことか.
戦争で出世するやつもいるというのに,
杖にすがってうろつく者もいる.
多くは絞首台の露と消え
残りは戦場から病院へ直行する.

レンブルク、マルク・ブランデンブルク、あるいはヴュルテンブルクは半分以上、シュレージエンは約五分の一を失ったのである。アウクスブルクでは、戦後二千以上の家屋ががらになり、フライブルク・ブライスガウでは、一六三〇年の攻囲ののち、千七百の家のうちで残ったのはわずかに五百そこそこであった。ヴィスマルは、防御能力のある三千の市民のうち、生き残ったのはやっと三百人であった。こういう数字をあげていけば、まだまだいくらでもつづけることができよう。戦後の都市や村の状況がどうであったかは、再びカロの二枚の絵「道ばたで死んでゆく者たち」、「病院」が教えてくれる。それらの絵には、乞食、不具者がうようよしているのである。その多くは首になって職を離れた兵士だった。

事実、職を離れた兵士の大部分は、何にもありつけないで浮浪するほかはなかった。まだ元兵士や戦争犠牲者の扶助は行なわれなかったのだ。めいめいが自分で生き方を見つけなければならなかった。聖職者、特に田舎に住む聖職者も、「宗教の慰め」以上のものを彼らに与えることはできなかった。自分の食べるものものろくになかったからである。都市での状況はいくらかましだったようで、病院や修道院には、かつてそこを略奪した連中が訪れてきた。

こういう報告や絵はすべて、一見センセーション欲をかきたてる恐怖童話に似ているが、それを読むには正しい読み方をしなければいけない。多くの恐ろしい個々のケースの背後には、歴史書にはほとんど記されていない、恐怖に満ちた苦難が、一様に、そして無慈悲に潜んでいるのである。同時代の年代記や目撃者の報告はほとんど常に割引きして考えなければならないが、そうしたところで、この事実にはなんの変わりもない。たいていの年代記作者はことさらに、カトリックであれプロテスタントであれ、一定の視点から書いていて、そのために敵をできるだけ悪く見せようと努めているから、どうしてもその記述はある程度割引きしなければいけないのである。そうして残るものだけでも、面(おもて)を背けさせるには十分で、いかなる歴史家もそれを無害のものとする——すでに時折りそうしている人はいるが——ことはできない。

ティリーとヴァレンシュタイン——傭兵の司令官たち

一六一八年五月二十三日、ベーメンの貴族たちは「古くからのベーメンの習俗に従って」、皇帝の代官を二人、プラハの城の窓から十七メートル下の堀へ投げ落とした。この二人が、あとから投げ落とされた書記ともどもどうやって無事に助かったのかは、今日なおわかっていない。堆肥の山に落ちて助かったのだという話は、もうとっくに伝説として片づけられてしまっている。小さな災いを防いだのは、おそらく前年の秋の腐った落ち葉だったのだろう。しかし大きな災いのほうは、堆肥も落ち葉も、また奇跡もこれを防ぐことができなかった。というのは、代官が窓から投げ落とされたこの事件は、中部ヨーロッパの広い地域をしだいに荒廃に導いた三十年にわたる戦争のきっかけになったからである。

ほんとうのところ、この事件は——場景をこういうふうに使ってもよければ——もうかなりまえから危険に時を刻んでいる爆弾に点火しただけのことだった。一五五五年のアウクスブルクの和議からのち、少なくとも外面的にはドイツは平穏になっていた。皇帝が隣国あるいはドイツの諸侯とまで争いを起こしたためにドイツのランツクネヒトがイタリアやフランスで戦ったことは、すでにフルンツベルクとシェルトリーンの生涯を述べる章で語ってきたことだが、そういう時代もさいわい過去のものとなっていた。しかし一見平穏な表面の下に、カトリックとプロテスタントとのあいだの緊張がくすぶりつづけていた。

アウクスブルクの和議は両派の調停に心を砕いた。そして両派とも、諸問題を楽に解決する助けとなる魔法の呪文「その地の宗教は統治者の宗教によって決定される」で、たちまち一致し、それをはっきりと文書に定着することもしなかった。庶民はこの言葉をどう扱ったらいいのかよくわからずにいたが、その影響だけははっきりとわが身に感じられた。領域君主の教会に属すまいとすれば、迫害などはされないが、故郷を捨て、家や畑や職業など、祖先から受け継いだものもみずから働いて得たものも、いっさいの財産を放棄しなければならなかった。動産だけは、奉ずる宗教と同じく持ちつづけることを許された。そしてどこに慈悲深い領域君主が新しく見つかるかを見定めなければならなかった。カトリックでもプロテスタントでも、要は自分と家族とを受け入れてくれる用意のある人を捜すことがたいせつだったのである。

平和はこういうふうなやりかたで保たれた。そしてあの美しい、慈悲深くて人間にふさわしい呪文があったにもかかわらず、両派はお互いに不信の念を抱いて相手をうかがい合った。それから一六〇八年、南ドイツのプロテスタント諸侯はプファルツ選帝侯フリードリヒの指導のもとに、新教徒同盟（ウニオーン）というわゆる「防衛同盟」を結成し、やがて北ドイツのプロテスタントもそれに加わった。もちろんカトリック側も「防衛」しようとして、一六〇九年に「旧教徒連盟（リーガ）」に結集した。両派の側にこれほど防衛の意志があっても、帝国内の平和は促進されなかった。厳密にいえば、ほんとうに平和な時代とはとてもいえなかったのである。何度も危機が起こり、たとえば「ケルン戦争」のように公然たる戦闘行為が起こった。そして帝国の東の国境には、依然としてトルコ軍の脅威があった。戦争を手職と見なす者は、傭兵の一兵卒であれ、貴族出身の士官であれ、慣れた職につく可能性を相変わらず持っていたわけである。

その典型的な例が、ヨハン・ツェルクレース・フォン・ティリーの人生行路である。「平和」の数十年の初期、一五五九年に、今日のオランダとベルギーの国境地方にあたるブラバントのティリー城に生まれたティリーは、二十歳になるかならないころに機会を見つけてスペイン軍にはいった。ともかく彼は、当時の多くの若い貴族と同じように、槍を手にして、つまり一兵卒から軍務についたのである。しかし昇進は早かった。すでに触れたケルン戦争では、二十四歳ですでに一中隊を指揮するのだ。さらに働きの場を求める必要もないうちに、彼はスペイン王に仕えることになった。もう戦う場がなくなったときには、皇帝に仕えてトルコ軍と戦う仕事が残っていた。

彼がいつ皇帝軍に移ったかは、正確にはわかっていないが、高級将校に任ぜられるや、たちまち大佐に昇進し、ワロン人（南ベルギーにいたケルト系住民）の歩兵一連隊を徴募した。これは目新しい試みだった。十六世紀の半ばころまで、ランツクネヒトは主としてスイスと南ドイツから補充されていたのだ。まえからランツクネヒトと傭兵を出していたこの地域は、トルコ軍との戦いには部隊を出さないか、出してもごくわずかで、徴募官は応募者を見つけるためには早くから準備を整えなければならなかった。ティリーがハンガリーの戦場に連れて行った三千のワロン人のうち、故郷に帰れた者はごくわずかだった。連隊は一六〇三年、オーフェン砦――今日のブダペスト市の一部――に突撃したときにほとんど全滅してしまったのだ。ティリー自身も負傷したが、翌年にはもう将軍の位を得、そのまた一年後には元帥に昇進した。その当時、兵士を集めるのがどんなに容易だったかにはただ驚くほかはない。というのは、皇帝に仕えるティリーはもう一度、故郷で五千のワロン人を徴募したのである。といってもこのときは、ベーメンへ連れて行くだけのことだった。皇帝ルードルフ二世が、そこで自分の弟と戦うのに彼らを必要としたのである。それが皇帝のために働く最後になった。というのは、彼は一六一〇年に皇帝に仕えるのをやめて、旧教徒連盟(リーガ)の部隊の指揮をとったからである。彼は十年間、組織の仕事や外交上の任務に力を尽くした。そのあとで皇帝の代官たちが窓から投げ落とされ、たちまち戦争の機械仕掛けが動き出した。ベーメン人は皇帝フェルディナントおよびオーストリア家と関係を絶って、新教徒連盟(ウニオーン)の盟主であるプファルツ選帝侯フリードリヒを新しい王に選んだ。自前の軍隊を持たないフェルディナントは、旧教徒連盟(リーガ)とバイエルン公マクシミリアンの援助を頼み、またティリー将軍を戦場に送った。

ティリーはそのとき六十一歳で、将軍としては引退する時期にきていた、フルンツベルクの早死にとシェルトリーンの運命を考えてみればわかることである。しかしティリーにとっては、このときようやくその絶頂期、彼の名を高からしめる十二年がきたのだ。旧教徒連盟(リーガ)は三万の兵をもってベーメンに侵入し、新王は二万一千の兵力で、プラハの市門の外、白山のふもとでそれを迎え撃った。一時間後——戦闘はそれ以上長くはつづかなかった——、王の軍は一万七千に減ったが、旧教徒連盟(リーガ)はわずか四百を失ったにすぎない。これで戦争は終わったように見えた。皇帝は残酷でものものしい裁判を行なって、プラハで、反乱の指導者であるベーメンの貴族のエリートを二十七人、ただちに処刑させた。新教徒連盟(ウニオーン)は解体した。しかし、王位から降ろされたプファルツ選帝侯ブリードリヒは逃げたが、将軍の一人はなおも持ちこたえた。その人、ザクセンの古い貴族の後裔エルンスト・フォン・マンスフェルトはおそらく、その後三十年つづく戦争の顔を規定することになる新しい傭兵指揮官の、最初のタイプであった。そういう指揮官は、いわばフルンツベルクとかシェルトリーンのような古いランツクネヒト指揮官と、ヴァレンシュタインのような傭兵将軍とのあいだをつなぐ環であった。それにマンスフェルトは、軍隊が存立してゆくための次のような原理を確立した人でもある。「兵士の生活を支えるには金が必要である。金を与えなければ、彼らは見つけしだいそれを奪う。そうなればもうどんな柵も障壁も役にたたない。彼らは必要ぎりぎりのもので満足しはしない。金持ちにもなりたいのだ。彼らはなんでも取り、なんでも略奪する。逆らおうとする者はなぐり、なぐり殺す。要するに、彼らのしでかさない騒ぎ、乱暴は、考えられないのである。なぜなら彼らは出身国も出身社会も違い、やってきた仕事も違いながら、その非行たるやことごとく、まことに恐るべきものであったからだ」

　このマンスフェルトは大胆であるとともに良心のとがめを知らず、財産家になりたくてそのためにはどんな手段でも用いる、「甲冑を着た乞食」であった。彼には戦争が必要であった。戦争だけが彼を目標に近づけてくれるからである。そんな彼にとって、一般民衆など知ったことではなかった。

「マンスフェルトのやからは、非武装の哀れな農民を束にして、燃える家の火のなかへ投げ込み、逃げ出そうとする者を犬のように撃ち殺した」と、ある同時代人は報告している。この報告者は敵であるカトリック側の人であるが、ほかの記録によってもわかるように、この報告がそれほどの誇張とも思えない。

マンスフェルトの戦争仲間クリスチアン・フォン・ブラウンシュヴァイクも、同じような性質の人間であったが、彼の場合は戦争好きのうえに極端なカトリックぎらいだった。彼は一万人の軍団を徴募し、彼らを率いてマンスフェルトに劣らぬ暴れっぷりを見せた。そしてさんざんに略奪して回り、軍隊を倍にふやすだけの金を稼ぎ出した。この二人に、バーデン＝ドゥルラハの辺境伯ゲオルク・フリード

1630年ごろの兵隊．J. フルスマンの銅版画．

リヒが、二万五千の兵を率いて加わった。

ティリーはそれから一六二三年まで、この三人を相手に戦わなければならなかったが、彼らとは違って部隊を自分の金で雇ったのではないから、支払いを気にする必要もなかった。したがって、この時代の傭兵隊長のうちで、このやせた小男ほど部下のために骨折った者はほとんどいなかったろうと思われる。彼はまったく見ばえのしない男だったが、フルンツベルク以来はじめて兵士たちに父と呼ばれた。彼はバイエルン公、のちには皇帝に、兵士たちにきちんと給料を払ってやってほしいと根気よく働きかけたのである。同時代人は彼を「甲冑を着た修道士」と呼び、いささか熱を入れすぎて「甲冑を着た聖者」と呼んだ人たちもいる。こういう男は、「甲冑を着た乞食」と同じく危険な存在になる可能性があった。こういう非寛容の時代には、カトリックの場合もプロテスタントの場合も、聖者と狂信者とはきわめて近く、両者を区別することが困難だったからである。

ティリーの場合、「修道士」という名は彼の個人的な行状に関してのみつけられたものである。彼はイエズス会士の弟子としてきびしいカトリックの教育を受け、平和なときや教会のなかでと同じように、戦場にあるときも丁寧に礼拝を行なった。事あるときには部隊のきびしい紀律を重んじ、何度となく、抜き身の剣を握って略奪をやめさせようとしたことがある。しかし、「片方の手で負わせた傷をもう一方の手で治そうとしただけのことだった」

その後何年間かの戦闘の細部や、大小さまざまの戦争は、われわれにとってさして興味を持てるものではない。ティリーの部隊はハイデルベルクを含むプファルツ伯領を占領した。そのあとで彼は、略奪欲に燃えるマンスフェルトを追ってアルザスに入った。一六二三年以後、戦闘の重点はヴェッターアウを経て低地ドイツへ移る。

この時代の戦争でただ一つのいい点といえば、戦争が比較的狭い地域に限定されたことである。激しい雷雨のときに、雹の降る悪天候の地域と、日が照って乾いている地域とがわずか数百メートルしか離れていないことがあるが、大戦争の少なくとも最初の十年間のドイツもそういう状況であった。雷雲はベーメンからプファルツ伯領へ移り、それから今度は北へコースを転じた。クリスチアンは敵となって別れ、皇帝と和解したが、そのかわりエルンスト・フォン・マンスフェルトは、それだけにいよいよひどくフリースラントを暴れまわった。前章で述べた戦争の恐怖は、最高に無慈悲な形をとって現われた。住民の五分の四は、貢納をのがれようとして逃げ出したので、マンスフェルトは彼らの家を破壊し、破壊をまぬかれた家はわずか六軒に一軒の割合だった。しかしそれから彼は、ティリーを迎えて逃げざるを得なくなり、まずイギリスに亡命した。

一六二五年にデンマーク王クリスチアン四世がプロテスタント軍の先頭に立つと、戦争の様相は変わりはじめた。皇帝軍司令官としてアルブレヒト・フォン・ヴァレンシュタインが目くるめくばかりの栄達をとげたのもまた、これと同じ時期に始まる。彼はゲッツ・フォン・ベルリヒンゲンとフロリアン・ガイヤーに次いで第三番目に登場した著名な人物である。彼らはみな芝居の舞台で著名なのだが、ヴァレンシュタインはシラーの有名な戯曲によってその名を知られる。本書で扱う世紀の人物のうちで、つい最近に至るまでこれほどに書かれることの多かった人もあるまい。すでにシラーは『ヴ

戦争での略奪．R.マイヤーの銅版画．

ァレンシュタインの陣営』のなかで、この男の性格像をみごとに描き出しており、最新の研究を見てもその正しさは失われていない。「両派の好悪にまどわされて、歴史上の彼の性格像は揺れ動いている」と、シラーは書いているのである。

一六二五年、はじめて将軍の地位についたとき、彼は四十二歳であった。あまり裕福ではないプロテスタントのチェコ貴族の家に生まれた彼は、両親が早く死んだあとでカトリックに改宗し、若い士官のときに金持ちの未亡人と結婚して、その全財産を遺産として受け継いだ。皇帝に仕えてからは、戦争の始まるまえにもう、声望を得、顕職についた。ベーメンの暴動鎮圧にさいして重要な働きをし、十分な礼金を受け取った。そしてプラハで斬首された人たちの所有地の十分の一ほどをわずかの金で買い取った。この大仕事で、彼はオーストリアの世襲領のなかでもっとも富裕な地主の一人にのしあがった。北ベーメンにある彼の支配地フリートラントを、フェルディナント皇帝は一六二三年に侯国に、一年後にはもう公国に格上げしてくれた。

ヴァレンシュタインがこの財産をうまく使ったことは、彼の優れたところとして認めてやらなければならない。この成功者は、たいていの土着の貴族よりもはるかに有能であった。すばらしい組織者であるとともに、卓越した財政家であった。一六二五年には、新しい計画を推進するために彼のこういう才能が必要になってきた。彼はこのとき、皇帝に、自分の金で軍団を編成しようと申し出たのである。その原理はきわめて簡単で、すでにマンスフェルトが試みていた。つまり、皇帝も編成者も、その軍団に金をかけない。軍団は皇帝のために戦うべき義務を有すると同時に、自分で自分を養い、さらにもちろん利潤をあげなければならない。戦争においても、いや戦争だからこそ、商売はあくまで商売なのだ。こういう原理であった。

ティリーは、可能な場合には旧教徒連盟(リーガ)の金庫から部隊の給料を払った。ヴァレンシュタインは占領地からそれを搾り出した。しかし部下に略奪を許すことは決してしなかった。彼はできるかぎりきびしい軍律を守ったが、チェコ人、ハンガリー人、ワロン人、クロアチア人らとともにドイツ人も少数派だった混成部隊のこととて、かつてのランツクネヒトの悪い特質が危険なまでに強まってきた。ヴァレンシュタインは犯罪者が五―六人もまとまるとただちに絞首刑にしたが、それもなんの役にもたたなかった。彼がいないと、士官たちの目の前で略奪、強奪が行なわれた。しかしそれでも彼は、時とともに自分の部隊を、戦争の全時期を通じてもっとも紀律正しい軍隊に仕立てあげた。それに比肩できるのは、グスタフ・アドルフ王みずから紀律と秩序に気を配った、遠征初期のスウェーデン軍だけである。

ティリーはまだ、四万を越す軍隊は指揮できないと言っているが、ヴァレンシュタインは一六二五年末までにもう五万の兵を集め、二年後にその数は三倍にもなった。彼は二万の兵を徴募して養うことができるかと尋ねられて、こう答えたといわれる。「いや、できない。だが五万ならだいじょうぶ」徴募、戦闘、金の取立て――これが、新しい皇帝軍を指揮するリズムであった。傭兵自身は、そんなことをあまり気にせず、行軍しながらこんな歌を歌った。

神聖ローマ帝国のことなんざ
ちっとも気になぞなりはせん
今日か明日かに滅びちまえば
おれたちにゃなんだってどうでもいい

ティリーとヴァレンシュタインほど対照的な人間があろうとも思えない。一人がつつましい、実際に修道士のような生活をし、きびしい宗教心を持していたのに反し、もう一人ははるかに堂々と振舞い、どちらかといえば自分の手で侯の位をかちとりながら、しかもその生き方は極端なまでに侯らしく、戦争のときにも八百人の従僕を連れ、千百人の護衛兵に守られていた。しかしヴァレンシュタインは計画をたてるにあたってもティリーより大胆で、まさに星をもつかもうとする男であった。これでカトリック側は、旧教徒同盟(リーガ)に老ティリー、皇帝軍司令官として二十四歳若いヴァレンシュタイン、という二人の司令官を擁することになった。この事情から緊張関係が生じざるを得ず、それが、つづく何年かのあいだに繰り返してはっきりと表面に出た。ただこの二人がこれほど根本的に性質を異にしていながら危険な対立を招くまでには至らなかったという事実は驚くに足りる。二人とも、するべき仕事はたっぷりあった。デンマーク王のほかに、マンスフェルトが、オランダとフランスに金銭的な援助を受けて再びドイツに現われ、新たに傭兵の徴募をはじめていたのである。デンマーク王は北ドイツでティリー軍に向かって行動を起こそうとしていたが、その一方でマンスフェルトはヴァレンシュタイン軍の側面を攻撃してベーメンへの道を開く手はずになっていた。同じころ、ハンガリーでは、ジーベンビュルゲン侯でまえからプロテスタントと同盟していたベトレン・ガーボルが、フェルディナント皇帝に攻めかかろうとしていた。この作戦で彼は、月額一万二千ターラーの金と、一万二千名のドイツ傭兵軍とを与えるという確約を受けた。

ここでまた、簡単な勘定書を提出する必要がある。ドイツの全人口は、三十年戦争の始まったときにはせいぜい一千五百万だったと推定される。プロテスタント側は一六二五年の末に、約十五万の傭兵を対皇帝戦争に送り込むことができた。ヴァレンシュタインは約五万、ティリーは二万五千の兵を率いていた。両派に属する傭兵のうち、ドイツ人でない者を約二十五パーセントと見積もっても、まだ十八万が残る。全人口からすればたしかに比較的少数にとどまるが、再び戦争に火をつけるには十分な数である。「ベーメン革命以来かつてない、激しくて残酷な戦争が予見される」というティリーの言葉は正しかった。

三十年戦争時の士官.

彼の推測は残念ながら的中することになる。そのときから、会戦後の戦死者と負傷者の数はどんどんふえていった。一六二六年春、ティリーはバーレンベルク山麓のルッター付近でデンマーク王を破り、王は死者四千と捕虜三千を失った。ヴァレンシュタインはデッサウ付近でマンスフェルトに勝ち、マンスフェルト軍の傭兵のうち六千が戦死し、二千が捕虜になった。マンスフェルトはハンガリーのベトレンのもとに逃げたが、ベトレンは和平を請うた。それでマンスフェルトはダルマチアを経て再びイギリスへ逃げようとする途中、肺結核で死んだ。

一六二七年以降、ティリーとヴァレンシュタインは組織的に北ドイツを征服した。ヴァレンシュタインは功績の報酬として、また出費の代償として、メクレンブルク公国を譲り受けた。前国主は「帝国の敵」としてすでに追放されていたのである。その後皇帝はさらに、彼を「大洋およびバルト海の将軍」に任命した。しかし新しい海の支配者の限界は、やがてはっきりと目に見えてきた。それは一六二八年、彼がデンマークとスウェーデンに支援を受けるシュトラールズントを、たとい「それが鎖で天につながれていようと」、征服しようとしたときのことである。実際はむろんつながれていはしなかったのだが、それでもヴァレンシュタインは征服することができず、攻囲で一万二千の兵を失ってなすすべもなく退却しなければならなかったのである。

戦争が始まってから十年を経た一六二九年、デンマーク王クリスチアン四世がリューベックの和平で皇帝と和解し、ドイツの問題への介入をいっさい断念したとき、ようやく全面和平がすぐそばまで近づいてきたように思われた。皇帝は、ヴァレンシュタインの傭兵のおかげで権力の絶頂に立っていた。しかし権力は危険であり、軽はずみな決定をするようそそのかし、嫉妬と敵意を買う。フェルディナントが一五五二年以来、ということはつまりほぼ八十年まえから、プロテスタント側に接収されてきた聖職者の財産の返還を要求したのは、利口なやりかたではなかった。そのためプロテスタント諸侯のなかに、新たに敵を作っただけだったのだ。皇帝の権力のもとはヴァレンシュタインにあったから、カトリック側にとって彼はとっくに目のなかのとげになっていた。レーゲンスブルクの国会で、彼らはフェルディナントにしつこく迫って、とうとう司令官の解任に同意させた。三万の皇帝軍と四万の旧教徒連盟軍を、ティリーが合わせて指揮することに決められ、ヴァレンシュタインの傭兵六万は解職されてドイツ国内をうろつき回り、突然、重苦しい社会的な厄介物になった。ヴァレンシュタイン自身は腹を立ててベーメンの領地に引っ込んだが、この強制された幕間が長くはつづかないであろうことを心得ていた。

諸侯と皇帝がまだ国会で言い争っているうちに、戦争の火の手は三たびあがった。おそらく今度がもっとも危険であろうと思われた。一六三〇年末、スウェーデン王グスタフ・アドルフは三万の兵を率いて北ドイツの海岸に上陸した。彼はその行動を、福音信仰を守るためと称しながら、カトリック国フランスから財政的援助を受けるのは平気だった。これで宗教戦争がヨーロッパ戦争にまで広がりはじめ、純粋な権力戦争と化した。ティリーは、ようやく三十歳になったスウェーデン王のうちに優れた敵手を見た。

最初に両軍の争奪の的となったのはマクデブルクである。プロテスタントの精神的中心とされ、「われらの主なる神の事務局」という尊称をつけられている都市マクデブルクは、スウェーデンの支援を信頼して、教会財産を返せという皇帝の命令に逆らったのであった。それでティリーが攻め寄せてきて、三万の兵で四月の半ばに攻囲を開始した。ところがグスタフ・アドルフはオーデル河畔の陣地から動かず、唯一の支援としてファルケンベルク大佐なる軍人を町へ派遣し、防衛戦の指揮をさせた。四週間後の一六三一年五月二十日、攻囲軍は突撃に移った。そのあとで起こったことは、人間の内なる獣性が解き放たれたときの、卑劣と狂気の見本である。七十二歳のティリーは全力をあげて恐ろしい乱暴を止めようとしたが、略奪欲に燃える傭兵たちは、司令官や思慮ある士官たちの手から完全にすりぬけた。略奪と殺害のまっさいちゅう、お昼ごろに突然、市内の約二十箇所で火の手があがった。これが同時に起こったことから考えて、おそらくファルケンベルク自身が、皇帝軍の拠点や宿舎に使われまいとして町に火を放たせたのではないかと推測される。

地獄(インフエルノ)は恐ろしかった。千五百軒の家と、大部分の公共建築物、それに六つの教会が焼け落ちた。三万の住民のうち生き残ったのはわずかに五千人で、その多くは女だった。彼らは突撃の終わったあとの数日のあいだに陣営へ引きずられて行き、それからティリーはようやく、彼らの面倒をみてやることができた。身代金を払える者、払ってもらった者は解放された。だれにも金を払ってもらえない哀れな連中は、男も女も、奉公人として勝者に従わなければならなかった。疫病の発生を防ぐために、ティリーはたくさんの死体をエルベ河に投げ込ませた。略奪が行なわれているあいだ、断固たる態度に出てほしいと頼んできた数人の士官に対して、彼は「一時間たったらまた来てくれたまえ。そのときにしかるべき手を打ってみよう。兵士は冒した危険の代償に何かを手に入れずにはすまないのだ」と答えたといわれるが、これはのちに創作された逸話である。

それはともかく、ある近代の歴史家の言うところによれば、狂信家ファルケンベルクには、二万四千の男女の死はプロテスタントの教義とスウェーデン王にふさわしい燔祭(はんさい)のように思われたのだが、そうだとしても、この町の壊滅が恐ろしい衝撃となって全ヨーロッパに伝わるという結果を彼がもたらしたことだけはたしかである。その後なお何年かのあいだ、助命を請う皇帝軍の兵士は、「マクデブルクの命乞い」という返事とともに射殺された。

ティリーも、その時代と歴史とに対して、マクデブルクの破壊者という汚点となることを免れなかった。それからグスタフ・アドルフは、はじめはためらいながら動き出した。そしてライプチヒに近いブライテンフェルト付近で、はじめてティリーを破った。九千の死体が戦場に残されたが、その四

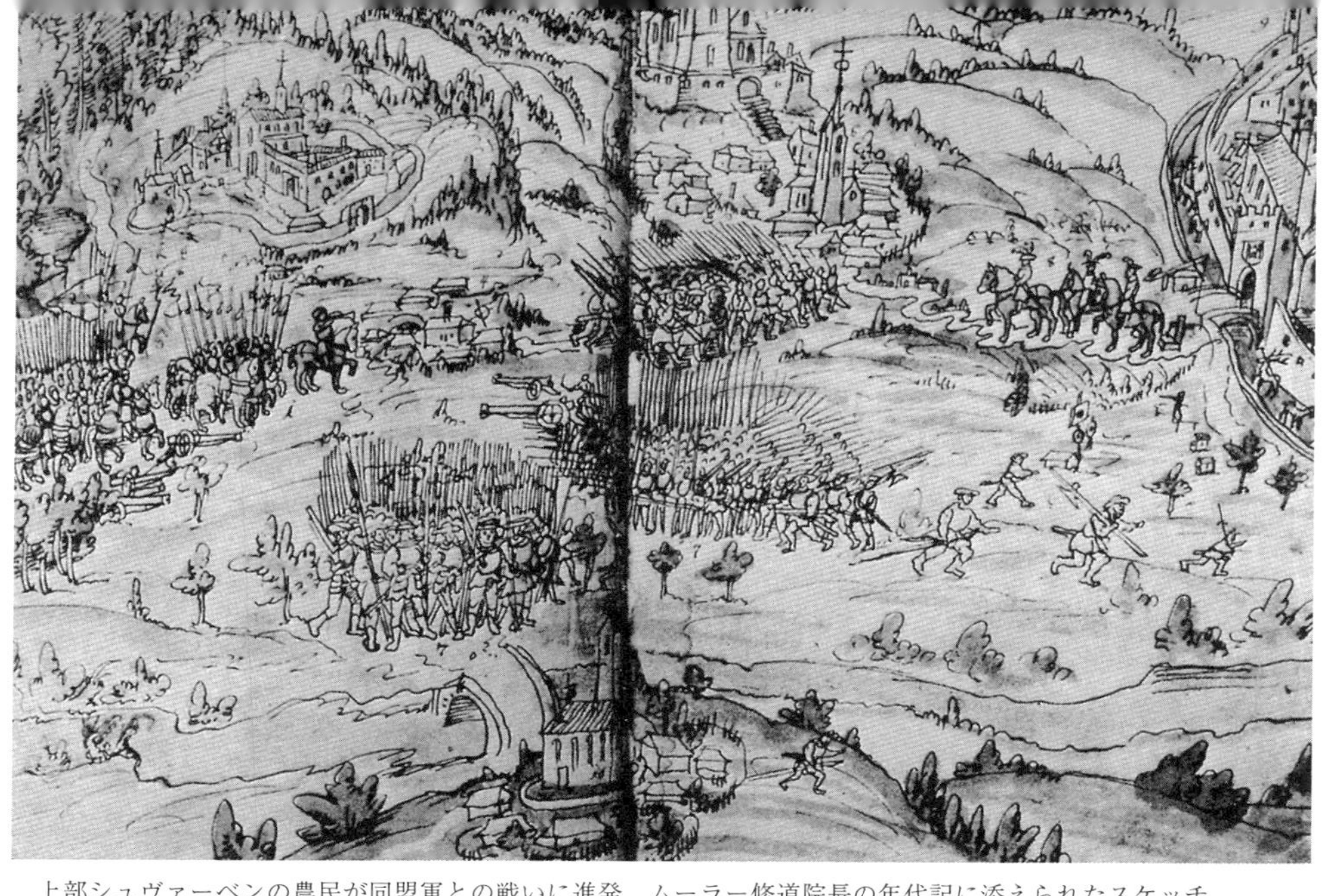

上部シュヴァーベンの農民が同盟軍との戦いに進発．ムーラー修道院長の年代記に添えられたスケッチ．

アルブレヒト・
フォン・ヴァレンシュタイン.

ヨハン・ツェルクレース・
フォン・ティリー.

ラーヴェンスブルク郊外のヴァイセナウ修道院へ押しかける農民. 修道士たちは逃げている. 1525年以後にムーラー修道院長が書いた農民戦争の歴史に添えられたスケッチ.

分の三は皇帝軍兵士だった。その当時の人間は戦死をあたりまえのことと見なしたに相違ない。だから、明らかに、言い触らされただけではなくおそらく誇張もされたと思われるこういう死者の数を知っても、平気だったのだ。そう考えてはじめて、ティリーがわずか数週間のうちに、新しい傭兵で損害を埋め、スウェーデン軍に対抗して南ドイツを守るために出て行けたことが説明できる。しかし彼は一六三二年四月十五日、レヒ渡河戦で右膝の上を弾丸に打ち砕かれ、数日後、インゴルシュタットでその傷のために死んだ。

もしも皇帝が数か月まえからひそかにヴァレンシュタインと、その呼び戻しについて交渉していなかったら、グスタフ・アドルフは文句なくドイツの主になっていただろう。譲歩に譲歩を重ねなければならなかったこのフェルディナント皇帝ほど下手(したて)に出た支配者は、それ以前には一人もいはしなかった。ほかの侯とともに指揮権をとることなど、ヴァレンシュタインは全然問題にしなかった。「たといわれらが主なる神と並んで指揮しろといわれても、私は受けはしないでしょう。命令というものは一人でするか、でなければまったくしないほうがいいのです」。そう彼は言い切ったといわれる。この原則に従って、彼は全権を伴う再任を強引にかちとった。

それから徴募が始まった。ヴァレンシュタインという名はまさしく魔術のような響きを持っていた。一兵卒も士官も、みんながまた彼の下で働くことを望んだ。それに報いるのに、彼のほうでも、彼以前のどの傭兵指揮官よりもよけいに金を出した。手付金として、まえには十五ターラーだったのを二十五ターラーに、馬の金としてそれまでは五十ターラーだったのを百ターラーにふやしたのである。同時に、最高度の装備が整えられた。ベーメンにある彼の諸領地は、とりわけ火薬と甲冑を製造する軍需産業の中心地に変貌し、ニュルンベルクがピストルを、シュレージエンが銃砲を供給した。わずか数週間のうちに、十万八千の兵力を擁する、装備のすぐれた軍団ができあがった。

ヴァレンシュタインがベーメンからオーバープファルツへ進出してきたために、グスタフ・アドルフはバイエルンを放棄して北方へ引き揚げなければならなかった。一六三二年八月、ニュルンベルク付近で両軍は対戦した。もっと正確にいえば対陣した。期待に反してヴァレンシュタインは攻撃せず、じっと我慢して、堅固な陣地に入ったままスウェーデン軍の突撃を待ち受けた。スウェーデン軍は四日間、彼の陣営に無益な攻撃をかけて七千人を失ったが、ヴァレンシュタイン軍の損害は二千人にも達しなかったといわれる。そのあとでグスタフ・アドルフは退却した。四万の兵と九千頭の馬から成るスウェーデン軍が音楽を奏しながら、全輜重と女子供を合わせると十万をはるかに越える大人数のヴァレンシュタイン軍陣営の横を通りすぎて行くさまは、実に奇妙な光景だったにちがいない。しかしヴァレンシュタイン自身は、戦闘に誘い込まれはしなかった。

数週間のあいだ、二匹の狐は中部ドイツを舞台に巧みな駆引きを行ない、部下の傭兵を将棋の駒のように動かして、行軍に次ぐ行軍をやらせた。そしてついに一六三二年十一月十六日、リュッツェン付近で戦いが始まった。たっぷり九時間もの戦闘ののち、スウェーデン軍は戦場を確保したものの、王は戦死し、双方合わせて一万の戦死者を出した。

グスタフ・アドルフの死によって、プロテスタント側はそのもっとも重要な指導者を失った。戦争は依然としてつづいたが、こうなるとヴァレンシュタインのほうが優位に立った。そして彼はこの情勢を利用した。皇帝のためにではなく、自分のために利用したのである。彼はひとまずベーメンに引き揚げ、自分の軍隊を休ませて疲労の回復をはかった。そしてベーメンから、陰謀と交渉の網を張りめぐらしはじめた。この秘密に包まれた網の目を今日なお、歴史家たちは解きほぐそうと努めているが、伝説と証明できる事実とがこんぐらかっているだけに、その仕事はますます困難の度を強めている。ヴァレンシュタインはほんとうにベーメンの王冠を夢見たのであろうか？　それとも、彼の政治的な計画がわからないばかりに、そういう野望を抱いたことにされてしまったのだろうか？

今日のわれわれはもはや、彼の計画をはっきりと見通すことができなくなっている。しかし、彼がスウェーデンの官房長、フランスのリシュリュー枢機卿、ドイツのプロテスタント諸侯と交渉したことはたしかだし、また、皇帝の頭越しに大胆な和平計画を練ったこともたしかである。この和平計画の最終目標はベーメン王になることだったのかもしれない。

一六三四年には、彼は一年じゅう、敵と味方を同じようにとまどわせながら、交渉したり軍隊を進めたりした。この交渉は、もともと友人のほとんどいなかった宮廷に知れ、そこで「陰謀」にまでふくらまされてしまった。一六三四年の初め、皇帝はひそかに彼を帝国追放に処した。つまり訴訟手続なしに彼を逮捕できるばかりか、殺してもいいことになったのである。これを知ると、ヴァレンシュタインは公然と離反の準備をした。しかしもう遅かった。一六三四年二月二十五日、解任の知らせがエーガーに届いた。それを知った、皇帝に忠実な数名の士官は、彼とその腹心たちを謀殺しようと決

エーガーにおける，ヴァレンシュタインとその士官たちの殺害．同時代のパンフレットにのせられた銅版画．

心した。彼らはその日の晩に、司令官のうちの三人を城での宴会に招いて斬り殺した。ヴァレンシュタインは、町の民家に設けた宿舎で刺し殺された。

ヴァレンシュタインがいなくなっても、皇帝はなおも戦争を継続した。次々に新しい連隊が編成されては、また流血のうちに消えていった。数字は退屈だといわれるが、ときとして本質的であることもある。告発するからである。一六三二年、リュッツェン付近で一万人が戦死し、ネルトリンゲン付近で皇帝軍がヴァレンシュタインの死後はじめて、スウェーデン軍に対して大勝利を収めたのだが、このときの戦死者は一万二千人であった。一六三五年にプロテスタント諸侯の大部分は皇帝と和を結んだが、そのかわり今度はフランスが介入してきて、宗教戦争は決定的に、純粋な権力戦争に変わった。殺し合いはさらにつづく。同じ年一六三五年に、アウクスブルク攻囲戦で六万人が死に、一年後ヴィットシュトック付近で七千人が死に、一万一千人が負傷した。ブライザッハの攻囲戦では双方合わせて約一万二千人が命を失った。ブライテンフェルトの第二次会戦で、皇帝軍だけで一万六千人の戦死者を出した。

これは、出典を容易にあげることができるいくつかの数字にすぎず、無数の小戦闘での絶えざる出血はまったく計算に入っていない。負傷者と身体障害者についても同様である。こういう人たちのことは、未亡人や孤児、あるいはすでに詳しく述べた非戦闘員の犠牲者と同じく、ほとんど気にかける者がいなかった。一六四八年にとうとう戦争が終わったとき、ドイツは全部で、住民の少なくとも三分の一を失ったのであった。

「笛を吹き太鼓を鳴らして」——歌に歌われたランツクネヒトと農民と傭兵

ヴァルター・シェルフ

驚くほどの確信を持って言えることがひとつある。ランツクネヒトほどたくさんの新しい歌を作り、おそらくはまたそれを歌った者はいないということである。のちの傭兵については、比較的に言ってごくわずかの歌しかわれわれには知られていない。その数があまりに少ないことから、ランツクネヒトとその協同体とを結んでいた、傭兵のそれとはまったく違う関係のなかに理由を求めなければならなくなる。傭兵はそういうつながりを知らなかったのだ。だが、われわれが知るところもっとも少ないのは、暴動を起こした農民たちが歌うことについてである。彼らはおそらく、ばらばらの歌をいくつか持っていたにすぎない。彼らの軍団には、独自の歌謡財を作り出すだけの暇がなかったのだ。それに、反徒の歌を歌う者は無慈悲な迫害を受けた。ビラがまかれても、それをあえて保存する者はいなかった。ビラは、ペストの病原菌でもあるかのように、破り捨てられ、焼き捨てられたのである。マクシミリアン一世の宮廷で、一無名氏が壁にこんな句を書きつけている。

アダムが耕し、イヴが紡ぐとき、

伯爵や騎士や貴族はどこにいたろう?

ある年代記には、一四七六年に巡礼者たちが次の詩句を含む歌を歌ったことが記されている。

天なる神に訴えたい、
どうして坊主をぶち殺しちゃいけないんだ

だが、ほんとうにわれわれが知っている反徒の歌は三つしかない。シュヴァーベン同盟に向けられたネルトリンゲンの市民およびリースの農民の歌と、一五二五年に起こったミュールハウゼンの明け渡しについての二つの歌である。ネルトリンゲンの袋物師の家で、コンツ・アンナハウスは歌った。

百姓たちが集まって
強い軍隊と戦争する。
大きな部隊を編成し、
多数が立ちあがって
城をぶち壊し
修道院に火をつける。

そうすりゃもうだますこともできなくなる。
たちの悪い収奪の巣など何になる?

しかし暴動を起こした農民のテーマは、ランツクネヒトの歌のなかにときどき出てくる。農民を何万何十万も打ち殺したランツクネヒトも、結局は農民と職人の子弟だったのだ。彼らが激しい憎悪を抱き、嘲笑を浴びせて農民を迫害したのはどういう理由によるものだったのかが疑問になってくる。

歌が新聞のかわり

当時の大小の私闘をしばしばえんえんとつづく詩節で歌うランツクネヒトの歌が、百以上も見つかっている。しかし、何がビラに書かれ、書き写され、収集されて残っているかは、まったく偶然の手にゆだねられている。毎年、何か新しい事件が起こり、何箇所かで同時に別の出来事があり、毎夏、数多くの征戦が行なわれ、次から次へと事件が起こっては忘れられていった。しかしランツクネヒトの軍団は、新しい歌をまえからおなじみの節回し(ふし)で歌った。「ところで何を始めようか? 新しい歌でも歌うか」——こんなふうに始まるのは、一五二五年にハンス・フォン・ヴュルツブルクが作った力強いパヴィーアの歌ばかりではなかった。マクシミリアン一世とカール五世の時代に歌われた「歴史的な」ランツクネヒトの歌が全部まだ残っていれば、その数はおそらく一千ではきかないだろう。どのような私闘と征戦、会戦と戦闘、政治的に高邁な計画と恥ずかしいほど卑劣な争いがランツクネヒトの歌に反映しているかを、ごく少数の歌にしぼってざっと見ていくことにしよう。そうすれば、ドイツ史のほぼ六十年を材料にして織ったつぎはぎの絨毯を、はっきりと眼前に見ることができる。

一四九三年。ハインリヒ公は、ブラウンシュヴァイクがあまりに多くの自由を獲得したという理由で、この都市と戦った。ブレッケンシュテット付近で彼は食糧を町へ運ぶブラウンシュヴァイク市民と衝突した。しかし公の軍は手ひどい敗北を喫し、部下の農民は算を乱して逃走した。市民軍に加わって戦ったあるランツクネヒトが、四十節から成る勝利の歌を作った。

農民はひどい目に会わされて
沼地目がけてひた走り。
とうとうやつらは音(ね)をあげて、
マントやパンの袋を捨て、
沼地のなかへ駆け込んだ。

一四九五年。神聖ローマ帝国とかかわり合いを持とうとせず、もっとも多くの金を払ってくれる側に傭兵となって身売りするスイス人（ほかの連中だって同じことをやったのだが）に対する憎悪は、とりわけシュヴァーベン人のあいだで激しくなるばかりだった。マクシミリアンはまだ躊躇していた。彼はスイス人を味方にしようとしたが、部下のランツクネヒトは競ってスイス人を嘲り、口汚い挑発をして、たちの悪い戦争を起こした。

「いいスイス人なんかいるわけがない」と、それゆえに彼らは言った。「ただし一晩、雌牛と寝れば話は別だが」。そう言うとき、彼らは自分たちがいなければマクシミリアンが困ることを確信していたのである。

ランツクネヒトは、利口なやつよりも
神聖ローマ帝国に対して
忠義を尽くすとほめられる。
彼らより勇敢な者などいやしない。
ああ、王よ、彼らを害から守りたまえ。
勇敢なランツクネヒトがいなければ、
あなたは何もできやしない。

一四九九年。あるランツクネヒトは、グラウビュンデンが帝国に背を向けてスイスと結ぶことのないよう警告した。別の歌では、調停のために無益な努力を払っているクールの司教が、いかさまをやる男だといって侮辱された。そしてフェルトキルヒでなお、争いを調停する試みがなされているあいだに、ランツクネヒトはスイス人の背後から「ムー、ムー」とうなってレトロマン語をからかった。

そして、袋のなかに何が入っているか
がわかったらどうだろう？
おふくろのズック布が入っていて、
牛の糞で濡れていた。

一五〇四年。十月にマクシミリアンは難攻不落とされるクーフシュタイン砦を攻めて、ヨハン・フォン・ピーンツェナウに開城を要求した。彼がランツフート戦争に干渉した――砦はプファルツのために守られた――のは、自分の利害ゆえであった。彼はクーフシュタインをわがものにしたいと思っていたのだ。それで、砦の司令官に嘲られると――司令官は最初の砲撃で砕け散った瓦礫を箒で掃き寄せさせたのだ――、マクシミリアンは二門の強力な大砲をインスブルックから取り寄せた。「ブルラバウス」と「オーストリアの起床号令」と呼ばれるその二門は、イン河を引き船にのせて運ばれてきた。この大砲で石壁が打ち砕かれ、司令官は無条件降伏せざるを得なかった。怒ったマクシミリアンは十八人の守備兵を処刑した。遠方まで知られ、長いあいだ歌われた歌に、ヨハン・フォン・ピーンツェナウの最期が語られる。

刑場に連れて行かれたのは

彼がいちばん最初だった。
胴着をくくられ、
末期の酒を渡された。
さようなら、いとしい世界よ、
木の葉と草よ、神が汝を祝福されんことを。
今日はもう、身代金も役にたたない、
おれはもう破滅だ！

一五〇四年。ランツフート戦争で、プファルツ軍は十二月初めにフィルスホーフェンを奪おうと試みたが、撃退された。歌の最後に、プファルツ軍の司令官が死者を焼かせた恐ろしい光景が描き出される。

ヴィスペックは死人を
外にほったらかすなと命じた。
死人の多くは夜陰ひそかに
家のなかへ運び込まれ
そこで悲惨な焼かれ方をした。

まだ生きている者もいた。
ヴィスペックはこういうふうにランツクネヒトに報いたのだ。

一五〇八年。マクシミリアンはトリエントで教皇使節から皇帝の称号を授けられた。ヴェネチアがローマへの通行を拒んだからである。ヴェネチアとの戦争が始まった。この事件に寄せて、イン河畔シュヴァーツ出身のハンス・プロープストは、思いあがったヴェネチアが塩からいミネストラを飲まされたことを歌っている。

ヴェネチアよ、おまえは皇帝の国と
名誉を欲張った。
そいつは神の導きにゆだねなくちゃならん。
おまえ、これから後悔するぜ。
おまえのためにゃ、ぴりりと辛いスープができてる。
そいつはものすごく塩辛いぜ。

一五一四年。ザクセン公ゲオルクは、アピンゲダムを攻撃した。彼の（西フリースラントの）側には「白色隊」が、東フリースラントの側には「黒色隊」と称する一隊のランツクネヒトが立って戦った。戦闘とは、略奪と家の壊し合いである。アピンゲダムは勇敢に防戦したが、守備軍の出撃に乗じてザクセン軍は市内に侵入し、恐ろしい虐殺をやってのけた。ファイト・シュライバーという名のランツクネヒトがこの攻撃を次のように歌っている。

ある土曜にランツクネヒトは
秘蹟に祝福されて突撃した。
神よ、彼らの不安を転じたまえ！
そのときおれたちは、多くの
高貴な、生まれ高き戦士を失った。
おれたちは誓いを立てた、
たとい命を失っても
この町を手に入れるのだと。

彼の気がかりは、よい戦利品をせしめることである。もっとも彼は、戦利品をすぐに博打（ばくち）ですってしまったことを末尾で告白しているのだが。

一五一五年。ローディへの街道に沿うマリニャーノ付近で行なわれた戦いは、さらにすさまじかった。ミラノ救援におもむいたスイス兵が、フランス王フランソワ一世を攻撃し、ドイツのランツクネヒト三万と衝突した。その三万のなかに、悪名高い「黒色党」がいた。不敗を誇るスイス兵は、九月十三日の晩にいったん勝利を得たが、翌朝、壊滅的な打撃を被り、一万二千の死者が戦場に横たわった。スイス兵は山のなかへ潰走し、フランス王のために皇帝の権益に抗して勝利を得たドイツのランツクネヒトは、大いに得意だった。彼らはまず、緒戦の勝利を告げた使者をあざ笑い、次いで、愚か者が敗れて家に帰るさまを描写した。

武器も持たずに逃げ帰った。
一人は今日、もう一人は明日、
唖のように黙りこくって。
靴も兜もなくしてしまった。

マリニャーノの戦いを歌ったランツクネヒトの歌はたくさんあるはずだが、そのうちの三つがいまに伝わっている。力強いシェンケンバッハ節(ぶし)で、粗野な嘲りを響かせるこういう歌がある。

おまえたち、だれにも嘆くんじゃないよ、
だれに打ち殺され、絞め殺され、突き殺されたかを。

そうすりゃ多少は認めてももらえよう。
おまえたちが家の
妻子のところに残って、
雌牛を追い、
凝乳とバターを造っていたら、
そのほうがよっぽど役にたったろうよ。

一五一六年。このころスイスの傭兵とドイツのランツクネヒトは、歌のなかではお互いに口汚く嘲り合っていたが、味方同士になって戦争に出ることも多かった。たとえばヴェローナは、スイス＝ドイツ＝スペイン連合の守備隊によって、皇帝のために守られていたのである。堀のなかを掘っくり返しているイタリア攻撃軍の農民の上に、守備軍は石壁の前面を転がし落とした。そして最後に門を開いて、狭いところに追い込んだ敵を何千となく殺した。

やつらは勝ったと思い込み、
こっちへ来いと叫んだが、
町のなかには勇敢な者どもが
武装整え待っていて、

数千のイタリア人めを
打ち殺した。
やつらにゃ運がなかったのさ。

しかし一年後、ヴェローナはどっちみちヴェネチア軍に明け渡された。

同じ年、シュタイエルマルクの州知事は、フィラッハ付近でスロヴェニアの農民軍八万を壊滅させた。彼らは領主たちのする戦争を支えるための搾取に耐えかね、「スロヴェニア同盟」を作って、昔ながらの権利を守るために死んだのである。彼らの鬨の声「スタラ・プラウダ！」は、「昔ながらの権利を！」という意味にほかならなかった。そして「さあ、戦おう、みんな！」というのがリフレインであった。刑罰は恐ろしいものであった。貴族は国土を荒廃させたが、ランツクネヒトにとって、それがなんであろう？　彼らはこの最後の農民戦争について、自己を意識しつつも（彼らの大部分もまた農民の子弟だった）、領主たちには忍従しなければならないことを確信して、こう歌っている。

それからすぐに戦が始まり、
たくさんの農民が
わずかのあいだに刺し殺された。
彼らの自慢も終わりを告げ、

得にもならないやつもいた。
昔ながらの権利を！
彼らは砦を失い、
いたい目にあわされた。
「さあ、戦おう、みんな！」
彼らは不実と悪意のゆえに
吊るされ、槍で突き刺された。

一五一七年。のちにカール五世皇帝となるスペイン王カルロスは、フランスと意思疎通していた。しかしランツクネヒトは、フランスに侵入して戦利品をせしめたくてむずむずしていた。彼らは陣営内で、イェルク・グラフとともに歌った。

ランツクネヒトよ、老いも若きも
元気を出せ！
おれたちゃフランスへ攻め込んで
たっぷり獲物をせしめようぜ。
フランスにゃ金がうなってる。そいつをやつらと分けようじゃないか。

もうちょっとの辛抱だ！

一五一九年。ヴュルテンベルク公ウルリヒは、自分の国を再び占領しようとした。シュヴァーベン同盟とバイエルン公が新しい軍隊を集めるまえに、シュトゥットガルトが彼の前に城門を開いた。ランツクネヒトのエラスムス・アマンがこの事件を、一四七九年にドール市が裏切って開城したときの古い節回しで歌った。たくさんの約束をし、可能と考えられるよりもっと多くの方面から支援してもらえると思っていたウルリヒ公は、挫折した。失敗に終わったエスリンゲンの攻囲戦は、彼の勘定につけられた。そのとき彼の部下は、屋根瓦を撃って壊し、ぶどう園を荒らすくらいのことしかできなかったのである。

援助と金を求めて
おまえはたくさん手紙を書いた。
だがなんにも来やしない。
何もかも無意味だったのさ。
彼は瓦に宣戦を布告したが、
なんの損害も与えはしなかった。
テーブルの上の

杯を撃って壊しただけのこと。

ウルリヒ公はつまり瓦に宣戦を布告し、首の細い、アングスターというグラスを撃って真っ二つにしただけだというのである。

被害者は庶民、農民である。彼らは、装備が悪く、兵士としての教育を受けてもいないのに、戻ってきた公に仕えることを拒むわけにはいかなかった。彼らはランツクネヒトにとって真の敵ではなかった。いや、文字どおり大砲の餌食だったのである。

おれたちゃやつらに砲を向け、
百姓どもの目をさまさせた。
やつらの隊列にぶっ放し、
一発で五人をぶち殺した。
やつらにゃひどい痛手だろう。

一五二一年。シャンパーニュにおける皇帝の戦争を歌った歌は、フランツ・フォン・ジッキンゲンがフランス人にまんまと出し抜かれたこと、彼とナッサウ伯とのあいだが険悪になったこと、そして皇帝の払う給料が滞ったためにジッキンゲンの隊が四散したことを報告している。

やがて陣営内のペテンが始まった。
伯爵が考え出したことをまあ聞いてくれ。
その伯爵のことはいまおれが言ったばかり。
ランツクネヒトが給料を要求したら、
彼は、金がないと言ったものさ。

一五二一年。この夏、イタリアでも戦いがあり、新しい歌がいくつも作られた。次の短い歌はおそらく、フランス軍の占領しているミラノへの突撃を歌ったものと思われるが、ここには珍しく、恐怖と死の不安がにじみ出ている。

戦いはごく短くて
午後の三時から六時まで。
血がたくさん流されて、
ランツクネヒトたちは
足の先まで血だらけに。

居合わせた若い男は、
恐怖で亜麻のように青ざめた。
あの鳩よりももっと青ざめて。
家郷の父母がそれを知ったら、
悲しむのを手伝ってやるだろうが。

あの鳩よりも青ざめて――ランツクネヒトが行軍の途中で緑の牧場を通るとき、予兆として聖母マリアが雪のように白い鳩となって現われるといわれていた。

一五二二年。ミラノの前方三マイルのところにあるビコッカの猟場での戦いは、フランス軍に味方して戦うスイス兵の猛攻撃のために敗北に終わった。ゲオルク・フォン・フルンツベルクが皇帝軍に加わり、槍を手に最前列に出て戦った。ランツクネヒトのエラスムス・アマンがこの戦いの模様を描写しているが、そのあと、スイス兵は打撃を被って故郷へ引き揚げた。

スイス兵は一万八千で、
おれの読んだところでは戦死が六千、
それに二千のフランス兵。

だから合わせて八千。おれの推理じゃたくさんのランツクネヒトが、
戦死者のズボンのなかに金を捜したろう。

しかし略奪が行なわれ、死者のポケットが裏返されただけではなく、お互いのあいだの嘲り合い、角突き合いがまたもや始まった。そのもっとも激しい例が、有名なベルンの画家ニコラウス・マヌエルの歌だということはたしかである。彼は隊長としてこの征戦に参加し、「フェルティ」、すなわちランツクネヒトを「もぐら」とののしっている。

堆肥のなかに潜りこむ豚のように
地面のなかに潜りこむやつら

彼の悪口は、いまは伝わっていないランツクネヒトの嘲笑歌に対するお返しにすぎない。ランツクネヒトはビコッカ付近にたくみに陣地を構築して優位に立ったのだ。ニコラウス・マヌエルは、もしもフェルティが、大砲で撃たれた勇士たちの全員と広い戦場で対決していたら、その十人のスイス兵の一人に「濡れ雑巾で狩り立てられた」ろう、と言っている。ランツクネヒトが捕虜を得なかったことがあとになってたたるのだが、それはそれとして、ベルンの画家隊長はその歌をこう結んでいる。

おれはおまえの鼻の上に糞を一つ垂れ、
髭のなかに三つ垂れてやる。

一五二五年。イタリアはパヴィーア市外の動物園で、二月二十四日朝、決戦が行なわれた。これほどの栄誉に飾られた戦いはほかになく、たくさんの歌が作られた。ランツクネヒトはゲオルク・フォン・フルンツベルクとマックス・ジッティヒ・フォン・エムスの指揮下に皇帝側で戦い、フランス側にはスイス軍部隊だけではなく、悪名高い黒色党もいた。黒色党の士官であるアウクスブルク出身のラングマンテルが、フルンツベルクあるいはジッティヒに一騎打ちを挑んだとき、背信者であるからこの「名誉」にはふさわしくない人間だといわれた。黒色党のランツクネヒトは撃破され、ビコッカの復讐をしようとしたスイス兵は嘲られた。

スイス兵よ、おまえはおれの鼻の上に糞を一つ垂れ、
髭のなかに十五垂れた。
おれ思うに、おれたちはパヴィーアの
動物園で、おまえに現なまで払ってやった。
おれが自分の恥を誇っていると
おまえは言うが、そいつは真っ赤なうそ。

おまえはフランス王の土地と人間を失い、
彼を臆病にも見捨てたじゃないか。

フランス王がみずから投降しなければならなかったという事実がしかるべく強調され、ひどく釣り合いのとれない死傷者の数（フランス側は一万五千）にも言及されている。

一五二六年。農民戦争のときの個々の戦闘について報告するランツクネヒトの歌も少なくない。ゲオルク・フォン・フルンツベルクが、農民軍に包囲されたポンガウのラートシュタットを救援におもむいた（そしてチロルの農民がブルネック付近でまだ殲滅的打撃を受けていない）とき、農民はランツクネヒトに嘲られた。

おまえたちが領主のものを領主に渡せば、
追い払われることもなかろうに。

ランツクネヒトにとって、暴動を起こした農民は無頼の徒にほかならなかった。だからこそ彼らは、もとをただせば同じ身分の農民を蹴散らしたのである。「自由な」ランツクネヒトとして、自分たちの出身母胎である非自由で抑圧された世界を憎み、折りがあれば打ちかかったのだ。

百姓どもは考えた、
ランツクネヒトは一人も逃がさないぞ、
みんな吊るしてやるのだ、と。
だから、親愛なるランツクネヒト諸君、
百姓どもに仕返しをしてやれ。

一五二七年。ローマへの進軍がフルンツベルク最後の遠征となった。一月に、彼はアルプスを越えた。ランツクネヒトは永遠の都で略奪をするのだという考えに取りつかれていたので、ついに反乱が起こり、老指揮官は卒中に襲われた。その任を引き継いだシャルル・ド・ブルボン公は、スペイン軍の先頭に立ってローマを襲ったときに戦死した。ネーデルランド出身のランツクネヒトは、彼を悼む歌を歌った。

多くの戦いを私は戦ってきた、
騎馬で、そしてまた徒歩で。
私は数々の大勝利を戦いとった、
皇帝のために。

このパヴィーアまでやってきた
王をさんざんな目に会わせた。
王は私の手から逃れることができなかった。

一五二九年。トルコ軍の災いとトルコ軍のウィーン攻囲について報告している歌はたいへんたくさんある。フェルディナント王はすでにウィーンをあきらめていた。九月二十一日、スレイマン麾下の騎兵が市の前に現われた。やがて包囲の輪は閉じられ、閉じ込められた人々にとっては辛い時が始まった。そしてその辛さは、恐ろしい話とトルコ軍が勝ったらどうなるだろうという恐怖のために数倍にも増幅された。歌は、東方の荒廃した国土のすさまじい相貌と競い合った。

東方の国土を彼は蹂躪(じゅうりん)した。
女の乳房を切り取り
小さな子供を壁に叩きつけた。
ああ、神さま、罰はいつ終わるのでしょう。
この罰で多くの者が悲惨の淵に叩き込まれるのです。

乳房の切り取りや強姦については、同じような言葉でいくつもの歌に歌われている。歌はしかしまた、城壁に突破口を造って市内に侵入しようとして失敗したトルコ軍の試みをも歌っている。

やつの手には、町をぶっつぶすほどの
大砲はなく、
それで、市壁の下の
掘りくずしをはじめた。
そのため大きな破片が
広場に落ちてきた。
何度も突撃をかけようとしたが、
兵士はすくみ、
やつは兵士をなぐって駆り立てた。

十月十四日から十五日にかけての夜、スレイマンは陣営に火を放ち、目的を果たさずに撤退した。

一五三四年。リューベックでユルゲン・ヴレンヴェーファーが権力を握り、ネーデルランドとデンマークに対して気違いじみた戦争をはじめた。彼はオルデンブルク伯クリストフの援助を確保し、伯は五月にランツクネヒト兵団を率いてリューベックに到着した。しかし、だれでもがこの高邁な政治的、軍事的な計画を正しいと思ったわけではない。ラートカウの居酒屋で、白い杖を持った（つまりリューベックの状況をよろしくないと考えて見捨て、敵に走った）ランツクネヒトのコルト・リッパーダイは、奇妙な歌を歌った。彼はリューベックのめちゃくちゃな様子をこう描き出している。

鉄敷（かなし）きとピッチ塗りの糸は
仕事をほったらかし、
ロープ博士と正方形も
市庁舎に入り込もうとする。
袋物屋と皮帯屋は
全然仕事をしやしない。
馬具屋と小問物屋だって同じこと。
市の金庫番のほうが楽なのさ。
ワインとビールが飲めるもの。

鉄敷き、ピッチ塗りの糸、正方形とは、ヴレーデ、シッケプレーン、フェールエッゲのことを言っている。ヴレーデは金細工師、シッケプレーンは靴屋、フェールエッゲは仕立屋だったのである。彼らは古い参事会の権力を奪ってヴレンヴェーファーを支持した新しい参事会の会員だった。

一五三四年。めちゃくちゃな状況になったのはリューベックばかりではなかった。ミュンスターでは狂信的な再洗礼派が支配権を奪取した。彼らは新エルサレムを宣言し、彼らの手で洗礼を受けない者はだれでも追放した。ミュンスターはランツクネヒト軍に包囲され、聖霊降臨祭後の火曜日に突撃が開始される手はずになっていた。ところがその前の晩にもう、ゲルデルンのランツクネヒトの一隊が突撃をはじめた。彼らは酒を飲んで、略奪の一番乗りをしようとしたのだ。

ミュンスター攻撃の始まりは
月曜日
晩の七時ごろのことだった。
ミュンスターの市壁の下で、
たくさんのランツクネヒトが死なねばならなかった。

この歌をはじめて歌った「有能なランツクネヒト」が、冒頭でこういう疑問を呈しているのはまったく正当である。「月桂樹の枝を折って道化帽にさした男はだれだったのか?」そして第四節で彼は、やけくそになって攻撃してきた兵士たちの足の上を血が流れていたことを報告している。三千人が死んで放置された。再洗礼派の市長クニッパードリングは市壁の上に姿を現わし、倒れた兵士たちをさして、市民に向かって叫んだ。

「市民よ、ここの市壁の監視所にきたまえ。
敵兵を見ようではないか。
ついいままで、彼らは三千人もいたのだ。
われわれはこの栄誉をしっかりと守ろう」

ミュンスターへの突撃は、言葉では言い表わせない。言いつくろえるところなど何もありはしないのだ。そしてクレメンス・ノン・パパがテノールの感動的な定旋律につけて書いた三声部の楽章は、一度いっしょに歌った者に忘れがたい印象を残す。

一五三九年。ニュルンベルクはアンスバッハ辺境伯ゲオルクに対する戦争の準備を整えた。多少とももうかる見込みはあった。特に、軍備で稼ぐ人間にとってはそうだった。だから、「戦争刃物師」ローレンツ・シュテュルの威勢のいい歌を読んでも少しも不思議には思わない。彼はシェンケンバッハの節回しで作詞したのだが、今日のわれわれだったら純粋な自己宣伝と言うところであろう。

ランツクネヒト諸君よ、喜べ、

われわれは高貴な殿を知っているが、
その殿がいま、証人の前でわれわれに
生活を保証し、金を渡してくださる。
それゆえにわれわれは、
検査を受けに押しかけようではないか。
槍や矛槍など、
戦士を飾るもの、
ランツクネヒトにふさわしいものを買おうではないか。

刀鍛冶ローレンツ・シュテュルにはたしかにありがたくないことだったろうが、戦争は全然起こらずにすんだ。ニュルンベルクは辺境伯と和解したのである。

一五四六年。一五四六年七月三十日、シュマルカルデン同盟の総司令官はドーナウヴェルトの町を占領し、ヘッセン方伯は、三か月以内に皇帝をドイツから追い出してしまうと言った。陣営内には、それまでランツクネヒトがほとんど歌ったことのない、お説教じみた歌が流れた。

さいころ遊びをやっちゃあいけない、

けんかが始まるばかりだから。
酒をくらえば人の迷惑、
そいつはやめなきゃいけないぞ。
槍や刀や剣で
切り合いの練習をしろ。
そういう技術をおぼえれば、
役にもたつし、名誉も得られる。

インゴルシュタットに近い小さなシュッター川のほとりにおかれた皇帝軍の陣営では、カール五世がシュマルカルデン同盟の猛烈な砲撃を持ちこたえ、ヘッセン方伯に陣地の放棄を迫った。

方伯は陣営のことごとくに火を放たせ、
煙がその退却を覆い隠した。
これはほんとうのことで、うそではない。
「ああ、インゴルシュタットよ、私はおまえを捨てねばならぬ。
事をきちんと始めればよかったのだ。
私は悪魔に欺かれた。」

のちに捕えられたのはヘッセン方伯だけではなく、ザクセン選帝侯ヨハン・フリードリヒも皇帝軍に降った（一五四七年）。このときの模様がランツクネヒトの歌でいろいろに歌われている。

選帝侯は目をあげて、
言った。「神よ、哀れみたまえ、
私たちはいま、ほんとうはどこにいるのでしょう?」
侯はなかへ入って、
侯としての処遇を願った。
皇帝は答えた。
「さよう、貴下の受けてしかるべき処遇をいたそう」

一五五三年。シュマルカルデン戦争と、一五五五年にようやくアウクスブルクで結ばれた宗教和議とのあいだの数年間に、なお無数の新しいランツクネヒトの歌が歌われた。それらは、その時代のさまざまの事件を証言するものといってよい。条約が作られては破られ、前線は交替に交替を重ねた。しかしこの時代の混乱を表わす例として、乱暴なアルブレヒト辺境伯がフランケンで行なって皇帝に容認された略奪ほど奇怪なものはない。思いあがって、いっさいの敵を軽蔑するこの乱暴者に対しては、プロテスタントとカトリックが共同戦線を張りさえした。ジーヴァースハウゼン付近で辺境伯の軍団は同盟軍のなかへ突っ込んだ。

やつらはおれたちのことを、
しようのないやつどもだ、
すぐに追い散らしてやる、とほざきおった。
そして、法王の従僕だなどとぬかした。
おれたちはやつらに鉄砲を浴びせて打ちかかり、
それがまた、よくきまったものだ。
さんざんにののしってやったから、
勇気をなくすやつもたくさんいた。

乱暴な辺境伯のランツクネヒトが実際にどんな人間だったかは、ある手書きの年代記のなかに見つかった彼らの放埒な略奪、放火殺人の歌を聞けばよくわかる。

アルブレヒト辺境伯は、だらしない、
くさくて陰険な臆病者をあぶり焼きにし、

ヴュルツブルクの連中をその火の下にくべ、
バンベルクの連中を地獄の火の中へ追い込んで、
大汗をかかしてやれ、とすすめた。
それに反対するやつには、
小さなパンくらいのペストが首にできりゃいい。

ジーヴァースハウゼンにつづいて、やけくそになった辺境伯はなおもさまざまの非道な行為をやってのけたが、ついに追放されてフランスへ逃げ、一五五七年にそこで死んだ。

ここでわれわれは、当時の大小の事件を反映する歌の流れを止めることができる。世紀の半ばに、ランツクネヒトが自分自身について描く像が変わってしまったのだ。それは、ランツクネヒトが自己確認のために必要とし、歌いながら自分をそのなかにはめ込んでいった像である。かつてはあんなに激しかったスイス兵へのライバル意識に火をつける者はもう一人もいなくなり、皇帝がみずから槍を手にして最前列で戦った時代のことを考える者も、一人もいなくなった。ランツクネヒトはもう、結束した兵団のことなど口にしなくなり、少年めいた連合の秩序は消えうせた。そして、プロテスタントかカトリックか、どちらかの宗派にくみして、給料が滞ればすぐにでも信仰箇条を変えなければならないことを、みんなが悟るようになった。以前にも、自分の利益ばかりを考える独立独歩の傭兵の姿勢だってなかったわけではないが、かつては血盟部隊とか志願部隊と呼ばれた、軍団の核心をなすいかにも一味徒党にふさわしい内的な結束は、失われてしまった。そして純粋な傭兵気質が残り、それはしだいに、グリンメルスハウゼンが五十年以上ものちに始まる三十年戦争を表わそうとして描き出した形をとるようになっていった。こうなってランツクネヒトの歌は沈黙するが、それがまたこの歌の特徴的なところでもある。傭兵は、時代の新しい出来事を盛り込む歌をもうほとんど歌わなくなってしまう。そして歌うときには、街道での「自由な」生活、みずからの責任における略奪行など、自分だけを頼りにする、戦争の周辺での生活をこと細かに描き出すのである。

歌は人間を刻印する

十六世紀前半のランツクネヒトは、次から次へと起こる戦争関係の大事件を、新しく歌にして歌っただけではない。歴史的な歌の大部分はたちまち忘れられ、戦争の運命に操られて、同じ隊にいた古い戦争仲間が寄り集まったときだけ、彼らは歌に盛られる共通の思い出にふけった。しかし越冬の陣営で、あるいは行軍中に、野営で、居酒屋で、あるいはまた次の徴募地に向かう途中で、何度も繰返して昔のままの節回しで、そしてもっぱら連帯意識を強めるために歌われたのは、「非歴史的」な歌であった。その内容は、農民あるいは職人の生活とはまったく違う「自由」な生活、断ち切られた結束を軽蔑するランツクネヒトの生活であった。これらの歌を歌う者は、父母、最愛の人、仕事を捨てて、「志願部隊」に入った。歌は、古い生活とのあいだにかかる橋を断ち切った。それが、歌の持つ本来の使命であった。こういう歌がたった一人の男によって歌われたことがどんなにしばしばあったことか。彼は歌によって自己確認をし、支えを与えられ、他人との連帯感を植えつけられたのだ。いまに伝わらない歌詞はあまりに多いが、残ったわずかのものは、雄弁に物語ってくれる。そのなかでもとりわけ、イェルク・グラフの十五節の歌が優れているが、この作者にはほかにもいくつかの「事件」歌がある。イェルク・グラフは、負傷したためにランツクネヒトの生活を捨てなければならなかったことを嘆く。

けがのおかげで楽しみも台なし。
でなけりゃ、死ぬまで
兵団にいたかったに。

彼が奪われた「楽しみ」とは、どんなものだったのだろう？　二部に分かれ、最初は賛美歌ふうの力強い節で歌われたこの有名なランツクネヒトの歌は、ランツクネヒトの父と呼ばれたマクシミリアン皇帝への挨拶で始まる。

神よ、強大な権力を有する勇敢な皇帝、
マクシミリアンを守りたまえ。皇帝のもとに
兵団が作られて、あらゆる国々に遠征し、

笛を吹いては太鼓を打ち鳴らした。
ランツクネヒトと、人は彼らを呼ぶ。

この歌は、はっきりと特殊な地位を占めていたにちがいない。なぜなら、われわれの知るかぎり、その節（ふし）がほかの歌詞に転用されたことは一度もなかったからである。最初の六節を暗誦すれば、おのずから兵団の生活に導き入れられ、そのなかに溶け込んでしまう。

断食や祈りは、あたりまえだがやめといて、
坊主どもにやらせりゃいいと言っている。
やつらはそれで金をもらってるんだから。
しかし勇敢なランツクネヒトは
物乞いしながらうろつき歩く。

チョッキと短ズボンで跳ね回らにゃならぬ。
雪も雨風もばかにして、
飯も食わずに土に寝る。
あんまり暑くなりそうだと、

好きこのんで汗をかく。

古参の連中のならわしどおりに
ランツクネヒトはやらされる。
さいころとカルタが彼らの叫び、
酒がうまいところと聞けば
どうしても出かけずにゃおられない。

ランツクネヒトが農民や職人と違うのは、みずから求めて身をさらしていること、つまり、死神に身を売り渡していることである。切ったり突いたりが始まると、血が靴のなかまで流れ込む。ランツクネヒトは、局外者がこの挑発に驚愕することを明らかに知っていて、安穏に家郷にとどまっている人たちの驚愕を楽しんだ。彼らは、断ち切られた橋ばかりのこの世界における唯一の敵、スイス兵に向かって、家へ帰って牛の世話をし、牛乳濾しとチーズ造りでもやったほうがいい、と叫びかけた（しかし彼らは、スイスの傭兵も自分たちとまったく同じように、家に帰りたくもないし、「自由」を捨てもしないことを知っていた）。

そしてそのあとおれは

片足を撃たれ、
びっこを引くようになりはしたが、
そんなことは屁でもない。
松葉杖がお似合いというものさ。
一年とたたないうちに
おれは病院の下男になっていた。

腕が、あるいは足が撃たれたらどうなるかについては、彼らはまったく関心がなかった。「戦争に行く者」という歌のなかで、彼らは覚悟しなければならないことを数えあげる。手がなければ手袋を節約でき、松葉杖をついても病院の下男にはなれる。そして全部なくなってしまうと、

なに、そうなりゃ撃たれるまで。
広い荒野で撃ち殺されるまでのこと。
そうすりゃ長い槍にのせて運ばれる。
墓の準備はできてるさ。
そうしてドロドロドロと太鼓を打ってもらや、
そのほうが坊主のつぶやきより

どれほどいいかわからない。

ハンス・ヴィッツシュタットの作った「勇気を出せ」という歌も、運命へのこうした激しい挑戦のひとつである。給料を全部使ってしまったらどうして暮らしていったらよいかを教えてくれる歌である。

飢餓に陥ったら鶏をぶち殺し、
一羽の鵞鳥も生かしておかず、
料理屋に持ち込んで
羽をすっかりむしり取れ。
そうすれば焼きあげて、
上座のきみまで運んでくれる。
食って飲んで、いい調子でやりたまえ。
銀貨を一枚、皿のわきに置き、
気楽に暮らしていったらいい！

おやじがけちで

話のわからないやつだったら、
仲間とけんかをおっぱじめ、
お互いっこ遠慮なく
相手を叩き出しちまえ。
みんなが出ちまや、おやじは喜ぶ。
そうしたら楽しく
荒野に馬を飛ばせ！

さて農家に入ったら、
うまく立ち回るのだ。
一人が中に入って、一人が外に残る。
鶏の居どころを調べるのだぞ。
卵やチーズや、ほかにも食いものを
遠慮なく分捕るがいい。悪くはないぞ。
これがランツクネヒトのやりかたで、
百姓のおかみは一年間、
きみらに悪いことあれと呪いつづける。

ランツクネヒトは、仕事や毎日の苦労をまったく軽視した。それこそ、彼らが捨ててきた世界にほかならなかったのだ。「いざ、ランツクネヒト諸君」は、フランス王がよい給料を払うことを宣伝する徴募歌だ、という悲しい栄誉を要求してもよい歌だが、そのなかにこういう文句がある。

百姓のところじゃ打穀をやらされ、
ザウアーミルヒを食わされる。
王のところじゃ酒びん運び、
百姓のところじゃ粗布運び。

しかし、「悲しい栄誉」とは、どういうことだろう？ ランツクネヒトは皇帝、あるいは帝国など、一人の主君のために戦うのではない。自分の自由隊のため、隊内、兵団内の自分の生活のために戦うのである。部隊長あるいは軍司令官は、彼ら自身が「兵団」の一員であるかぎりにおいてのみ、ある役割を果たすのだ。フルンツベルクも、マクシミリアン皇帝でさえそうであった。カール五世はついに兵団の一員とはならなかった。給料と戦利品は、ランツクネヒトとしての生活を送るには十分だった。

もっとも優れたランツクネヒトの歌に、といってもただの一節しか伝わっていないのだが、ランツクネヒトが料理屋に入ってたちまち給料と戦利品をなくしてしまう話を歌ったものがある。

親愛なるおかみよ、
穴蔵からワインを持ってきて、
おれたち、哀れなランツクネヒトを、
暖めておくれ。
おれたちが凍えることのないように。
料理屋におれたちは、
いっぱいになった財布を持ち込み、
出て行くときはまたからっぽ。

すべての歌が戦争仲間に向けられているのでも、兵団の結束を確認しているのでもなく、神と聖母マリアに対する呼びかけがしばしばなされる。危難のときに父と母の姿が浮かんでくる。「息子がいまどんな状況にあるかを両親が知ったら！」そしてわれわれはまた、あるランツクネヒトが恋人に戦争の状況を知らせてやっている歌をも知っている。

血の川を、われわれは渡らなければならなかった。

血の川を、われわれは渡らなければならなかった。
靴の上、靴の上まで血に浸って。
恵み深い神よ、この苦難をごらんください。
恵み深い神よ、この苦難をごらんください。
さもないと、われわれは破滅しなければならないでしょう。

この歌の冒頭は次の通りである。

やさしく美しい乙女子よ、
ぼくの若い心臓を受け取っておくれ、
ぼくはいま悲惨の極にあるのだから。
きみはぼくの心の中にあり、
ぼくはきみをもう決して忘れはしない。

しかし、イタリアの征戦で体験したことの記憶を集め、生き生きと保存しておくことをまえから心がけていたこの歌は、きっかけを与えるリーダーと、歌を取りあげるコーラスとのあいだの力強い対話によるだけで、深い印象を刻みつける。

戦場へ出たときにゃ
財布もなけりゃ金もない。
ジーベントート（チヴィダーレ）にきたときにゃ、
ワインもなけりゃパンもない。
フリアウルにきたときにゃ、
みんな戦争なんぞ食い飽きてた。

改悪されたイタリア語のリフレインは、めいめいが声を合わせて力いっぱいに歌うことができた。一五四〇年のフォルスターの「ドイツ・リート」に従ってそれにバスが加わるときには、特にそうだった。

ストラムペデミ
ア・ラ・ミ・プレゼンテ
アル・ヴォストラ・シニョーリ

「ストラムペデ」がストロムベッタ（＝らっぱ）と何かの関係があり、結びは「プレゼンティ・アッラ・モストラ」（＝諸君、検査のために現われたまえ！）を意味することは十分に考えられる。
無紀律の自由な生活、なんとかひとりで切り抜けていく生き方が、どんなに略奪、強奪に近いかは明白である。ランツクネヒトはたしかに野武士のことも歌っている。これは「鞍の上で食いつなぎ」、すでに当時、十五世紀のシンダーハンネス同様に伝説的に有名になっていた連中である。リンデンシュミートの歌のメロディは特に美しく、十六世紀の最も人気ある歌のひとつであった。

そんなにまえのことではない。
リンデンシュミートが
大きな馬に乗って行くのが見られた。
ラインの流れを上に下に、
ラインの流れを上に下に。
彼はそれを楽しんでいた。

もちろん、この「高貴な」追剝（おいはぎ）は裏切りによって殺された。ある貴族が、変装した農民に彼を捜させ、うその知らせで引き留めさせたのだ。

百姓はライン河を船で渡り、

フランケンタールの料理屋に入った。
「おやじ！　食べるものはないのか？
フランクフルトの見本市から、
たっぷり荷を積んだ車が三台くるぞ」

このお話はあらゆる世紀を通じておなじみのもののように響きはしないだろうか？

リンデンシュミートは自由な騎者、
剣の抜き方の速いこと。
「まず騎士的に戦おうではないか」
しかし、残虐なやつがたくさんいて、
そいつらが彼を打ち倒した。

ランツクネヒトと騎兵が戦争の周辺でどうやってなんとか切り抜けていったかは、しばしば、そして印象的に、たとえば「七人の戦友」の歌のなかで描き出される。

六人目が言った。「おれたちにふさわしい

行動をすれば、
おれたちは有能なランツクネヒト、
楽しく馬を飛ばして
農家に押し入り、
中にあるものを分捕る。
こっそり略奪し、盗みを働く
偽善者どもとはやりかたが違う」

物乞いやちょっとした泥棒では、獲物が少なすぎる。三人のランツクネヒトは、とある農家で三頭の馬を見つけた。料理屋で計画が練られた。まず、犬がほえないようにパンを小さく切って与えた。

めいめいが、決められた自分の取り分を尋ねた。
彼らはパンを小さく切って、犬に与えた。
犬はほえるのをやめた。
彼らは裏のドアに穴を三つあけ、
馬どもを野原に連れ出した。
それで苦労のすべてが報いられた。

しかし彼らは狩猟の許されている獣であり、法律の保護を停止されていて、だれでも彼らを狩り出すことができる。残念ながらメロディまではわかっていないある歌を読めば、こういう生活のきびしさが直接に感じ取れる。その冒頭はこうである。

哀れなクネヒトのおれはあまりに愚か、
もう生きてゆくすべもない。
どこへ行っても金（かね）、金といわれ、
亭主に飲み代を払わされる。
だれも金をくれて助けちゃくれない。
ワインは高く、
あまくてマイルド。おれは狩り立てごめんの獣。

一九二〇年代のワンダーフォーゲルと青少年音楽運動によって、騎兵と、「自由な街道」での生活を知りたがるその恋人との問答遊びが一般に知られるようになった。

ねえ、すてきな騎兵さん、わたしのたいせつなお方、教えてちょうだい、わたしたちの宿はどこなの？
「緑の荒野の木の下さ。
そこに鞍と馬勒を引っかけて
アントを体の下に敷き、
そこにかわいいきみを寝かせて、
上着と靴で覆ってあげる、
かわいいきみを」

これらの歌の多くは十九世紀から二十世紀への変わり目ごろとその後の数十年間に再発見され、青少年グループのあいだで新たに歌われた。もっとも、その立場はさまざまである。ワンダーフォーゲルのグループの場合には、市民生活を規制する腐った偽りの拘束からの自由を求める感情が強かった。連合青年団運動の場合には、内的団結、団による背面援護、体験からいうと掟がない時代における掟が、求められた。どちらの場合にもそこから内的な親縁性がはっきりと感じ取られたのである。しかし人々は古い歌ばかりを歌ったのではなく、もっと気楽な新しい歌を数え切れないほどたくさん作った。それらの歌には、ランツクネヒトの生活に関する安っぽい、月並みな考え方がいくつか盛り込まれていたから、歌い手は自分のアウトサイダーとしての立場を容易に味わうことができた。あるいはまた、感傷と俗っぽいロマンティシズムにふけることもできたのである。「矛槍はすばらしい日光を受けてきらめく」――「帽子の羽飾りが揺れる」――「風が野を吹き渡る」――「笛吹きよ、馬を駆れ」――「鼓手は行進曲を打ち鳴らし、絹の旗はひるがえる」――「トルム、トルム、テルム、トゥム、トゥム、ランツクネヒトが行進して回る」。ある歌の結びはこうである。「いつか血に浸された戦場に横たわることになったら、深くて暗い穴の上に小さな十字架を書いてくれ」。これらの歌は本物ではなかったけれども、その影響は大きかった。第一次大戦のときに「戦場ワンダーフォーゲル」なるものができて、おそらくフランドルでの突撃戦のさいに歌が作られ、この団体の機関誌に発表されたことを知ると慄然とする。それはこういう歌である。「旗を遠くになびかせよ。われら、ランツクネヒト流にこだわりなく突撃におもむかん」

コントラストをはっきりさせるため、そしてまた、冬には隊長に金をもらえなかったランツクネヒトや騎兵をもう一度眼前に思い浮かべるために、十六世紀に戻ってみることにしよう。彼らは自力で生き抜かなければならず、略奪行に連れて行ってくれる隊長を自分たちの手で選ばなければならなかった。二行目に出てくる「騎兵」という言葉は、そのときしだいで「ランツクネヒト」に変えられた。

霜と冷い雪は
われら、あわれな騎兵には辛くあたる。
どうやって食っていったらいいのか?
街道を馬で走ることができなければ

いったい何を食うというのだ？

しかし、やがてなんとかなるだろう。
われらが隊長を選べば、
事態の変わる望みがある。
緑の森にはいると、
羊飼いの鳴らす笛が、笛の音が、聞こえる。

盗賊がやってくると、羊飼いたちは警戒の笛を吹き鳴らした。しかしたった一人で、わが身だけを頼りにしていたシュヴァールテンハルスは、料理屋の納屋のあざみとさんざしのなかで過ごした寒い霜夜を歌っている。これは当時のもっとも美しい歌のひとつに数えられる。

おれは商人みたいに
上座のテーブルに座らされた。
だが、勘定という段になると、
おれの財布は空（から）だった。

そして納屋に入って、
寝床を造ると、
とげと、あらっぽいあざみが
おれをちくちく刺した。

朝早く起きてみると、
屋根には霜がおりていた。
それで、哀れなおれ、シュヴァールテンハルスは、
わが身の不幸を笑わずにはいられなかった。

大胆不敵な群れに投じ、勝手気ままに仲間とつき合いながら味わう、冒険的な自由のつかのまの幸福と、ランツクネヒトも騎兵も傭兵も同じように味わわなければならなかった、長くつづく孤独の不幸とについては、もうこれくらいで十分であろう。最後に、男らしい態度を見せつつも深い悲哀の影に覆われている三十年戦争時代の傭兵の歌を一つ引いて、締めくくることにしたい。

敵に勝ったら、
陣営に戻って

まだ生き残っているものを見、
すっかり落ち着かなくなる。
嘆きが始まる。
戦友はどこに行ったのだ?
われわれは彼を見つけた、たった一人で死んでいるのを。
そして彼を葬った。
どうしようもない。こうなってしまったのだ。
死んでしまうほかに道はない。

『中世への旅』も、この「農民戦争と傭兵」で終わることになります。総合して『中世への旅』と題されてはいますが、それぞれに独立しており、この訳書の原題は『ランツクネヒト　農民靴傭兵（ブントシューゼルドナー）』といいます。そして、扱われている時代はすでに中世ではありません。農民戦争は一五二四―二五年に起こっていますし、三十年戦争に至っては一六一八年から四八年までの三十年間つづいた戦争なのですから。そういうわけで、これを中世へさかのぼる私たちの旅の途中の時代というふうに解して頂ければありがたいと思います。

戦乱に明け暮れたこの時代を代表するのは、ランツクネヒトと傭兵（ゼルドナー）でした。ランツクネヒトとは、一般にはあまり耳慣れない名称かもしれませんが、一種の傭兵で、主として農民から徴募された志願兵です。没落した騎士に替わる彼らは、農民戦争が起こると、支配者の側に立って戦いました。したがってこの戦争は農民対農民の戦いという格好になり、それが農民の悲劇をもたらす原因になりました。そして、この戦争と三十年戦争のためにドイツの国土はすっかり疲弊し、それがこの国の近代化をいちじるしく遅らせる結果を招いたのです。

この時代に活躍したゲッツ・フォン・ベルリヒンゲンやヴァレンシュタインは、それぞれ、ゲーテとシラーの戯曲によって私たちにもある程度親しい名まえとなっていますが、そのほかになお、トーマス・ミユンツァー、フロリアン・ガイヤー、フルンツベルク、シェルトリーン、ティリーといった宗教改革者、騎士、ランツクネヒトや傭兵の指揮官たちが本書には登場します。しかし、彼らの興味深いエピソードを交え、同時代のさしえを豊富に添えて物語られるのは、結局は戦争の惨害とむなしさであるように思われます。

著者ハインリヒ・プレティヒャは一九二四年ベーメンに生まれ、エアランゲン大学で歴史学とゲルマン学を学び、一九四九年に学位を取得しました。現在は西ドイツ・ヴュルツブルク市に在住し、その地の高校の校長を勤めていますが、児童文学、ノンフィクションの領域で多面的な活動をし、かずかずの賞によって顕彰されています。本書は一九七四年に刊行されました。

最後の章「笛を吹き太鼓を鳴らして」の筆者ヴァルター・シェルフは、最近まで長年にわたってミュンヒェンの「国際児童図書館」の館長を勤めた人で、児童文学、民謡、民話伝説の研究者としても著名です。

関　楠生

一九八二年六月

著者略歴
ハインリヒ・プレティヒャ（Heinrich Pleticha）
1924年生。歴史学専攻。高校教育の現場にあって、マティアス・グリューネヴァルト高等学校（ヴュルツブルク）校長等を歴任。著書に『ドイツ史』（全12巻）等
歴史啓蒙書多数。当シリーズは他に『中世への旅　騎士と城』『中世への旅　都市と庶民』（いずれも白水社）がある。

訳者略歴
関楠生（せき・くすお）
1924年生、ドイツ文学者。東京大学名誉教授、獨協大学名誉教授。児童文学や古代史に関する訳書、歴史読み物の著書多数。訳書は他に『古代への情熱　シュリーマン自伝』（新潮社）、ヘディン『さまよえる湖』、プレティヒャ『中世への旅　都市と庶民』（白水社）等。

本書は、1982年に小社より刊行された。

白水uブックス　1136

中世への旅　農民戦争と傭兵

著者　ハインリヒ・プレティヒャ
訳者 ©　関　楠生
発行者　岩堀雅己
発行所　株式会社 白水社
東京都千代田区神田小川町 3-24
振替 00190-5-33228　〒 101-0052
電話（03）3291-7811（営業部）
（03）3291-7821（編集部）
www.hakusuisha.co.jp

2023年 6 月 10 日　第 1 刷発行
2024年 6 月 5 日　第 5 刷発行
本文印刷　株式会社精興社
表紙印刷　クリエイティブ弥那
製　　本　誠製本株式会社
Printed in Japan

ISBN 978-4-560-72136-0

乱丁・落丁本は送料小社負担にてお取り替えいたします。

読者限定

ことりっぷ co-Trip

福井

電子書籍が無料ダウンロードできます♪

\\ 電子書籍のいいところ //

購入した「ことりっぷ」がいつでもスマホやタブレットで持ち運べますよ♪

まずは
ことりっぷアプリを
ダウンロード

詳しくは裏面で

いってきます。

福井に行ったら…

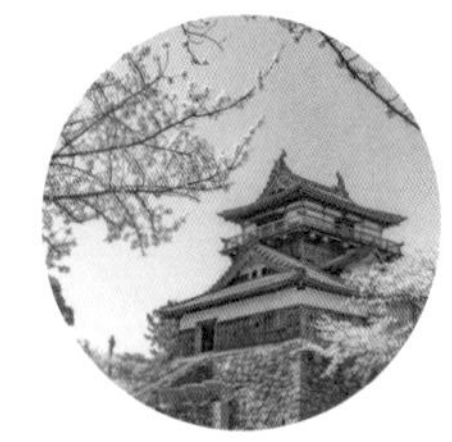

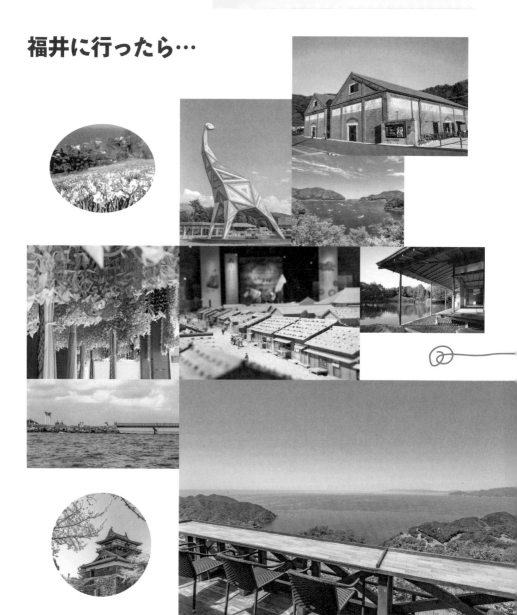

福井に着きました。 **さて、なにをしましょうか？**

海岸沿いや三方五湖のドライブ、古い町並みや史跡、世界規模の博物館などエリアごとに多彩な見どころがあります。

多くの僧が修行する禅の里・永平寺、世界でも有数の規模を誇る恐竜博物館など、国内外で注目されるスポットがある福井。日本海、三方五湖(みかたごこ)や若狭湾など、自然が織り成す壮大な景色も見逃せません。海岸沿いや湖の周りを寄り道しながらドライブしましょう。

越前海岸をドライブ。海岸沿いのカフェなどにも立ち寄りながら日本海の景色を満喫しましょう。P.50

check list

- □ 景色を楽しむドライブ P.50・90
- □ 禅の里・永平寺を訪ねる P.34
- □ 戦国時代の町並みを歩く 一乗谷朝倉氏遺跡 P.32
- □ 大人も楽しめる恐竜の森へ P.40
- □ 三国湊きたまえ通りを歩く P.26
- □ 敦賀のパワースポットめぐり P.82
- □ 小浜のレトロな町歩き P.96
- □
- □

曹洞宗の大本山で700年以上の歴史を持つ永平寺。多くの修行僧が集う寺院で禅に親しむことができます。P.34

約450年前の城下町の跡がほぼ完全な姿で発掘された一乗谷朝倉氏遺跡も見逃せないスポットです。P.33

小浜の三丁町には、昔ながらの町家が軒を連ねる情緒ある町並みが広がっています。P.96

全国でも有数の景勝地・東尋坊。遊覧船やタワーからも迫力ある景色が楽しめますよ。P.30

福井に行ったら…

なにを食べましょうか？

新鮮な海の幸に、旬の野菜や果物。越前おろしそばや焼き鯖寿司など、名物グルメも豊富です。

県内各地の漁港で水揚げされる日本海の新鮮な海の幸、自然豊かな土地で育まれる野菜や果物、おいしいお米など、あらゆる食材がそろう福井。越前おろしそばや焼き鯖寿司、分厚い油あげなど、地元の人々に愛される名物グルメもいただきましょう。

自家製粉の十割そばなど、地元でも評判の店で福井名物の越前おろしそばをいただきます。P.68

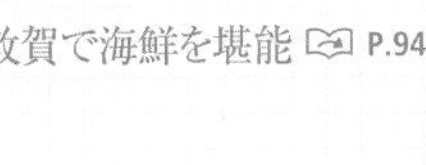

check list

- ☐ 地酒が味わえる店 P.60
- ☐ フルーツたっぷりの贅沢パフェ P.62
- ☐ 名店のおろしそば P.68
- ☐ 分厚い油あげ P.70
- ☐ 温泉旅館で越前がに P.72
- ☐ 小浜・敦賀で海鮮を堪能 P.94
- ☐
- ☐

人気のレストランで、地元の食材をふんだんに使った料理を堪能しましょう。P.58・66・94

なにを買いましょうか？

職人が手がける伝統工芸品から名菓や魚介といった福井名物までつい手に取りたくなるものばかりです。

かつて越前と呼ばれた県内北部では、越前漆器や越前和紙、めがねなど、伝統技術を守り継ぐ職人たちによるものづくりが盛ん。羽二重餅（はぶたえもち）や水ようかんといった昔ながらの名菓、新鮮な魚介を加工した持ち帰りやすい一品など、おいしいおみやげもたくさんあります。

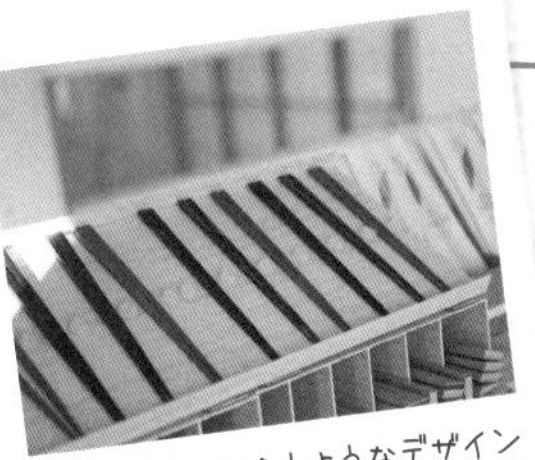

現代の暮らしに合うようなデザインや機能性を取り入れた伝統工芸品が注目されています。P.44・46

check list

- ☐ 越前で出会える手仕事の品 P.44・46
- ☐ 米どころ福井のお餅 P.74
- ☐ 冬の名物・水ようかん P.76
- ☐ 若狭の道の駅でおみやげ探し P.102
- ☐
- ☐

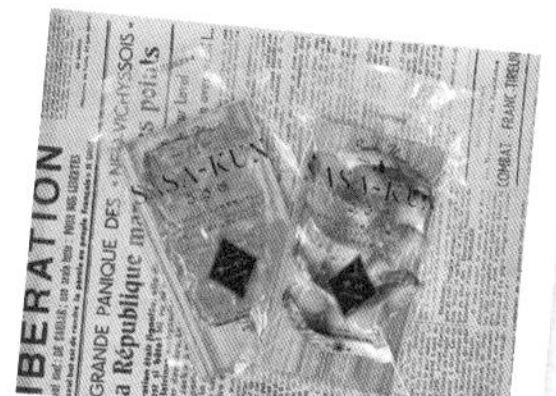

昔ながらの特産品を気軽に食べられるようアレンジしたお菓子や加工品にも注目です。P.102

小さな旅の
しおり

今週末、1泊2日で福井北部へ

福井タウンを拠点に、まずは永平寺に参拝し、勝山や大野方面へ。2日目は福井市内の遺跡をめぐり、ものづくりの町・鯖江を訪ねます。車でめぐるなら越前海岸のドライブもおすすめです。

1日め

10:00
JR福井駅に到着。レンタカーを借りて、永平寺に向かいます。

10:30
多くの修行僧が集まる禅の里・**永平寺** P.34で禅に親しむ時間を。

12:00
永平寺禅どうふの郷 幸家 P.37でお昼ご飯。豆腐を使った多彩な料理が楽しめます。

13:30
勝山市の**かつやま恐竜の森** P.40へ。実物大の恐竜たちに出会えるディノパークと国内最大級の恐竜博物館をめぐりましょう。

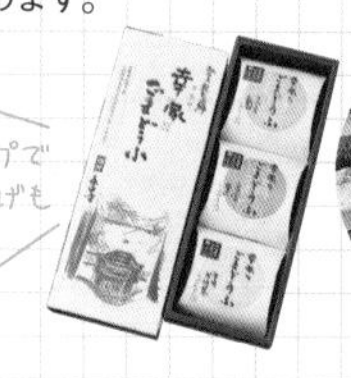

併設のショップでおみやげも

15:30
越前大野城 P.38や城下町を歩いて、**米の菓 ゆめすけ** P.39でひと休み。

お城の展望台から城下町を一望♪

18:00
福井タウンのホテルにチェックイン。車や荷物を預けて夜ごはんへ。

19:00
福井タウンの**fudo** P.61で個性豊かな福井の日本酒と旬の味覚をいただきます。

22:00
夜ごはんを満喫したらホテルへ戻り、明日に備えてゆっくり休みましょう。

2日め

9:30
福井駅周辺から車で20分ほどの**一乗谷朝倉氏遺跡** P.33へ。復元された戦国時代の町並みをめぐります。

越前海岸ドライブもおすすめです。P.50
日本海に面した海岸線を行く、越前海岸のドライブもおすすめです。

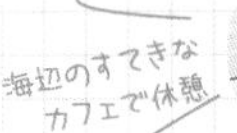

海辺のすてきなカフェで休憩

12:30

越前漆器の産地として知られる鯖江へ。多彩な漆器がそろう**漆琳堂直営店** P.44でお気に入りを探しましょう。

11:00
一乗谷朝倉氏遺跡の中にある**一乗谷レストラント** P.33でランチタイム。

予約制でめがねの手作り体験も!

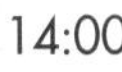

14:00
世界的なめがねの産地でもある鯖江の**めがねミュージアム** P.42。めがねの購入もできます。

15:30
福井タウンに戻り、**昆布屋孫兵衛** P.16でひと休みして福井駅へ向かいます。

羽二重餅を使ったいろんな和菓子も

17:00
レンタカーを返して、福井駅の「くるふ福井駅」で羽二重餅のおみやげ探し P.74。

18:30
福井駅から帰りましょう。

たのしかった また来ます♪

小さな旅のしおり

今週末、1泊2日で福井南部へ

旅の始まりはJR敦賀駅から。敦賀の歴史を感じるスポットをめぐり、三方五湖のレインボーライン山頂公園などに立ち寄りながら小浜へ。海の景色やレトロな町並み、若狭の海山の幸も満喫しましょう。

1日め

10:00

敦賀駅に到着。レンタカーを借りて、敦賀赤レンガ倉庫へ向かいます。

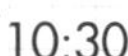

10:30

明治後期に建てられた倉庫を生かした**敦賀赤レンガ倉庫** P.80。海沿いの散策も。

11:30

北陸道の総鎮守として信仰されてきた**氣比神宮** P.82に参拝。

野菜たっぷりのプレートランチ

13:00 三方五湖へ向かう道中、美浜町の**Mahana Table** P.86でランチをいただきます。

15:00

レインボーライン山頂公園 P.91へ。三方五湖や若狭湾が一望できるテラス席でひと休み。

17:30

海のオーベルジュ 志積

P.100に宿泊。若狭湾に臨むレストランで近海の海の幸を使った夕食をいただきます。

2日め

9:00

伝統的な建物が軒を連ねる小浜の**三丁町** P.96を散策。その後は、御食国若狭おばま食文化館を目指して、海岸通りを歩きます。

10:00

御食国若狭おばま食文化館 P.97へ。かつて"御食国(みけつくに)"と呼ばれたこの地の歴史が学べます。

来店の際は事前に予約を

11:30

若狭フィッシャーマンズワーフ P.103でランチ。地元産の魚介などを使う海鮮丼やお寿司をいただきます。

12:30

若狭フィッシャーマンズワーフから**蘇洞門めぐり** P.92に乗船。船の上から若狭の景色を楽しみましょう。

若狭の名物をおみやげに♪

14:00

道の駅 若狭おばま P.102でおみやげ探し。若狭地域の名産品を生かした多彩な商品がそろいます。

15:40

敦賀に戻り、一軒家カフェ**キトテノワ** P.81へ。スイーツとドリンクをいただいてひと息。

17:00

敦賀駅でレンタカーを返却し、otta P.84に寄ってから帰りましょう。

たのしかった！また来ます♪

ことりっぷ co-Trip 福井

CONTENTS

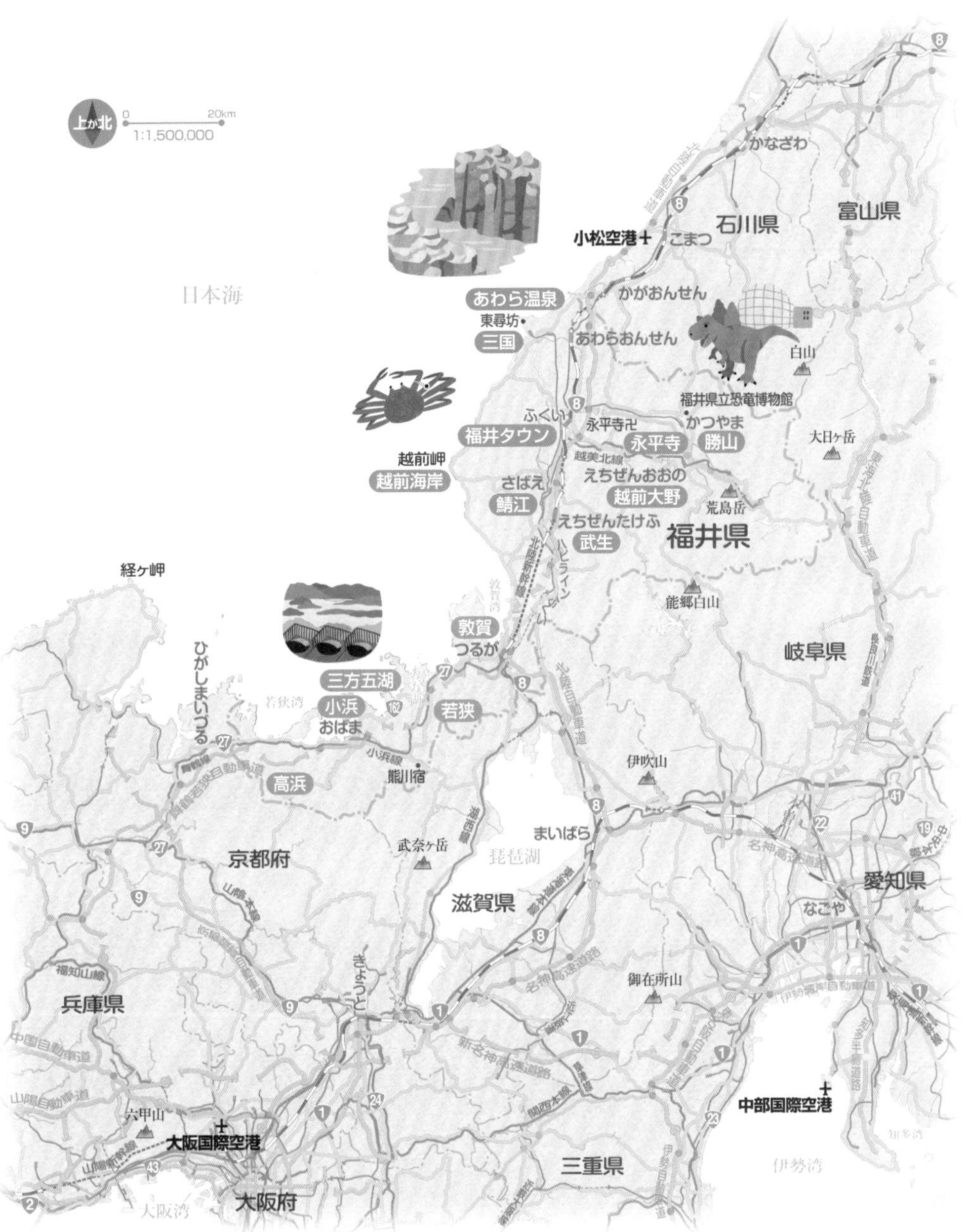
上が北
0
20km
1:1,500,000
日本海
かなざわ
石川県
富山県
小松空港
こまつ
あわら温泉
かがおんせん
東尋坊
三国
あわらおんせん
白山
福井県立恐竜博物館
ふくい
永平寺
かつやま
福井タウン
永平寺
勝山
大日ヶ岳
越前岬
越美北線
えちぜんおおの
越前海岸
さばえ
越前大野
鯖江
荒島岳
えちぜんたけふ
福井県
武生
北陸新幹線
ハピラインふくい
経ヶ岬
敦賀湾
能郷白山
敦賀
つるが
ひがしまいづる
岐阜県
三方五湖
若狭湾
小浜
若狭
おばま
北陸自動車道
小浜線
熊川宿
伊吹山
舞鶴若狭自動車道
高浜
まいばら
湖西線
名神高速道路
武奈ヶ岳
京都府
琵琶湖
愛知県
山陰本線
滋賀県
なごや
東海道本線
きょうと
御在所山
兵庫県
伊勢湾岸自動車道
中国自動車道
新名神高速道路
山陽自動車道
関西本線
中部国際空港
六甲山
大阪国際空港
知多湾
山陽新幹線
三重県
伊勢湾
大阪湾
大阪府

福井の四季アルバム

季節の花や紅葉など、県内各地で美しい風景に出会える福井。
さぁ、どのシーズンにどの場所を訪れましょうか？

足羽神社の桜

樹齢370年以上のシダレザクラが見事

見ごろ ✿ 3月下旬～4月上旬
‖福井市‖MAP付録② D-1

佐分利街道の桜並木

約10kmに渡り続く桜並木

見ごろ ✿ 4月上旬
‖おおい町‖MAP付録③ B-2

たけくらべ広場のしだれ桜

100本以上のしだれ桜が咲き乱れる

見ごろ ✿ 4月中～下旬
‖坂井市‖MAP付録① B-2

はまなすパークのはまなす

赤白ピンクと400本以上が咲き誇る

見ごろ ✿ 4月中旬～7月中旬
‖高浜町‖MAP付録③ A-2

花はす公園の花はす

6月下旬より、はすまつりを開催

見ごろ ✿ 7月上旬～8月上旬
‖南越前町‖MAP付録① B-4

たけふ菊人形の菊

北陸の秋の風物詩と呼ばれるイベント

見ごろ ✿ 10月上旬～11月上旬
‖越前市‖MAP 49

宮ノ下コスモス広苑のコスモス

約1億本のコスモスが咲き誇る

見ごろ ✿ 10月初旬～中旬
‖福井市‖MAP付録① B-2

九頭竜湖の紅葉

箱ヶ瀬橋と紅葉が美しい風景に

見ごろ ✿ 10月下旬～11月中旬
‖大野市‖MAP付録① D-4

越前岬水仙ランドの水仙

日本三大群生地のひとつ越前岬

見ごろ ✿ 12月中旬～1月下旬
‖越前町‖MAP付録① A-3

いま気になる
福井・越前

「嶺北」と呼ばれる福井県の北エリアは、
旅の玄関口・福井駅がある福井タウンを中心に
日本海の沿岸や里山、旧街道の町並みなどがみどころ。
国内外で有名な東尋坊や恐竜博物館はもちろん、
禅の里・永平寺や戦国時代ゆかりの地など
歴史を感じる名所も外せません。

福井・越前を さくっと紹介します

**福井北部の中心・福井タウンを拠点に
定番スポットからグルメまで見どころがいっぱい。
気分や目的に合わせて、お好みの旅にアレンジしましょう。**

旅の情報を集めましょう

旅のスタートは福井駅から まずは駅前の観光案内所へ

JR福井駅東口の福井市観光交流センター 1階「ふくい観光案内所」、駅西口に「福井市まちなか案内所（ウェルカムセンター）」があり、コンシェルジュやパンフレットによる県内の観光情報や交通案内といった、旅に役立つサービスが受けられます。

ふくい観光案内所 ♪0776-65-0252
福井市まちなか案内所（ウェルカムセンター）
♪0776-20-5348
🕒8:30～19:00 休無休

福井タウンの移動は 路線バスの利用が便利

福井タウンをめぐるなら、路線バスがおすすめ。福井市内230円区間内が乗降自由になる1日フリーきっぷ500円もあります。

京福バス株式会社 福井営業所 ♪0776-54-5171

周辺エリアの移動は車が便利

越前海岸や鯖江などの周辺エリアは、見どころや人気のお店が点在しているため、車での移動が便利。福井駅前や武生、あわら温泉でレンタカーのレンタル・乗り捨てができます。

主要な観光スポットへはえちぜん鉄道や ハピラインふくいも便利です

福井駅を基点とする2路線があり、武生や鯖江には「ハピラインふくい」を。また「えちぜん鉄道」は、三国芦原線であわら温泉や東尋坊、勝山永平寺線で永平寺や恐竜博物館へ便利に行けます。

ハピラインふくい ♪0776-20-0294
えちぜん鉄道（お客様相談室）
♪0120-840-508（8:00～19:00）

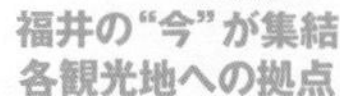

福井の"今"が集結
各観光地への拠点

P.16·56

福井タウン
ふくいタウン

観光やグルメが充実。ひと足のばして一乗谷朝倉氏遺跡にも訪れたい。

雄々しい海岸美の
絶景ドライブ

越前海岸
えちぜんかいがん

P.50

四季折々に表情を変える奇岩断崖は迫力満点。絶景が楽しめる海沿いのカフェも。

レトロな港町と北陸有数の温泉地
三国・あわら温泉
みくに・あわらおんせん

クラシックな建築物が残る三国を散策した後は、温泉宿で癒やしのひとときを。

P.24・26

ものづくりが盛んな嶺北地方
伝統産業のものづくりが盛んな福井県北部の嶺北地方。めがねや漆器など、職人たちの手しごとによる逸品が世界で注目されています。

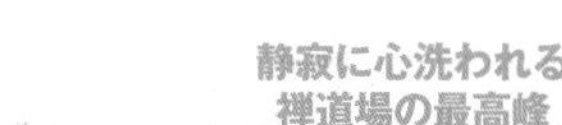

静寂に心洗われる禅道場の最高峰
永平寺
えいへいじ

曹洞宗の大本山として厳かな時を刻む名刹。門前町の散策も人気。

P.34

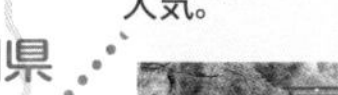

「恐竜のまち」と歴史ある城下町
大野・勝山
おおの・かつやま

国内最大級の恐竜博物館がある勝山へ。越前大野城は城下町めぐりも楽しみ。

P.38・40

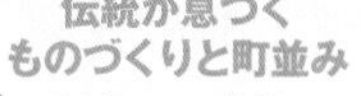

伝統が息づくものづくりと町並み
鯖江・武生
さばえ・たけふ

めがねや漆器など鯖江のものづくりを体感。武生では蔵を生かした町並みの散策を。

P.44・48

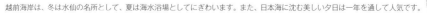

越前海岸は、冬は水仙の名所として、夏は海水浴場としてにぎわいます。また、日本海に沈む美しい夕日は一年を通して人気です。

訪れる目的にしたいすてきな場所 発信力のある福井の新アドレス

地元を意識した、この土地ならではの料理やスイーツ、日本酒など。
今までの経験をカタチにしたスタイルは、つくる人々の感性を感じます。
予約をしてでも訪れたい、2022年から2023年にオープンした場所へ。

食材を包み込むように焼き上げる石窯調理をはじめ、食感や美しさを生かす工夫が凝らされている

ランチは、コース6600円とWatomランチコース12100円の2種

まほうのトマト／エディブルフラワーなど、五感で味わいたい美しい一皿を楽しんで

昼も夜も料理は毎日その日に決めるというのも魅力。ディナーは、12100円

店内には工芸品や地元の材を使用したテーブルが配され、福井を五感で味わえる空間に

ひと皿ごとに福井の魅力が凝縮

Changérer シャンジェレール

目の前にハーブ園が広がる農園レストラン。野菜や肉だけでなく、器なども福井の逸品を厳選。その日の食材でシェフが腕をふるい、コースで楽しませてくれる。

☎0776-97-9871 福井市白方町2-22 ワトム農園内 ランチ12:00～、ディナー19:00～（各一斉スタート時間・要予約、但し11:30～、18:30～入店可）休 水曜、不定休 Ⓟあり えちぜん鉄道下兵庫こうふく駅から車で15分 MAP 付録① A-2

独創的な菓子に出会える老舗

昆布屋孫兵衛 こんぶやまごべえ

北前船の昆布を扱う店として1782（天明2）年に創業。時代とともに茶店、和菓子店と歴史をつないできた。味、食感、香りが楽しめる個性豊かなスイーツが人気。

☎0776-22-0612 福井市松本2-2-6 10:00～17:00 休 火・水曜 Ⓟあり えちぜん鉄道福井口駅から徒歩7分 MAP 付録① B-3

2023年にリニューアルオープンして新たにスタート。美術館をイメージしたようなモダンな外観も話題に

1 イートインもできるケーキ650円～。紅茶は各種550円 2 和菓子職人の16代目とパティシエの17代目による和洋融合のスイーツたち 3 不定期でアシェットデセールも登場。SNSで確認を

日本海側の白方町にある「ワトム農園」

「Changérer」のある農園は三里浜砂丘地という地帯にあり、減農薬で福井県認定エコファーマーの認定も。まほうのトマトなどユニークな野菜を生産しています。

九頭竜川沿いの高台にある施設。古谷俊一氏設計の「酒樂棟」へ

自然豊かな空間も魅力的 人が集い福井の良さを楽しむ

ESHIKOTO エシコト

お酒を核に北陸の食や文化の良いことを伝える、黒龍酒造による約3万坪の複合施設。名称は、黒龍・石田屋二左衛門のオリジナルブランド名であり日本の古語「えしこと」からで、意味は「良いこと」。8代目蔵元がテロワールのように自然風土や文化を感じ、お酒が楽しめる場所をと開業。

☎🕒各店舗により異なる 🏠永平寺町下浄法寺12-17 休水曜、第1･3･5火曜、不定休 Ⓟあり 🚶JR福井駅から車で27分 MAP付録① B-2 ※お酒が飲める20歳以上の利用

酒樂棟を楽しむ

越前焼の器など県内の伝統工芸品も販売

日本酒の新たな魅力を発見 石田屋ESHIKOTO店

いしだやエシコトてん

黒龍酒造の日本酒のテイスティング3種に、買い物ができるショップ。限定酒「永（とこしえ）」のほか、福井県産黄金梅を使う「ESHIKOTO梅酒13」などをおみやげに。

☎0776-63-1030 🕒10:00～17:00

12試飲カウンターでは、15か月以上瓶内熟成させたスパークリング日本酒AWAなど、1800円で日本酒3種のテイスティングをすることも 3一般には販売されていないここだけで買える限定酒も

1大吟醸と塩ケーキなど日本酒を使う大人の焼き菓子も 2大吟醸ソフトクリーム600円

おみやげにしたいスイーツの数々

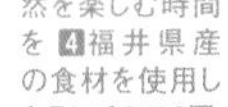

3永平寺町の自然を楽しむ時間を 4福井県産の食材を使用したランチ2750円

料理・甘味×日本酒を楽しむ Apéro & Pâtisserie acoya

アペロ＆パティスリーアコヤ

パティスリーを併設したフレンチレストラン。福井県産食材はもちろん、酒造りに関わる食材もサステナブルに活用。大吟醸と塩のケーキなどスイーツ販売のほか、ソフトクリームなどテイクアウトも可能。

☎0776-97-9396 🕒10:00～17:00（ランチ11:00～13:30、カフェ11:00～16:00）、モーニングは9:00～10:00（要予約）

石田屋ESHIKOTOには、福井の梅品種・新平太夫を樹上完熟させた香り高き「黄金の梅」を使う梅酒もあります。

福井駅前周辺をのんびりめぐる すがすがしい朝におすすめの名所

名所旧跡をはじめ福井タウンを楽しむなら朝がおすすめ。
早い時間だからこその風景が見られたり、静かな時間が過ごせたり
早起きして得したと思える、さまざまな出会いがあります。

1大きな窓が配された店内で、路面電車を眺めながらコーヒーブレイクを楽しめる 2スタイリッシュな空間になじむコーヒーカウンター

ひと息つける駅前のオアシス

THREE TIMES COFFEE

スリータイムズコーヒー

福井銀行本店ビル2階にあるライブラリー WiLに併設するカフェ。ていねいにハンドドリップされたコーヒーや季節のハーブを使う自家製ドリンク、素朴な焼菓子などを開放的な空間で味わえる。書棚の本を片手に落ち着いた朝時間を。

☎なし 住福井市順化1-1-1福井銀行本店ビル2Fライブラリー WiL内
営8:00～16:00 休土・日曜、祝日
Pあり 交JR福井駅から徒歩9分
MAP付録② D-1

炭酸やハーブティーで割る、季節のフルーツを使う自家製酵素ジュース560円

お店で焼いたクロワッサンを使う、フルーツクロワッサンサンド500円～

福井県下で人気の焙煎カフェ 8店から集めたオリジナルブレンド豆も販売

童心に戻り恐竜と思い出の一枚を

福井駅西口恐竜広場

ふくいえきにしぐちきょうりゅうひろば

福井駅の西口にある広場には、実物大で動く恐竜モニュメントが設置され、フクイラプトルをはじめ、福井で生息していた恐竜たちに会える。駅舎壁面の恐竜イラストのラッピングやトリックアートも人気。

☎0776-20-0227(福井県魅力創造課) 住福井市中央1 営自由散策 Pなし
交JR福井駅からすぐ
MAP付録② D-1

1飛び出して見えるトリックアート 2モニュメントと壁画は夜にライトアップも

JR福井駅構内の「くるふ福井駅」でおみやげを
2024年3月にオープン。以前のプリズム福井がリニューアルしたショッピングセンターは、朝8時30分からおみやげが買えます。

徳川家にゆかりのある神社

佐佳枝廼社 さかえのやしろ

福井藩祖松平秀康公を御祭神とし、1873（明治6）年の創建時に「福井が栄えるように」と松平春嶽公により命名。この時、福井城内にあった東照宮（徳川家康公）を合祀し、春嶽公も死後に御祭神として祀られるように。

☎0776-27-2754 福井市大手3-12-3 境内自由（社務所8:00～17:00）Ⓟあり（15分無料）JR福井駅から徒歩9分 MAP付録② D-1

12コロナ根絶祈願をきっかけに、令和2年から平和を祈って奉納された多数の折り鶴で社殿が飾られている

1福井藩主であった松平家の別邸として知られ、江戸時代には「御泉水屋敷」と称された 2季節ごとにさまざまな表情を見せる

優美で幽玄な水の庭園

名勝養浩館庭園
めいしょうようこうかんていえん

数寄屋造りの屋敷を備える回遊式林泉庭園。江戸時代初期から中期にかけて造られ、かつては福井城下の外堀沿いにあった。水をたたえる池と庭、屋敷の一体感が見どころ。

☎0776-20-5367（福井市文化振興課）
福井市宝永3-11-36 9:00～18:30（11月6日～2月は～16:30）、早朝無料開園は4～8月の5:30～8:45（9～10月は6:00～、東門のみ開門、庭園のみ見学可）休無休 ¥220円（早朝は無料）Ⓟあり JR福井駅から徒歩15分 MAP付録② D-1

絆の宮ともいうパワースポット

柴田神社 しばたじんじゃ

織田信長から49万石を与えられた柴田勝家公を祀る神社は、かつて北庄城のあった場所。妻で信長の妹のお市との絆を大切に、壮絶な最後を遂げた当時に思いを馳せたい。

☎0776-23-0849
福井市中央1-21-17 散策自由
Ⓟなし JR福井駅から徒歩5分 MAP付録② D-1

1境内にはお市の方の三人の娘の像もあり、夫婦・兄妹・家族・人と人との絆を御神得とする絆の宮として参拝されている 2北の庄城址資料館を併設する

福井駅西口からすぐに北陸初のマリオット、コートヤード・バイ・マリオット福井が開業。宿泊して駅前散策もおすすめです。

カフェでひと休みしながら足羽山公園を散策

福井市内にあり、地元の人々の憩いの場所として知られている足羽山(あすわやま)。標高約116m、広さ約115haの山は、街なかからすぐのオアシスです。緑に囲まれたカフェや足羽山公園遊園地でのんびり過ごしましょう。

ドリンク付きのBUBBLES BURGER SET2380円。ほかにバンズ10cmのハンバーガー、バンズ5cmのスイーツも用意する

豊かな自然と小さなバーガーを楽しむ

BUBBLES BURGER

バブルスバーガー

直径5cmの小さなバンズが印象的。オレンジはパプリカ、黒は竹炭など植物・自然由来パウダーを使う7色で、写真に撮りたくなるほど。ローストビーフやアボガドなど好きな具材やソースを挟み、福井市街を眺めながら味わって。テイクアウトも可能。

カフェ ☎0776-36-3733
福井市足羽上町111
11:00 ～ 17:00 休 不定休
P あり 福井鉄道足羽山公園口駅から徒歩15分
MAP 付録② D-2

店内からは足羽川を望む福井市街が見える

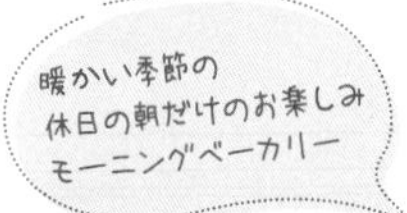

暖かい季節の
休日の朝だけのお楽しみ
モーニングベーカリー

am:b 足羽山モーニングベーカリー

エーエムビーあすわやまモーニングベーカリー

春から秋限定で週末と祝日にオープンするベーカリーカフェ。地元の小麦粉ふくこむぎや全粒粉などを使う焼きたてパンを、常時約10種類用意し3個から5個を選ぶセットが人気。セットには、13品目の彩りサラダやドリンク、本日のスープorキッシュが付く。

カフェ 土・日曜、祝日のみ9:00 ～ 10:30 休 月～金曜、冬期休業

パン3個セット1000円、パン5個セット1300円

人気の本日のキッシュ。本日のスープと両方味わうなら+300円

野鳥のさえずりが心地よいテラス

どれにしようか悩む焼きたてパン

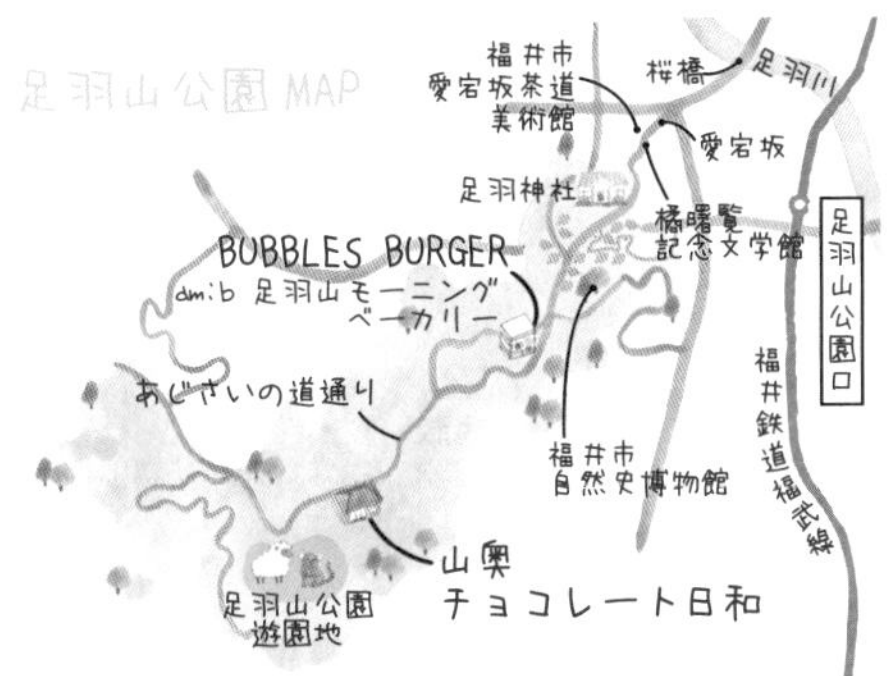

足羽山公園遊園地のミニ動物園

足羽山公園遊園地にある無料のミニ動物園では50種の動物を飼育しています。ポニーやウサギのほか、ナマケモノなど珍しい動物も。

さくら名所100選のひとつ。足羽神社には天然記念物のしだれ桜もある

カピバラのエサやり体験ができるミニ動物園

1階段の愛宕坂、百坂などを上り山頂方面へ 2シーズンにはあじさいの道もおすすめ 3展望広場などから市街地が見渡せる

地元の人々の憩いの場

足羽山公園 あすわやまこうえん

1909（明治42）年に公園として整備された敷地内には、ミニ動物園とアスレチック遊具がある足羽山公園遊園地をはじめ、橘曙覧（たちばなあけみ）記念文学館や自然史博物館といった施設、カフェなどが点在。山頂古墳や継体天皇を祀る足羽神社など1500年以上の歴史を刻むスポットも。

公園 ☎0776-34-1680（足羽山公園事務所）住福井市足羽上町 時休¥園内自由※施設により異なる Pあり 交福井鉄道足羽山公園口駅から徒歩10分 MAP付録② C-2

カカオ豆からこだわり抜かれたチョコレート

山奥チョコレート日和 やまおくチョコレートひより

老舗の和菓子店が手がけるビーントゥバー専門店。厳選されたカカオ豆から作られる、香り高いチョコレートスイーツがそろう。喫茶スペースではチョコレートを使ったパンケーキやドリンクが味わえる。

チョコレート ☎0776-25-0108 住福井市山奥町58-85-1 時10:00～17:00（カフェは～16:00）休月・火曜 Pあり 交福井鉄道足羽山公園口駅から車で10分 MAP付録② C-2

自然に囲まれた建物は落ち着くたたずまい

和モダンな雰囲気の喫茶スペース。座敷やテラス席もある

カカオの風味豊かなhiyori's生パンケーキ1309円

1サクサクのクッキーで挟んだ生チョコサンド1個356円 2産地ごとの味が楽しめるヒヨリタブレット ミニ1620円

足羽山の北、愛宕坂には福井市の茶道の歴史を紹介する福井市愛宕坂茶道美術館があります。MAP付録② D-1

海に浮かぶ雄島&歴史ある丸岡城 自然豊かな坂井市へ行きましょう

福井タウンの北側にある、海あり山あり歴史ありの坂井市は
四季の移り変わりがはっきりし、季節ごとに美しい風景が広がります。
日本海側、里山側と、どちらも楽しんでみませんか。

朱塗りの雄島橋を渡ると大鳥居が迎えてくれる

沖き合いに浮かぶ神の島へ

雄島 おしま

古来より"海の神様の島"として崇められ、現在も自然林で覆われている神秘的な島。周囲は2kmほどで、海での無事を祈願して祀られた大湊神社からは、対岸の東尋坊がよく見える。

島内1周の遊歩道を歩けば、潮風と島の自然が満喫できる

☎0776-82-5515(東尋坊観光案内所) 住坂井市三国町安島 時自由散策 Pあり 交北陸自動車道金津ICから車で25分 MAP付録① A-1

Oshima floating in the sea

美食を絶好のロケーションで

海のレストランおおとく

うみのレストランおおとく

漁師町三国町の料理宿に併設する、隠れ家的レストラン。日本海の眺望を楽しみながら堪能できるのは、とれたての海の幸をはじめ、地元の恵みを生かした和の料理。モダン空間でゆっくりと過ごして。

☎0776-82-7133 住坂井市三国町安島24-83 時11:00〜14:00 休水曜 Pあり 交バス停雄島から徒歩3分 MAP付録① A-1

1鮮度抜群の魚介をたっぷり盛り合わせた海鮮丼ランチ3080円 2かにを存分に味わえるコース料理やランチメニューも

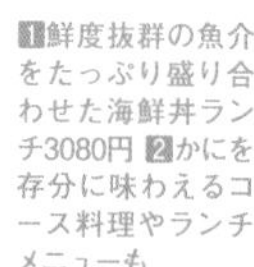

日本海に面して建ち、客席からは美しいパノラマ風景が独り占めできる

雄島の橋にかかる圧巻の鯉のぼり

別名雄島様と呼ばれている大湊神社は、毎年4月20日に雄島祭り（安島祭り）を開催。その日だけ赤い橋に、鯉のぼりがかかります。

丘陵にたたずむ現存天守を有する城

丸岡城 まるおかじょう

1576（天正4）年、一向一揆の備えとして織田信長の命で柴田勝豊が築城。北陸唯一の現存天守を持つ平山城で、「日本100名城」にも選ばれた。高さ約35mの最上階からの眺望は見事。

☎0776-66-0303（丸岡城管理事務所） 坂井市丸岡町霞町1-59 8:30〜16:30（閉城17:00） 休無休 ¥450円（一筆啓上日本一短い手紙の館の入館も可能） Pあり バス停丸岡城からすぐ MAP付録① B-2

「霞ヶ城」と親しまれる、町のシンボル的存在。時間帯で異なる表情を見せる

石垣は古い方式の「野づら積み」。春は約400本の桜が咲き誇る

historic Maruoka castle

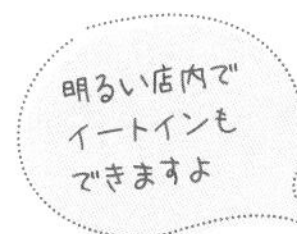

明るい店内で
イートインも
できますよ

1 福井梅190円など、おにぎりは約25種類。味噌汁150円 2 ガラスケースにはその日のサンプルがずらり。おにぎりはオーダーが入ってから握ってくれる 3 カフェのような雰囲気の店内

米農家の娘たちのおにぎり

Sanshimai サンシマイ

真っ白な一軒家のおにぎり専門店。米農家で生まれ育った三姉妹が、米文化や自家のおいしい米を伝えたいとの思いからオープン。梅や鮭など定番のほか、へしこなど福井らしいメニューも。

☎0776-43-6931 坂井市丸岡町霞ヶ丘2-29 7:00〜14:00 休月・木曜、不定休 Pあり バス停丸岡城から徒歩4分 MAP付録① B-2

白壁と赤色のドアがかわいらしい外観。おにぎりは売り切れ次第終了

毎年10月に開催されている、丸岡古城まつり。越前丸岡武者行列など見どころがいっぱいです。

あわら温泉でゆったり 心も体もリフレッシュ

井戸掘りから偶然、塩味の温泉が湧き出たのが、1883（明治16）年のこと。
100年以上の歴史を持つあわら温泉には、おもてなしを心得た宿が多数あります。
日本海の新鮮な海の幸を楽しみ、温泉街で癒やされる時間を過ごしましょう。

1「芦の湯」庭園風呂をはじめ多彩な温泉が楽しめる 2旬食材を用いた月替わりの創作懐石膳 3木造2階建てのしっとりした和風建築の旅館

心あたたまる温泉宿

越前あわら温泉 つるや えちぜんあわらおんせんつるや

1884（明治17）年創業の老舗温泉宿。敷地内に3本の温泉井戸を使用した自家源泉100%かけ流しの大浴場・露天風呂が自慢。料理は、量より質にこだわる創作懐石料理を完全個室の食事処でじっくり味わえる。

温泉 ☎0776-77-2001
あわら市温泉4-601
IN15:00、OUT11:00
室 和20 P あり
えちぜん鉄道あわら湯のまち駅から徒歩3分
MAP 25

宿泊プラン
数寄屋造り和室(2～5名)
1泊2食付き30800円～
夕食、朝食は完全個室の食事処でいただける

客室は数寄屋造りの上質なしつらえ

最大級の源泉大浴場でくつろいで

まつや千千 まつやせんせん

北陸最大級のスケールを誇る源泉露天風呂が魅力。料理は料理長が新鮮な海の幸や山の幸を用いて腕をふるい、美味な数々を届ける。館内の特別フロアには、露天風呂付きの部屋など心身を癒やす贅沢な客室もそろう。

温泉 ☎0776-77-2560
あわら市舟津31-24
IN15:00、OUT10:00
室 洋8、和98 P あり
えちぜん鉄道あわら湯のまち駅から徒歩7分
MAP 25

宿泊プラン
千千のお任せ会席プラン(2～6名)
1泊2食付き2万8000円～
食事は「旬ダイニング千の幸」で、できたての料理を堪能

源泉露天風呂付客室「時忘れ 離座」

1寝湯やひとり風呂など、湯めぐりが楽しめる女性のお風呂 2福井の食材を使った、目にも鮮やかな料理を堪能 3のどかな景色の中に建つ

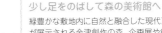

少し足をのばして森の美術館へ

緑豊かな敷地内に自然と融合した現代アートが展示される金津創作の森。企画展や創作体験ができる工房もあります。MAP付録① B-2

あわら温泉街へでかけてみましょう♪

足湯で気軽に温泉を楽しもう

芦湯 あしゆ

源泉かけ流し、温度やスタイルの異なる5つの浴槽で足湯が楽しめる。梅や花菖蒲、芸妓さんを描いたステンドグラスが窓に配されおしゃれ。夜にはライトアップされ、昼間とはまた違った幻想的な雰囲気を演出する。

足湯 ☎0776-78-6767（あわら市観光協会）
あわら市温泉1-203 7:00～23:00 休無休 ¥無料 Pあり
えちぜん鉄道あわら湯のまち駅からすぐ MAP25

1現在では採掘されていない希少な福井県産の笏谷石を使った足湯 2総ひのき造りの大正風な建物

1まるで昭和の時代に迷い込んだよう 2提灯が灯り屋台が並ぶ横丁。気になる店をはしごするのも楽しい

情緒ある屋台であわらの夜を満喫

湯けむり横丁

ゆけむりよこちょう

えちぜん鉄道「あわら湯のまち駅」のロータリー前にある屋台村。一歩中に入ると何ともノスタルジックな空気が漂う。海鮮料理や焼鳥、餃子、ラーメン、フレンチなど各店自慢のメニューが味わえる。

屋台村 ☎0776-77-1877（おしえる座ぁ）
あわら市温泉1丁目
18:00～（店舗により異なる、一部昼営業あり）
休店により異なる Pなし
えちぜん鉄道あわら湯のまち駅からすぐ MAP25

1色とりどりの和傘を持って、湯けむり情緒ある写真を 2写真映えがすると好評の京都外国語大学の学生が考えたスポット

写真映えする観光フォトスポット

AWARA PHOTOSPOT あわらロマン館

アワラフォトスポットあわらロマンかん

「あわら温泉を盛り上げたい」と、学生が制作プロデュース。桶や扇子、お面や刀剣といった小物を使いながら、写真撮影できるスポット。和風レトロな空間で思い出に残る一枚をコーディネートして。

フォトスポット
☎0776-78-6767（あわら市観光協会）あわら市温泉1-203
9:00～18:00
休火曜（祝日の場合は翌日）
¥無料 Pあり
えちぜん鉄道あわら湯のまち駅からすぐ MAP25

あわら市郷土歴史資料館では、金津祭りの本陣飾り物のほか、縄文時代から近現代までの市内の歴史に関する展示を行っています。MAP付録① B-2

三国湊きたまえ通りのレトロ建築をめぐる

古くから九頭竜川などを利用した水運の物流拠点として栄え、江戸中期には北前船の寄港地としてさらに発展した三国。その歴史や文化を物語る建物を訪ねましょう。

ぐるっと回って

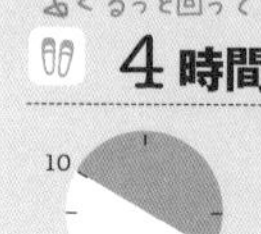

4時間

10 16

おすすめの時間帯

えちぜん鉄道三国駅から三国湊きたまえ通りまでは徒歩5分ほど。レトロな建物が並ぶ三国湊きたまえ通り周辺を散策する前後に、駅から北側へ足をのばして瀧谷寺も訪ねてみてください。

1 三国の歴史と文化を学ぶ マチノクラ マチノニワ

散策の前に立ち寄りたい、まちを知る小さな資料館と九頭竜川の河口を望む庭。日本海の交易港として栄えた三国湊の歴史や三国ゆかりの文学者の資料などを展示する。

資料館 ☎0776-82-8392(三國會所) 住坂井市三国町北本町4-6-48 時10:00～16:00 休水曜 ¥150円(旧岸名家共通券200円) Pあり 交えちぜん鉄道三国駅から徒歩6分 MAP27

1かつての木材倉庫を改装した三国湊座の奥にある 21階は資料の展示、2階ではまち歩き前にちょうどよい三国湊のガイダンスムービーを常時上映

三国湊の繁栄ぶりがうかがえる存在感ある町家

2 三国独特の建築様式をもつ町家 旧岸名家

きゅうきしなけ

材木商の岸名家が代々住んでいた江戸末期の町家。三国独特の建築様式「かぐら建て」になっているのが特徴。通り庭を配した商家特有の造りが見学でき、2階は三国ゆかりの文化人の資料が展示されている。

資料館 ☎0776-82-0947(きたまえ三国) 住坂井市三国町北本町4-6-54 時9:00～17:00 休水曜 ¥100円(マチノクラ共通券200円) Pなし 交えちぜん鉄道三国駅から徒歩6分 MAP27

土間を挟み台所と座敷に

3 地元の食材を使うフレンチ料理店 S'Amuser

サミュゼ

大正時代に建てられた歴史ある建築物をリノベーションした店。地元を愛するシェフによる、三国やあわら市の食材で作る五感で味わう料理が人気で、なかでも魚介を使うひと皿は格別。若狭牛ステーキなども味わえる。

レストラン ☎0776-97-9237 住坂井市三国町北本町4-5-31 時11:30～13:30、18:00～22:30 休火曜、不定休 Pあり 交えちぜん鉄道三国駅から徒歩7分 MAP27

1ランチは、前菜、スープ、メイン料理とパン、飲み物付きで2500円～ 2三国湊通りにあった古美術店を改装。店名はフランス語で楽しむということ

江戸時代から続く伝統行事

毎年5月19～21日に行われる三國神社の「三国祭」は、北陸三大祭りのひとつ。大きな武者人形の山車が町を練り歩きます。MAP 付録① B-2

4 新鮮素材の風味豊かなジェラート gelato & sweets CARNA

ジェラートアンドスイーツカルナ

「おけら牧場」の搾りたてミルクや新鮮な卵で作るジェラートが評判。地元を中心に、交流のある各地の農家から届く旬の野菜や果物、三国の海水から作る塩など、素材の風味を生かす14種のフレーバーがそろう。

ジェラート ☎0776-81-3225 坂井市三国町南本町3-4-34 1F 13:00～18:00 休 水曜 P あり えちぜん鉄道三国駅から徒歩7分 MAP 27

1 ダブル500円～。"おまけの一口"でもう1種味わえるのもうれしい 2 三国湊きたまえ通りに建つ一軒家の1階

1971（昭和46）年まで現役の銀行だった

5 威風堂々とした西欧風建築 旧森田銀行本店

きゅうもりたぎんこうほんてん

三国湊の豪商森田家が創業した森田銀行。その本店として1920（大正9）年に建設された。外観は西洋の古典的デザイン、内観は豪華な漆喰模様で、県内に現存する最古の鉄筋コンクリート造り建築。

文化財 ☎0776-82-0299 坂井市三国町南本町3-3-26 9:00～17:00 休 月曜（祝日の場合は営業）¥ 無料 P あり えちぜん鉄道三国駅から徒歩7分 MAP 27

＼三国湊きたまえ通りからひと足のばして／

瀧谷寺

たきだんじ

1375（永和元）年に開かれ、朝倉氏や柴田勝家、松平家といった戦国大名にも篤く保護されてきた三国最古の寺院。貴重な寺院建築、国指定名勝の庭園など見どころが多い。

江戸時代中期に建てられた本堂は国の重要文化財。本尊の薬師如来を祀るほか、鏡縁の間には明治の画家・源西園による花鳥画の格天井がある

慶長年間から江戸時代中期に造られたとされる池泉庭園。国の名勝に指定されている

寺院 ☎0776-82-0216 坂井市三国町滝谷1-7-15 8:00～16:30（11～2月末は～16:00）休 無休 ¥ 500円 P あり えちぜん鉄道三国駅から徒歩13分 MAP 27

明治初期を代表する近代港湾・三国港突堤（エッセル堤）などに立ち寄りながら、海岸沿いのかもめ通りを歩くのもおすすめです。MAP 付録① A-2

この地を愛する芸術家たち 三国で現代アートにふれる

雄島の自然をテーマにした戸田正寿氏による環境アートと、三国を拠点に創作活動を行った小野忠弘氏のジャンクアート。この地で生まれた作品をじっくり鑑賞してみませんか。

1

2

3

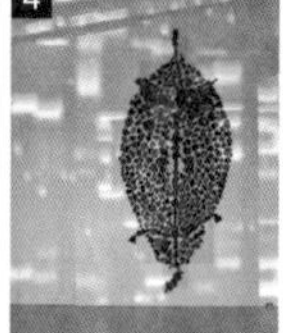

4

12幅4m、高さ1.5mの窓からその時々の雄島の景色を鑑賞 3「Seijuカット」という太陽の光を反射する独自の仕掛けにより、自然な光の変化が可視化され作品の一部に 4少年と少女がつくったと伝わる縄文土器のかけらで作られた「五千年の顔」。人の手の跡が残る縄文土器のかけら500個が使われている

刻一刻とうつろう雄島の自然を作品に

Brilliant Heart Museum ブリリアントハートミュージアム

福井県生まれのアートディレクター戸田正寿氏が故郷で開いた美術館。メインとなるのは、古くから畏怖を込めて「神の島」と呼ばれる雄島の景色を、大きな窓で額縁のように切り取った展示。季節や時間ごとに変化する雄島の姿と、時に穏やかに時に険しくさまざまな表情を見せる日本海、そこから聞こえる音や繊細な光のきらめきに、壮大な自然と時の流れが感じられる。

☎090-6819-9956（予約窓口）住坂井市三国町安島26-21 ⏰4～11月11:00～16:00（予約制）休月～木曜（祝日の場合は開館）、12月1日～3月31日 ¥2000円（抹茶またはワイン付き）Pなし 交えちぜん鉄道三国港駅から車で10分 MAP付録① A-1

人材育成にも努めた小野忠弘氏

三国で美術教諭として多くの芸術家を育てたことでも知られる小野氏。戸田正寿氏も教え子の一人で、ONOメモリアルの展示を監修しています。

1ギャラリー「BLUE CAKE」では、所蔵する約100点の作品から定期的に展示替えを行う 2住居兼アトリエのスペースに展示される初期の作品「MONOCROME CINE」 34のどかな景色の中に現れる青い箱のようなギャラリーが目印。外観には、小野氏が最も好きだったというコバルトブルーのタイルが使われている

世界で知られるジャンクアートを鑑賞

ONOメモリアル オノメモリアル

廃品を使うジャンクアートの分野で鬼才と評された、小野忠弘氏の住居兼アトリエを改修。創設の際につくられた「BLUE CAKE」と呼ばれるギャラリーは、小野氏が生前愛した高台からの景色を取り入れた空間に。のどかな町並みと日本海を望む白壁のギャラリーは、小野氏の作品を展示するほか、北陸三県高校生現代アートビエンナーレの展示会場にも使われる。

☎0776-82-5666（坂井市龍翔博物館）
住坂井市三国町緑ケ丘3-6-13 ⓒ3～11月10:00～16:00 休月～木曜（祝日の場合は開館）、12月1日～2月末日 ¥無料 Pあり 交えちぜん鉄道三国駅から徒歩10分 MAP27

ONOメモリアルは、別名「ショートケーキのような小さな美術館」と呼ばれています。

えちぜん鉄道に乗って沿線の名所やすてきなお店へ

三国や勝山方面、永平寺などへ公共交通機関で向かうなら
地元では“えち鉄”でお馴染みのえちぜん鉄道がおすすめです。
のどかな景色の中を行く、車窓からの眺めも楽しめます。

1マグマが冷え固まってできた柱状節理と呼ばれる柱状の岩が特徴。これほど巨大なものは、世界的にも珍しい 2高さ55mから一帯が見渡せる東尋坊タワー。天気が良ければ白山連峰まで望める

三国港駅

迫力ある断崖絶壁はまさに絶景

東尋坊

‖越前海岸‖とうじんぼう

国の天然記念物に指定される名勝。荒々しい岩場が1kmにわたって広がり、断崖絶壁からの眺めはスリル満点。遊覧船クルーズも楽しめる。

景勝地 ☎0776-82-5515（東尋坊観光案内所） 坂井市三国町東尋坊 Ⓟあり（市営駐車場利用） バス停東尋坊から徒歩5分 MAP付録① A-2

三国港駅

美しい砂浜が広がる夕日の名所

三国サンセットビーチ

‖三国‖みくにサンセットビーチ

遠浅の美しいビーチは、「日本の夕陽百選」に選ばれた夕景も魅力。夏季はサーフィンやサップクルージング、ヨガなどの体験教室も開催。

ビーチ ☎0776-82-6918（三国サンセットビーチ振興会） 坂井市三国町宿・米ケ脇 Ⓟあり えちぜん鉄道三国港駅から徒歩5分 MAP付録① A-2

1海に沈む夕日がロマンティック
2例年、花火大会も開催される

“えち鉄”のお得な切符

全線1日乗り放題の一日フリーきっぷ1000円（土・日曜、祝日限定）のほか、恐竜博物館やあわら温泉との企画きっぷもあります。

えちぜん鉄道と沿線のすてきなスポットを紹介します

えちぜん鉄道とは？

「えち鉄」の愛称で親しまれている福井のローカル線。福井駅を起点に、勝山永平寺線と、三国芦原線の2路線がある。（9～20時台は1時間に2本運行）

桜や麦畑など、四季折々ののどかな景色が楽しめる

えちぜん鉄道路線図

東尋坊
三国港
三国サンセットビーチ
ぱぴる
三国
あわら湯のまち
あわら温泉→P.24
三国芦原線
発酵薬膳料理 禅ZEN
西別院
福井
永平寺口
勝山永平寺線
永平寺→P.34
福井県立恐竜博物館→P.40
勝山

1ひとつひとつ異なる柄の「by chance」など、ピアス・イヤリング2500円～ 2カウンターにはパーツの入った瓶が並ぶ

ここだけの手づくりアクセサリー

ぱぴる ‖三国‖

ピアスやイヤリングを中心に、店主の大栄ひとみさんによる手づくりのアクセサリーがそろうアトリエ兼ショップ。多彩なデザインの中からお気に入りを見つけて。

アクセサリー ☎なし ⌂坂井市三国町北本町2-1-20 えちぜん鉄道三国駅内 ⓛ11:00～16:00（土・日曜、祝日は～17:30） 休火・金曜、第1・3水曜、不定休 Pあり（えちぜん鉄道三国駅駐車場利用） えちぜん鉄道三国駅からすぐ MAP27

体がよろこぶ発酵薬膳料理

発酵薬膳料理 禅ZEN

‖福井タウン‖はっこうやくぜんりょうりぜん

塩分ゼロのぬか床で漬けた「発酵卵」を使う、発酵薬膳料理の店。麹や味噌漬けなど、発酵食を取り入れた月替わりメニューのプレートが人気。

発酵薬膳料理 ☎0776-97-8254 ⌂福井市文京2-17-34 ⓛ11:00～15:00、18:00～22:00 休日曜、祝日不定休 Pあり えちぜん鉄道西別院駅から徒歩8分 MAP付録① B-2

19品のおかずに発酵卵の卵かけご飯などが付く、発酵薬膳ZENプレート2530円 2発酵薬膳カレープレート1925円

鉄道を次世代へ残そうと発足した、えちてつサポーターズクラブ。入会すると一日フリーきっぷの割引などがあります。

戦国大名朝倉氏が居た一乗谷を訪れて 福井の歴史を学び楽しむ史跡めぐり

朝倉氏が５代103年間にわたる越前支配の拠点だった一乗谷。北陸の小京都とも呼ばれた場所は、応仁の乱で荒廃した京の都から逃れた文化人や公家が集まっていたこともあり、魅力的な文化的遺産があります。

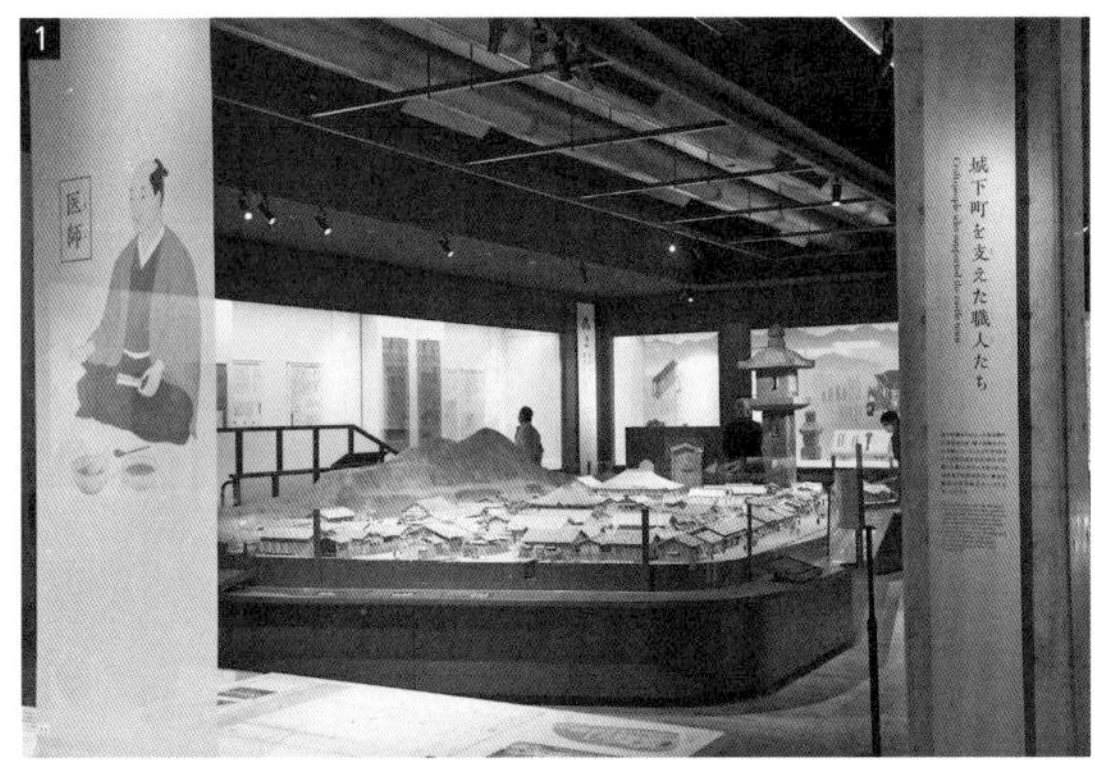

遺跡見学を楽しむためのゲートウェイ

福井県立一乗谷朝倉氏遺跡博物館

‖福井タウン‖ふくいけんりついちじょうだにあさくらしいせきはくぶつかん

戦国大名・朝倉氏の歴史や城下町一乗谷をわかりやすく紹介する博物館。ガイダンスや城下町を再現したジオラマ、当主の住まいの原寸再現など当時を彷彿とさせ、今も残る遺跡をより楽しむために学べる場所。戦国衣装の着付け体験もできる。

博物館 ☎0776-41-7700
福井市安波賀中島町8-10 ◷9:00～16:30(閉館は17:00)、カフェは10:00～15:30(土・日、祝日は～16:00) 休月曜 ¥700円(特別展は別途) Pあり JR一乗谷駅から徒歩3分 MAP付録① B-3

1基本展示室がある2階は、約170万点の出土品をもとに暮らしや文化などを紹介 2当時の城下町の風景を30分の1スケールで再現したジオラマ 3朝倉氏当主の館の一部を原寸で再現展示 4福井県産木材を使う建物

2階には長年の発掘調査で見つかった陶磁器類などの出土遺物を展示。中にはゴブレットも

出土品ゴブレットを模した器で提供されるCARAMONパフェ 1000円。1階のカフェで味わえる

朝倉氏の家紋をデザインしたオリジナルグッズなどを販売する1階ミュージアムショップ

5 1階奥にある石敷遺構。博物館を建設する際に偶然見つかった遺構をそのまま展示。戦国時代の道路や川港との説がある 6探究ラボ・体験学習スペースなどがある1階。建物の設計は建築家の内藤廣氏

おもしろくわかりやすい博物館

通称「あさみゅー」で親しまれる、福井県立一乗谷朝倉氏遺跡博物館。2023年に優れた展示に贈られる第7回日本展示学会賞を受賞しています。

1遺跡を象徴する「唐門」は、朝倉氏の菩提を弔うため、江戸時代に建てられた松雲院の山門 2「復原町並」では、発掘の成果から復元した展示を通して当時の暮らしがうかがえる 3発掘された塀の石垣や建物の礎石を使い忠実に復元 4計画的に整備された道路にはリアルに再現した武家屋敷や町屋が並ぶ 5広大な史跡に屋敷跡や庭園が点在

かつての栄華を偲ぶ城下町

一乗谷朝倉氏遺跡

‖福井タウン‖いちじょうだにあさくらしいせき

戦国大名の越前朝倉氏が応仁の乱ののち、100余年にわたり治めた一乗谷。その町並みがほぼ完全な姿で発掘され、国の三重指定を受けた。多くの文化人が訪れ、京の都に並ぶともいわれた当時の華やかな様子に思いを馳せたい。

遺跡 ☎0776-41-2330（朝倉氏遺跡保存協会）住 福井市城戸ノ内町28-37
時 入場自由（復原町並は9:00～16:30）
¥ 復原町並330円 P あり
バス停復原町並からすぐ MAP 付録① B-3

一乗谷レストラント

いちじょうだにレストラント

豊かな自然が広がる遺跡の中にあるレストラン。経験豊富な料理人が地元食材を使い、和をベースに自由な発想で仕上げる料理や手作りスイーツが味わえる。

レストラン ☎0776-97-5335 住 福井市城戸ノ内町10-48 時 ランチ11:00～14:30、カフェ14:30～15:30 休 火曜 P あり バス停一乗谷レストラント前からすぐ MAP 付録① B-3

饗膳ランチ2600円

一乗谷朝倉氏遺跡内にある4つの特別名勝のうち諏訪館跡庭園は、紅葉の名所としても知られています。

僧侶たちが修行する 禅の里・永平寺へ

鎌倉時代に坐禅修行の道場として開かれた永平寺。
全国から修行僧が集まる曹洞宗の大本山で
禅に親しむ厳かな時間を過ごしましょう。

ぐるっと回って 90分

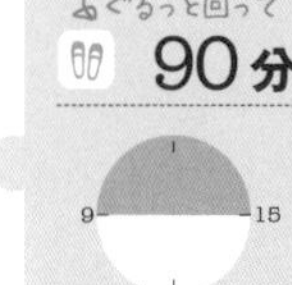

おすすめの時間帯

まずは参道を進み唐門へ。通常、一般参拝者は通ることができませんが、樹齢500年超の老杉に囲まれた必見スポットです。そこから通用門へ戻り、境内をめぐりましょう。

1新しい住職を迎える時に使われる唐門 2七堂伽藍の長い回廊。毎朝、修行僧が磨き上げる(写真提供:大本山永平寺) 3通用門。一般参拝者はここから境内へ 4傘松閣の天井に描かれた花鳥彩色画(写真提供:大本山永平寺) 5修行僧が入門と修行を終えて下山する際の2回のみ通ることを許される山門

禅寺で厳かな空気に触れる

永平寺 ‖永平寺町‖えいへいじ

曹洞宗の開祖、道元禅師が1244(寛元2)年に日本曹洞宗の第一道場として開山。寺内に70余の建物が点在し、現在も150名近くの僧が修行に励む。坐禅や写経など一般参拝者向けの修行体験も行う。

☎0776-63-3102 ⌂永平寺町志比5-15 ⏰8:30〜16:00(閉門は16:30) 休無休 ¥500円 Pあり 🚶バス停永平寺から徒歩5分 MAP付録① B-3

泊まり込みで禅の修行体験

当日申込みできる坐禅や写経のほか、2週間前までの予約で、坐禅や法話、精進料理の食事などができる1泊2日の参禅体験もあります。

1 吉祥閣

きちじょうかく

拝観の受付所があり、寺院の概要や注意点について説明が行われる建物。檀信徒や一般人を対象とした研修道場にもなっている。

2 傘松閣

さんしょうかく

2階は156畳の広さがあり、別名「絵天井の間」。天井絵230枚の中から5つの生き物の絵を見つけると幸運を呼ぶそう。

3 七堂伽藍

しちどうがらん

坐禅や読経など僧たちが修行する7つの建物。一番高い場所にある法堂では住職の説法や朝のおつとめ(読経)などが行われる。

すべての建物が回廊や階段でつながっています

4 承陽殿

じょうようでん

道元禅師の御尊像と御霊骨を安置した霊廟。永平寺歴代住職の位牌も祀られ、永平寺で一番の聖域とされている。

5 祠堂殿

しどうでん

宗派問わず多くの人のご先祖様を供養するお堂。堂内の壁には信徒から奉納された約18mの巨大な数珠が掲げられている。

写真提供：大本山永平寺

6 瑠璃聖宝閣

るりしょうぼうかく

道元禅師直筆の国宝「普勧坐禅儀」をはじめ、重要文化財の書や古文書、絵画など数千点の宝物が展示されている。

曹洞宗では、食事も大切な修行のひとつ。精進料理といわれる菜食の献立を正式な作法に従っていただきます。

永平寺参道の宿で修行体験 門前町もめぐりましょう

ご当地の名物が味わえる食事処や喫茶、
おみやげ店などが軒を連ねる永平寺の門前町めぐり。
宿泊は永平寺監修の修行体験ができる宿へ。

宿で禅体験

1坐禅や写経ができる「開也(かいや)の間」 2エントランスには魚鼓(ほう)が飾られる 3館内のお食事処水仙では、永平寺監修の本格的な精進料理が味わえる 4落ち着いた雰囲気の客室 5柏樹関での坐禅体験開催時は禅コンシェルジュがサポート

快適な空間で禅の世界に親しめる

永平寺 親禅の宿 柏樹関

えいへいじしんぜんのやどはくじゅかん

永平寺川のほとりに建つ、永平寺門前の宿泊施設。旅館のような設備やサービスのなか、坐禅や精進料理など、大本山永平寺認定の"禅コンシェルジュ"による禅の世界を宿坊のように体感できる。

宿 ☎0776-63-1188 永平寺町志比6-1
IN14:00、OUT10:00 ¥1泊2食付22000円〜 Pなし
バス停永平寺から徒歩5分 MAP付録① B-3

禅の体験

●朝のおつとめ
永平寺で行われる早朝の勤行(ごんぎょう)に参加

●坐禅体験
永平寺の坐禅体験に参加できる

●写経
宿泊中、好きな時間に取り組める

●精進料理
館内の食事処で永平寺監修の精進料理を

古地図を元に再整備された永平寺川沿いの参道

永平寺正門には「杓底一残水 汲流千億人」という道元禅師の言葉が刻まれている

河川の燈籠流しで日本一の規模を誇る永平寺大燈籠ながし

永平寺町の夏の風物詩

毎年8月下旬には、先祖たちへの供養の想いを込めた約1万個の燈籠を九頭竜川に流す「九頭竜フェスティバル 永平寺大燈籠ながし」が開催されます。

門前町をめぐる

緑豊かな地でいただく創作豆腐料理

永平寺禅どうふの郷 幸家

えいへいじぜんどうふのさとさちや

永平寺参道ICのほど近くに建つ豆腐の創作料理店。作りたての豆腐やごま豆腐、豆乳、旬の野菜を使ったヘルシーな料理が堪能できる。しぼりたての豆乳で作る「できたて豆腐」は、口どけがよく、ほんのり甘い一品。

豆腐料理 ☎0776-63-1167 住永平寺町京善41-53-1 ⏰10:00～14:30、売店は～16:00(季節により変更あり) 休月～水曜、第1･3･5日曜(冬季休業あり) Pあり バス停けやき台から徒歩5分 MAP付録① B-2

心2200円。豆腐創作料理や豆腐のお造り、卵の花コロッケ、炊き合わせ、豆乳または地下水仕込み珈琲、デザートなどがつく人気メニュー

豆腐をはじめレストランで好評の惣菜、調味料、スイーツなどの販売も

白山伏流水や吉野本葛を使ったオリジナルごま豆腐3種1080円

フランス仕込みのサクサクパイ

アトリエ菓修

アトリエかしゅう

フランスで修業後、有名ホテルなどで腕をふるったパティシエによる洋菓子、生ケーキが評判。なかでも、秋～春ごろに期間限定で作られるアップルパイは人気商品。

洋菓子 ☎0776-63-3433 住永平寺町志比28-9-2 ⏰10:00～18:00 休木曜 Pあり バス停永平寺からすぐ MAP付録① B-3

(左)期間限定のアップルパイ520円。事前予約がおすすめ (上)永平寺そばが人気の食事処「一休」の1階にある

おろしそばやごまどうふが名物

手打ちそば処 てらぐち

てうちそばどころてらぐち

永平寺の正門から出てすぐにある手打ちそばの店。福井県産のそば粉を使う手打ちそばは、おろしそばをはじめ種類豊富。福井の地酒などがそろうみやげ店も併設。

おろしそば880円

そば ☎0776-63-3064 住永平寺町志比5-17 ⏰9:00～15:30(12～3月は9:30～15:00) 休火曜 Pあり バス停永平寺から徒歩5分 MAP付録① B-3

永平寺参道の入口にある永平寺町観光案内所には、観光情報のパンフレットやコインロッカーがあります。MAP付録① B-3

天空の城・越前大野城と城下町さんぽ

北陸の小京都と呼ばれる越前大野。
碁盤の目の町並みと昔ながらの建物が残る
情緒ある城下町をゆったり歩いてめぐりましょう。

ぐるっと回って 6時間

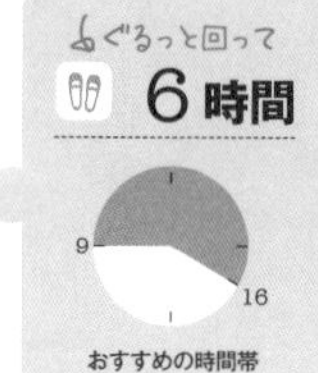

越前大野城の天守閣までは3つの登り口があり、初めてならなだらかで歩きやすい南登り口から登るのがおすすめ。展望台から町並みを楽しんだ後は、城下町を歩いてみましょう。

城の展望は戌山城址(標高324m)から見ることができる。時間は明け方から朝9時ごろまで

1 越前大野城 えちぜんおおのじょう

雲海に浮かび上る北陸の天空の城

織田信長に仕えていた金森長近が1580（天正8）年に4年の歳月をかけて築城。標高249mの亀山に建つ城は気象条件により晩秋から春にかけ盆地全体が雲海に包まれ、城だけが浮かび上る神秘的な風景が目にできる。

城 ☎0779-66-1111（大野市観光交流課）住大野市城町3-109 ⌚9:00～17:00（10・11月は～16:00※早朝に開館する場合あり）休12月1日～3月31日 ¥300円 Pあり 👣JR越前大野駅から徒歩15分（南登り口まで）MAP39

登り口から天守閣までは徒歩で約20分。碁盤の目のように整備された町並みが見渡せる

2 COCONOアートプレイス ココノアートプレイス

地元民の思いをのせたアートの数々

明治期の古民家を改装したアートギャラリースペース。1950年代からの「小コレクター運動」により大野市民が所有する、現代美術作品の有名絵画を多数展示。3つのギャラリーのほか、ショップも併設する。

ギャラリー
☎0779-64-4848
住大野市元町12-2
⌚9:00～17:00 休月曜（祝日の場合は開館）、祝日の翌日 ¥300円 Pあり
👣JR越前大野駅から徒歩10分 MAP39

1ギャラリーでは、企画展やイベント、ワークショップなども開催する 2元書店の築約120年という伝統的木造古民家を改装

400年の歴史を誇る七間朝市

七間通りで、春分の日から大晦日まで行われる朝市。毎朝7時ごろ～11時ごろまで、週末・休日問わず毎日開催しています。MAP 39

4 花垣 南部酒造場
はながきなんぶしゅぞうじょう

進化する小さな老舗蔵元の手造りに徹した日本酒を

華やかで力強い飲み口で知られる日本酒「花垣」の蔵元。前例のなかった長期熟成酒に挑むなど、伝統を大切にしつつ革新的な酒造りを行っている。

1江戸時代に創業し、日本酒醸造を始めて100年以上 2花垣大吟醸や、蔵限定販売の純米原酒茶木屋などをおみやげに

酒蔵 ☎0779-65-8900 大野市元町6-10 9:00～17:00 休 不定休 P なし JR越前大野駅から徒歩10分 MAP 39

1揚げとろみステーキ膳1150円 2上質な設えに甦った店内

3 古民家レストラン 茶屋 おがまち
こみんかレストランちゃやおがまち

古民家で大野産食材を使った定食を

大正期の築100年になる古民家を改装した和食レストランで、里芋や油揚げなど大野産食材を使った品数豊富な定食が満喫できる。

レストラン ☎0779-66-1238 大野市明倫町6-29 11:00～20:00 休 月曜、不定休 P あり JR越前大野駅から徒歩10分 MAP 39

5 米の菓 ゆめすけ
こめのかゆめすけ

季節限定の一例。2月の生チョコあんだんご

お米のお菓子でひと息

米どころ福井らしく米菓子を販売。あられ・かき餅、か里んと芋こ（かりんとう饅頭）などをおみやげに。注文を受けてから焼く夢助だんごも好評。

米菓子 ☎0779-66-3021 大野市吉野町110 9:00～17:00 休 水曜、第2・4火曜（祝日の場合は営業）P あり JR越前大野駅から徒歩13分 MAP 39

1イートインメニューの季節限定だんご（月替わり）から、3月のいちご生クリームだんご 2白壁の蔵風一軒家。夢助だんごの旗が目印

1越前大野城から町並みを一望 2城内部には歴代城主の遺品を展示 3COCONOアートプレイスは、ウッドデザイン賞などを受賞した建築デザインにも注目を 4七間通りの朝市 5古民家レストラン茶屋おがまちの店内には、昔の大野の町を描いた資料が飾られる 6花垣 南部酒造場には、ここでしか買えない限定品も 7木のテーブルやイスが印象的な、イートインスペースがある米の菓 ゆめすけ

米の菓 ゆめすけでは、注文ごとに焼き上げる「夢助だんご」が、おみやげにも評判。定番15種と月替わりから選べます。

世界三大恐竜博物館のひとつがある恐竜のまち・勝山をめぐりましょう

恐竜の化石が多数発掘され、恐竜のまちとして知られる勝山市。
かつやま恐竜の森で国内最大級の恐竜博物館などをめぐり、
悠久の歴史と美しい苔庭で知られる平泉寺白山神社を訪ねましょう。

1 夢とロマンが詰まった恐竜王国へ かつやま恐竜の森

かつやまきょうりゅうのもり

約80haの園内に恐竜博物館やパーク、恐竜の遊具広場などがあり、恐竜と親しみながら一日楽しめる。なかでも1億2千万年前の恐竜化石の発掘体験が人気。運が良ければ化石が見つかるかも。

テーマパーク ☎0779-88-8777
勝山市村岡町寺尾51-11
7:00～20:00 休無休 ¥無料
Pあり バス停恐竜博物館前からすぐ MAP41

園内で一番広く大きな遊具もあるティラノサウルス広場

イタリアのデザイナーが手がけたガラスモザイクタイルのレインボーサウルス

アニマル茶こし ティラノサウルス1210円

マスキングテープ 495円

博物館限定の羽二重餅(24個入)1674円

かつやまディノパーク

パークには全長20mのマメンチサウルスや全長13mのティラノサウルスなど実物大の50頭以上がスタンバイ。8つのゾーンにいる恐竜のリアルな動きや鳴き声はまるで恐竜の世界に迷い込んだよう。

テーマパーク ☎0779-88-8777(かつやま恐竜の森) 9:00～16:30(9月以降は終了時間変更あり) 休第2・4水曜(夏休みは無休)、11月下旬～3月末 ¥1000円

おみやげに人気のオリジナルタオル160円～

恐竜たちが棲んでいる自然の森は全長460m、約20分で1周できる

福井県立恐竜博物館

ふくいけんりつきょうりゅうはくぶつかん

国内最大級で世界三大恐竜博物館と称されるほど展示物が充実。卵型のドーム内にある常設展示室には、50体の恐竜全身骨格や福井県内で見つかった恐竜化石、地球が生まれたころからの歴史や宝石なども展示する。

博物館 ☎0779-88-0001 9:00～16:30(閉館は17:00)※HPから要予約 休第2・4水曜(祝日の場合は翌日、夏休みは無休)その他臨時休館あり。詳細はHP参照 ¥常設展一般1000円

1新館にあるシンボルモニュメント「恐竜の塔」は迫力満点 2原寸大の巨大ジオラマもある

ぐるっと回って
8時間

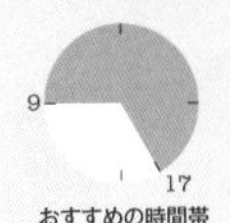

おすすめの時間帯

かつやま恐竜の森内の2施設は、混み具合でどちらから入るか判断しましょう。神社は意外と時間がかかるので余裕を持って訪れて。移動には車を利用するのがおすすめです。

恐竜モニュメントの滑り台が目印

17号線沿いにある道の駅 恐竜渓谷かつやま。恐竜モチーフの名物グルメやオリジナル商品をはじめ、地元産の野菜なども販売しています。MAP 41

2 趣ある旧料亭で郷土料理を
旬菜食祭 花月楼 しゅんさいしょくさいかげつろう

築120年の有形文化財「旧料亭花月楼」を最小限の改装にとどめ甦らせた、趣のあるお食事処。勝山名物の釜炊きボッカケ付きの御膳3500円（税別）や釜花月御膳2500円（税別）など、地元ならではの味を。

独特の「傘天井」を配した大広間はかつての花街をしのばせる

名物の釜炊きや勝山の郷土色豊かな料理の数々が並ぶお膳

和食 ☎0779-87-1355 勝山市本町2-6-21 ⓛ11:00～14:00（2Fは予約制） 休水曜 Ⓟあり えちぜん鉄道勝山駅から徒歩10分 MAP 41

1杉木立と苔が美しく広がる参道 2現在の拝殿は江戸末期に建てられたものだが、寄棟檜皮葺きが平安時代の風情を残す

3 心洗われる白山信仰の聖地
平泉寺白山神社 へいせんじはくさんじんじゃ

霊峰である白山の信仰の拠点として717（養老元）年に開かれた。最盛期には数十の社と堂、数千の坊院が存在したといわれている。境内は梅雨から夏にかけて、敷地内一面が苔で埋めつくされ神秘的。

神社 ☎0779-88-1591 勝山市平泉寺町平泉寺56-63 ⓛ境内自由 ¥旧玄成院庭園入園料50円 Ⓟあり 平泉寺神社前バス停から徒歩10分 MAP 付録① C-3

4 体を整えるメニューと小屋風空間が素敵
CAFE AND RESTAURANT HUTTE
カフェアンドレストランヒュッテ

手を加えていない素材を生かす「素」と、食物で肉体の力をつける「養」という意味から、素養を使い心地よい暮らしを提案するカフェ。ランチは、メイン料理4種類から選んで、食前スムージーと前菜が付くセット。

カフェ ☎0779-64-4264 勝山市郡町2-40 ⓛ11:30～15:30 休不定休（公式SNSにて要確認） Ⓟあり 勝山ICから車で10分 MAP 41

1ランチ1760円～に付く本日の前菜と食前スムージー 2店名のとおり山小屋を思わせる店内 3本日のスイーツ440円～

福井県立恐竜博物館では、エスカレーターを背骨に、まるで恐竜の骨格のような造りのエントランスにも注目です。

鯖江へ何度も通いたくなる めがねのまちを楽しむスポット

日本製めがねフレーム生産の約96%を誇る福井で、その中心を担い
めがねフレームの生産量日本一を誇るのが鯖江市です。
めがねのミュージアムやレンズの大切さを知る場所をめぐりましょう。

エントランスで目を引くめがねで作られたオブジェ

めがねを見て触れて体験する

めがねミュージアム

国内外で高く評価されている鯖江のめがねを眺めるだけでなく、触れたり体験したりできるのが魅力。毎日お世話になる人もファッションの一部という人も、めがねの歴史や伝統の技などを知るとより親しみが湧く。

☎0778-42-8311 ⌂鯖江市新横江2-3-4 めがね会館内 ⏰10:00～19:00（MUSEUM CAFEは～16:00、体験工房・めがね博物館・Sabae Sweetsは～17:00）休水曜（祝日の場合は営業）Pあり
‼ハピラインふくい鯖江駅から徒歩10分 MAP付録① B-3

1受け継がれた歴史と魅力を知るめがね博物館は、予約制でスタッフによる解説も 2フレームのショールームもあり、購入もできる

めがねにまつわるスイーツコーナー

世界に一つのオリジナルめがねを職人指導のもと手作りできる体験工房（予約制）も

印象的な看板をはじめ、道路標示や商店街の柱などあちこちにめがねが描かれ遊び心いっぱい

街が誇る鯖江のめがねワールドへ

福井でのめがねづくりは1905（明治38）年、増永五左衛門が農閑期の副業に提案したことから始まり、めがねの需要に伴い一大産地に。金属アレルギーを起こしにくいチタンを用いたフレームの開発・生産に成功するなど、進化し続けています。それを象徴するように街中にはめがねをモチーフにした装飾があふれ、まさに鯖江全体がめがねワールドに。

自分に似合うめがねも見つかるイベント

2023年で第10回目を迎えた「めがねフェス」(毎年2日間)。めがねの魅力伝える様々なイベントを開催し、使わなくなっためがねを集めてめがね供養も。

複合施設としてレンズ工場の隣にオープン。メイドイン鯖江のアイテムがそろう

店内ギャラリーには300色以上のサングラスレンズが展示されている

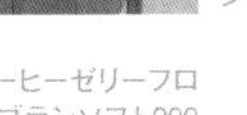

1併設のカフェで人気のコーヒーゼリーフロート650円 2和栗渋皮モンブランソフト900円にも、かわいいめがねがちょこんと

自社ブランドをはじめ、ショップには厳選したフレームが並ぶ

メガネ
そろってます

アイウェアを楽しくチョイス

Lens Park レンズパーク

鯖江のレンズメーカーが手がける、"目を守る" がテーマの複合施設。度付きもオーダー可能なサングラスをはじめ、ベテランスタッフのアドバイスのもと、お気に入りの1本をつくることができる。ひと息つけるカフェも併設。

☎0778-52-7977 ⌂鯖江市丸山町1-3-31 ⏰10:00〜19:00(カフェは〜18:30、月曜〜17:00) 休火曜 Pあり ハピラインふくい鯖江駅から車で10分 MAP付録① B-3

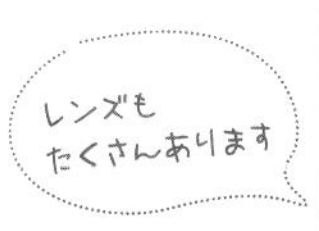

レンズも
たくさんあります

色とりどりのレンズ。ブルーライトや紫外線をカットして目を守る役割もある

メガネ産業の礎を築いた地元の人々の情熱を描いた小説『おしょりん』。2023年同名タイトルで映画にもなりました。

ものづくりの里・鯖江で器を買いましょう

鯖江の河和田(かわだ)地区とその周辺で作られ約1500年もの歴史を持つ越前漆器と日本六古窯のひとつとして日本遺産にも認定されている越前焼。毎日の食卓に取り入れたい、お気に入りの器を探しましょう。

1深Sの4950円や平Sの4950円などRIN&CO.シリーズは、福井大学と連携による越前硬漆を使う 2ショップには3つの自社ブランドの多彩なアイテムが並ぶ 3食器洗い機が使えるRIN&CO.の越前硬漆シリーズ。椀S4400円など

漆の技術と魅力を次世代に繋ぐ老舗

漆琳堂直営店 しつりんどうちょくえいてん

江戸時代から漆業を営む老舗の直営店。従来の漆器にない色使いや和洋問わず使える形、機能性を取り入れた漆器がそろう。自社ブランド「RIN&CO.」による、北陸のものづくりの知恵を生かした器や生活雑貨にも注目を。

漆器 ☎0778-65-0630
住 鯖江市西袋町701 時 10:00〜17:00 休 不定休(公式HP・SNSにて要確認) P あり
ハピラインふくい鯖江駅から車で15分 MAP 付録① B-3

1ナチュラルな風合いの「くるむ」シリーズ 2タンブラーや名刺入れなど漆を使った普段使いできる小物も豊富 3白檀塗VYACシリーズの市松模様カードケース9900円、マネークリップ8250円 4こわん5280円など子ども用の漆器も

伝統の技と自由な発想による逸品を

土直漆器直営店 つちなおしっきちょくえいてん

下地から蒔絵までを自社で手がける漆器工房の直営店。伝統的な漆器をはじめ、木目を生かしたナチュラルな風合いの「くるむ」シリーズ、モバイルタンブラーやボトル、カードケースなど、幅広いアイテムを展開する。

漆器 ☎0778-65-0509
住 鯖江市西袋町214 時 10:00〜17:00 休 水曜、不定休
P あり ハピラインふくい鯖江駅から車で16分
MAP 付録① B-3

ものづくりの現場を訪ねるイベント

例年秋に開催される「RENEW」では、鯖江市・越前市・越前町の伝統産業の工房を一斉開放。見学やワークショップ、商品の展示販売などを行います。

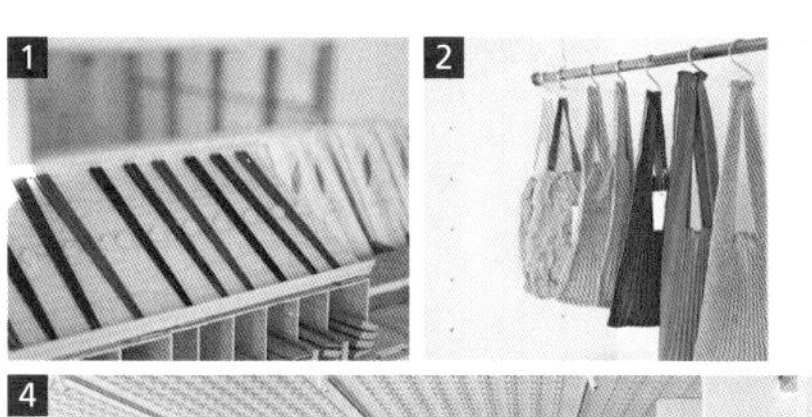

1 CO_2を減らすお箸/Hashi-cooのone yearシリーズといった若狭塗の技術が生かされたお箸も多数ある 2美しいプリーツ加工が目をひく、土に還るバッグPLECO2650円〜。糸加工、織物、染色、縫製など繊維産業が盛んな福井県の技術が集結した、一点一点手作業による素材に注目 3鯖江らしくサングラスもそろう 4店舗内には所狭しと福井県内の手仕事を知るアイテムが多数あり、どれもストーリーがある 5水や擦れに強い越前和紙のカードケース5060円など 6「福井の出汁屋とととこぶ」など、気軽に買える食料品も。お配り用のおみやげにも

福井のものづくりの魅力を発信

SAVA! STORE サヴァストア

漆器工房を併設するスーベニアショップが、拡大してリニューアル。地元鯖江の漆器、作り手により個性豊かな越前焼など、県内各地の多彩なプロダクトをセレクトし、それぞれが持つストーリーをていねいに発信している。

セレクトショップ

☎0778-25-0388 鯖江市河和田町19-8 12:00〜18:00(土・日曜は11:00〜、錦古里漆器店は9:00〜17:00) 休火・水曜(錦古里漆器店は不定休) Pあり ハピラインふくい鯖江駅から車で15分 MAP付録① B-3

ひと足のばして越前焼の生まれる場所へ

越前陶芸村

‖越前町‖えちぜんとうげいむら

四季を感じる公園内に、越前焼の資料展示、作陶や抹茶体験ができる施設、越前焼作家の作品を扱うショップなどがある。

1陶芸館の陶芸教室では、本格的な電動ろくろ体験、手びねりや絵付け体験ができる 2岡本太郎のモニュメント「月の顔」など、15点の作品が点在する陶彫広場

☎0778-32-2174 越前町小曽原120-61 休施設により異なる Pあり ハピラインふくい武生駅から車で23分 MAP付録① A-3

漆器の製造工程や歴史について学べるうるしの里会館では、漆器の絵付けや拭き漆の体験（予約制・有料）もできます。MAP付録① B-3

越前和紙の魅力を再発見
多彩な和紙を手がける武生(たけふ)和紙工場へ

紙祖神・川上御前が紙漉きの技術を授けたのが始まりといわれ 1500年もの歴史と高い品質を誇る越前和紙。その伝統を守りつつ現代の暮らしを彩る和紙雑貨も展開する長田製紙所を訪ねました。

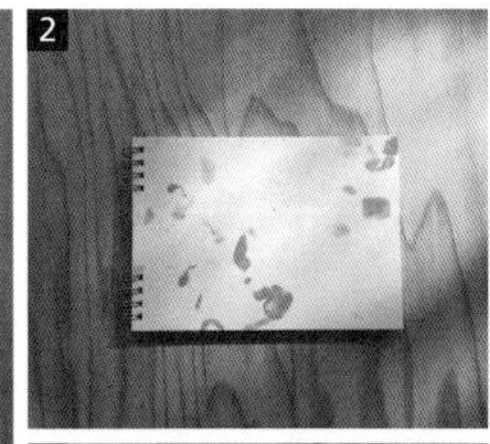

伝統の手漉き和紙を多彩なアイテムに

長田製紙所 ‖越前市‖おさだせいしじょ

1909(明治42)年創業。現在は襖紙を中心に製造する手漉き和紙工場。予約制で工場見学ができ、独自の技術を生かした和紙のインテリアやアート作品を展示するギャラリー、和紙小物がそろうショップも併設する。

☎0778-42-0051 住越前市大滝町29-39 時工場見学は10:30 〜、14:30 〜(予約制)、ショップ・ギャラリーは8:00 〜 12:00、13:00 〜 17:00(土・日曜、祝日は要問合せ) 休不定休 ¥工場見学1人2200円(予約制) Pあり 交武生ICから車で7分 MAP付録① B-4

1一点ものにも出合える併設ショップ 2表に和紙をあしらったトリノコノート1650円 3「飛龍」という絵柄を漉き込む独自の技法で4代目の長田和也さんが制作する和紙のランプシェードなどが置かれるギャラリー 4和紙の原料となる楮(こうぞ)の木の皮 5木の皮の繊維を煮てほぐした紙の原料 6手漉き襖紙の和封筒3枚550円〜 7和紙アクセサリー YURAGUは2ピースセット3960円

越前和紙の里で紙漉き体験

越前和紙の里のパピルス館の紙漉き体験もおすすめです。押し花や染料を使って好みのデザインの手漉き和紙が作れますよ。MAP付録① B-4

襖紙や大判和紙の制作工程を見学

ネリ場

トロロアオイという植物の根から"ネリ"と呼ばれる粘液を取る。ネリを加えることで、紙を平滑に漉けるなどの効果がある

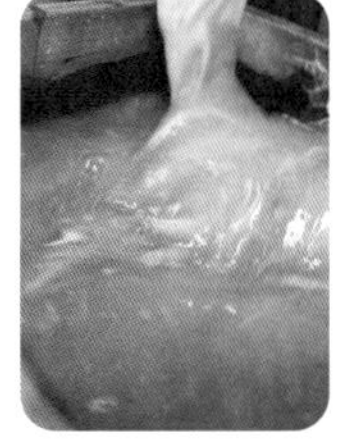

窯場

木の皮を煮て、原料となる繊維を取り出す。主に使われるのは、楮(こうぞ)、麻、三椏(みつまた)、雁皮(がんぴ)の木の皮

川

繊維からチリや堅い部分を手作業で取り除く。全工程を通して水は汲み上げた山水を使用。超軟水の水質が和紙作りに適しているそう

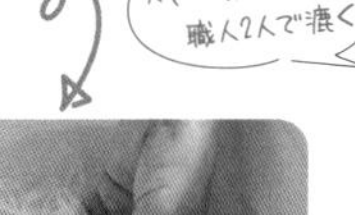

大きな簀桁を使い職人2人で漉く

漉き場

襖紙は、水と一緒に叩きほぐした繊維にネリを加えた原料を漉き桁に汲み上げる「流し漉き」という技法で作られる

張り場

漉いた紙を半日脱水して銀杏板に張り乾燥させる。表面が滑らかな雌銀杏の板を使うのは越前和紙の特徴の一つ

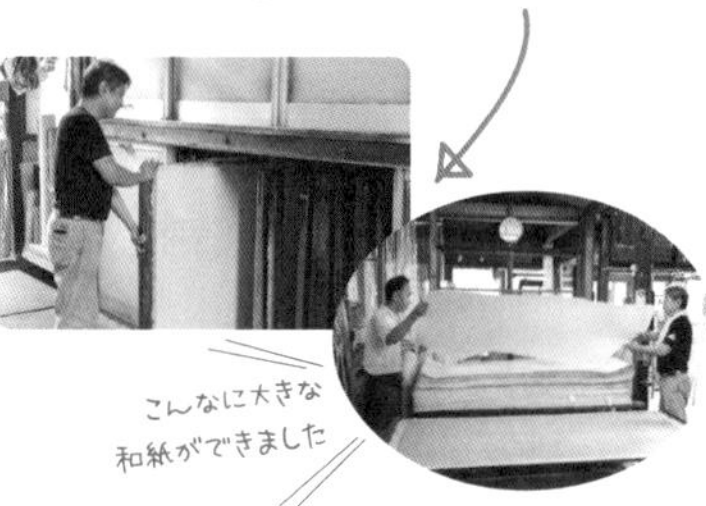

こんなに大きな和紙ができました

金箔や色をつけた原料で模様を描くことも

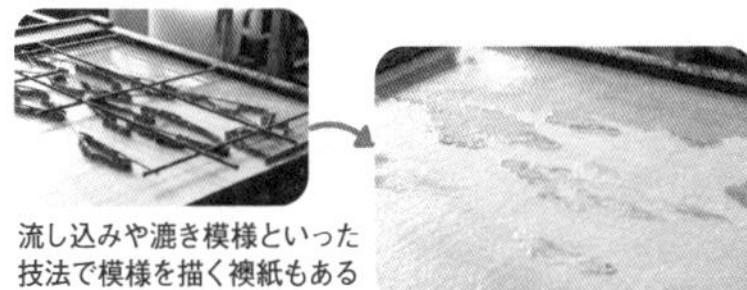

流し込みや漉き模様といった技法で模様を描く襖紙もある

《 一点ものの和紙小物をおみやげに 》

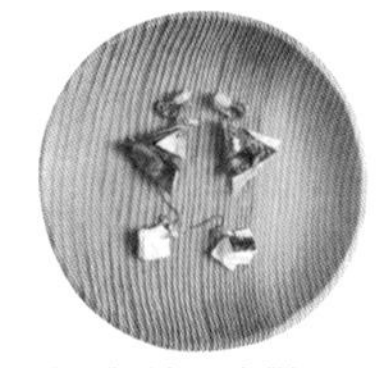

イヤリング・ピアス(1個) 各880円

多彩な揉み紙の和紙がふわふわと耳元で揺れるアクセサリー

名刺入れ 各1540円

厚い襖紙を手揉みした革のような質感が特徴。経年変化も楽しめる

御朱印帳 各2640円

アンティークの襖紙を表紙にした御朱印帳。中の紙にも襖紙を使用

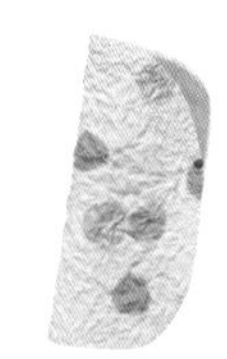

めがねケース 1760円

紙製で軽く、気軽に持ち歩けるめがねケース

長田製紙所の近くにある岡太(おかもと)神社・大瀧神社は、紙の祖とされる女神・川上御前を祀る全国紙業界の総鎮守です。MAP付録① B-4

絵本作家と絵本画家が生まれた
武生(たけふ)をおさんぽ

越前市の中央部に位置する武生エリア。この町にゆかりある、絵本作家かこさとしさんの絵本館や絵本画家いわさきちひろさんの記念館をめぐりましょう。

1 かこさんの作品を中心に絵本や紙芝居5000冊以上がそろう「えほんのへや」 2 2階には複製原画などを展示 3 絵本館の外にはだるまちゃんたちが描かれた遊具がある 4 館内随所で絵本のキャラクターに出会える

幅広い世代に愛される絵本の世界へ

越前市 かこさとし ふるさと絵本館 砳

えちぜんしかこさとしふるさとえほんかんらく

「だるまちゃん」シリーズなどで知られる、越前市出身の絵本作家・かこさとしさんの絵本館。絵本や紙芝居が自由に楽しめるほか、かこさんの生涯が分かる資料や複製原画の展示、イベントなども開催される。

絵本館 ♪0778-21-2019 ⌂越前市高瀬1-14-7
Ⓛ10:00～18:00 休 火曜、祝日の翌日、展示替え期間 ¥ 無料
P あり バス停ふるさと絵本館前からすぐ MAP 49

2つの石造りの棟からなる建物。この建物の造りが「砳」という名称の由来のひとつ

平安時代の雅な文化にふれる

紫式部公園 むらさきしきぶこうえん

紫式部が越前国司に任ぜられた父の藤原為時とともに約1年を武生で過ごしたことにちなみ設立。敷地内には、寝殿造庭園や金色の紫式部像、谷崎潤一郎や円地文子といった文学者が揮毫した歌碑がある。

公園 ♪0778-22-3012(越前市都市計画課)
⌂越前市東千福町369 Ⓛ¥ 入園自由
P あり(紫ゆかりの館、ギャラリー叔羅駐車場利用) バス停紫式部公園からすぐ MAP 49

1 約200mの藤の回廊は、4月下旬から5月上旬が見ごろ 2 平安時代の様式を再現した国内唯一の寝殿造庭園

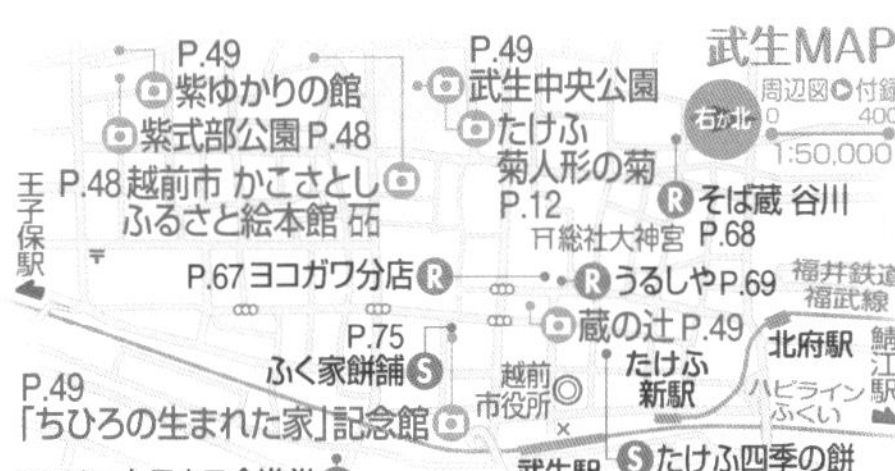

老若男女が楽しめる公園

かこさとしさんが監修した武生中央公園も越前市の人気スポット。園内にはかこさんの絵本に登場するシーンやキャラクターが散りばめられています。MAP 49

絵本画家の生家で穏やかな時間を

「ちひろの生まれた家」記念館

ちひろのうまれたいえきねんかん

1918（大正7）年、絵本画家のいわさきちひろさんが生まれた町家を改修した記念館。当時の面影を感じる空間には、ちひろさんの母にもスポットを当てたさまざまな資料があり、ちひろさんの世界に触れることができる。

記念館 ☎0778-66-7112
越前市天王町4-14
10:00～16:00
休 火曜（祝日の場合は翌日）
¥ 300円（高校生以下は無料）
P あり
ハピラインふくい武生駅から徒歩10分 MAP 49

1 ギャラリースペースでは季節ごとに企画展が行われる 2 いわさきちひろさんの絵本や画集、ちひろさんに関する書籍などがじっくり楽しめる 3 東京の自宅に設けられたアトリエを再現。ちひろさんの母が過ごした部屋をイメージしたスペースも 4 趣を感じるたたずまい。周辺は歴史ある町並みが今も残る

活気ある商人の町の風情を感じる

蔵の辻 くらのつじ

江戸時代以降、関西から北陸方面への物資の中継地点として栄えたエリアで、白壁の蔵が建ち並ぶ。蔵を改装した趣のあるカフェや飲食店などがあり、散策スポットとなっている。

町並み ☎0778-22-3012（越前市都市計画課） 越前市蓬莱町 P あり（市営駐車場利用） ハピラインふくい武生駅から徒歩5分
MAP 49

1 国の都市景観大賞を受賞したまちなみは市民の憩いの場所でもある 2 越前市の中心、武生駅の近く

紫式部公園近くにある紫ゆかりの館。映像や年4回変わる展示などで紫式部を知ることが出来る資料館です。MAP 49

開放的な景色を楽しむ 越前海岸ドライブ

越前岬あたりから南北に広がる、日本海に面した越前海岸は、爽快なドライブスポットとして人気。日本海の荒波を受けた奇岩など迫力ある風景に出会えますよ。

雄々しい奇岩が続く海岸美

越前海岸 えちぜんかいがん

越前町の越前岬を中心に、北は東尋坊（とうじんぼう）、南は敦賀の杉津（すいづ）にかけての海岸線で、季節ごとに異なる景観を見せる人気のドライブスポット。冬の越前がにをはじめ、旬の魚介が味わえるスポットも多い。

景勝地 ☎0778-37-1234（越前町観光連盟）
越前町左右～梅浦 MAP付録① A-1～4

1荒々しい波と大小の奇岩が連なる海岸 2100m以上の高さのある断崖「鳥糞岩」 3越前岬の展望台からは日本海の絶景が広がる 4水仙の群生地としても知られる 5爽快な景色が広がる

波と風が造形したトンネル

呼鳥門 こちょうもん

独特な奇岩断崖が続く越前海岸。中でも越前岬を中心に風と波の浸食作用により岩にぽっかり開いた自然の大トンネル「呼鳥門」が有名で訪れる人々を魅了する。

奇岩 ☎0778-37-1234（越前町観光連盟）
越前町梨子ヶ平 Pなし JR福井駅から車で55分 MAP付録① A-3

1950年代に当時の知事が「渡り鳥を呼ぶ門」として命名

当時の繁栄ぶりがしのばれる館

北前船主の館 右近家 きたまえせんしゅのやかたうこんけ

江戸後期から明治中期にかけて流通や文化交流に重要な役割を果たした北前船をテーマに、五大北前船主・右近家の資料や復元された北前船の模型を展示。高台に建つ西洋館からは敦賀湾が一望できる。

1高台に建つ西洋館。スペイン瓦が葺かれた屋根が印象的 2船の後尾に掲げられていた旗が並ぶ

資料館 ☎0778-48-2196 南越前町河野2-15 9:00～16:00 休水曜 ¥500円
Pあり JR福井駅から車で50分 MAP付録① A-4

越前海岸の真ん中にある道の駅

「道の駅 越前」には、特産品がそろうショップや観光案内所、絶景露天風呂が人気の日帰り温泉施設などがあります。MAP 付録① A-3

海景色が楽しめる立ち寄り店

1海を望む2階のカウンター席 2越前塩ロール320円、自家製のホットレモネード480円 3炙ったへしこが香ばしい、へしこおろしそば890円

福井ならではの味と景色を楽しむ

蕎麦cafe Maruta屋

そばカフェマルタや

ランチにおすすめの越前そばは、へしこや大根おろし、厚揚げといった福井名物のトッピングをはじめ、種類豊富なラインナップ。自家製ケーキやドリンクなど、カフェメニューも充実。

☎0778-37-0731 住越前町梅浦114-92 時11:00～日没 休月・火曜、不定休 Pあり 交JR福井駅から車で55分 MAP 付録① A-3

1越前のかにを使う3～9月の限定メニュー、かにクリームシチュー 1350円 2BBQもできるテラス席 3海をイメージしたMAREクリームソーダ600円

眼前に海が広がるオープンカフェ

cafe Mare

カフェマーレ

180度オーシャンビューという圧巻のロケーション。冬は近海の魚介、夏は自家栽培のハーブを使う肉料理など、四季折々のメニューと景色が満喫でき、大自然を五感で感じられる。

☎0776-88-2323 住福井市大丹生町70-3 時10:00～日没 休無休 Pあり 交JR福井駅から車で45分 MAP 付録① A-2

1日本海を見下ろすようにあるお店 2獲れたてを買って帰ることも可能 3ズワイガニを1杯使う、まつ田のずわい蟹丼時価(2023年度10000円程度)は汁物と香の物つき

鮮魚商直営の活気あるレストラン

魚屋の喰い処まつ田

さかなやのくいどころまつだ

越前海岸の茱崎漁港(ぐみざきぎょこう)から水揚げされる旬の鮮魚を扱う「松田商店(まつだ)」の3代目が開いたお店。春から秋は定置網、11月の解禁以降から3月末までは越前ガニを中心に地魚が味わえる。

☎0776-89-2740(予約は080-8995-2740) 住福井市蒲生町16-7-1 時11:00～15:00 休木曜(11～3月は無休) Pあり 交JR福井駅から車で50分 MAP 付録① A-3

越前海岸沿いには、越前がにミュージアムや越前水仙の里公園など、ドライブの途中に立ち寄れる施設もあります。MAP 付録① A-3

すてきなカフェや雑貨店へ 南越前町をめぐりましょう

福井県のほぼ真ん中に位置する、自然豊かな南越前町。
越前海岸沿いに名所が点在する西側も印象的ですが、
宿場町の町並みや里山が広がる東側にも訪ねたいお店がたくさんあります。

越前で一番栄えた宿場町

今庄宿

いまじょうしゅく

古くから都と北陸を結ぶ玄関口という北陸道沿い。難所越えの後に立ち寄る憩いの場だった約1kmにわたる昔の宿場町は、本二階・中二階建ての古民家や紅殻格子の町家が建ち並び、旅情をそそる。

旧街道 ☎0778-45-0074(今庄観光協会) 南越前町今庄
見学自由 ハピラインふくい今庄駅からすぐ MAP付録① B-4

1 かねおりという名の曲がり角が南北の入口にあるのは、今庄宿ならでは
2 歴史を感じるのは今庄宿本陣跡、脇本陣跡など

1 元山田家をリノベーションした歴史ある建物 2 黒みつをかけて味わう、和パフェ700円。南越前町のボン菓子や抹茶アイスなどが入る 3 おばあちゃんの家に遊びにきたような落ち着ける座敷席もある

白玉のおいしさが際立つ、黒みつきなこ500円

手づくり甘味の古民家カフェ

甘味処 てまり かんみどころてまり

宿場町にある和スイーツ店。豆腐入りの白玉団子をメインにしたメニューを用意し、あんこも黒みつもシンプルな素材づかいの自家製。甘さ控えめなのがうれしい。

甘味処 ☎0778-45-1112 南越前町今庄76-31
11:00〜17:00 休月・火曜 Pあり ハピラインふくい今庄駅から徒歩3分 MAP付録① B-4

注目が集まる「鉄道遺産」

南越前町にある国登録有形文化財指定の旧北陸線「湯尾トンネル」MAP付録① B-4と「山中トンネル」MAP付録① A-4。2020年に日本遺産に認定されました。

長居したくなる3つの雑貨空間

GENOME REAL STORE

ゲノムリアルストア

使い勝手の良い素朴な雑貨がそろう店。アクセサリーからカップまで身近なものを置く本館、日本の良いものがある分室、アンティークなどが並ぶ別棟の分舎と3空間の違いも楽しい。

雑貨 ♪0778-45-1836 南越前町長沢25-2 10:30～18:00 休火・木・金曜 Pあり ハピラインふくい今庄駅から車で10分 MAP付録① B-4

1女性に人気の別棟2階にある分舎 2福井ブランド「遊糸」のPCケース3456円、ボストンバッグ9350円、リュック17050円 3木々に囲まれている本館。その奥に蔵の分室がある

1コーヒーゼリーの上にアーモンドブランマンジュ、バニラアイスをのせた、珈琲のぱふぇ650円 2開放感ある店内 3毎日数種を用意するチーズケーキ各400円

旧保育所を改装したカフェ

ORION BAKE

オリオンベイク

山あいの旧保育所をリノベーションして開店。おいしいコーヒーと店主の手作りケーキが楽しめる。近くの川べりで楽しむピクニックセット2名1900円も好評。

カフェ ♪080-5857-4605 南越前町古木49-3-1(旧宅良保育所) 11:00～17:00 休水・木曜 Pあり ハピラインふくい今庄駅から車で15分 MAP付録① B-4

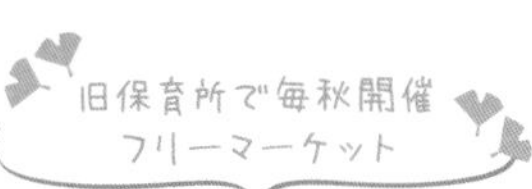

旧保育所で毎秋開催 フリーマーケット

たくらCANVAS マーケット

たくらカンバスマーケット

たくら地区の「旧宅良保育所」で例年秋に開催されるフリーマーケット。掘り出しものが見つかりそう。

イベント ♪0778-45-1836(GENOME REAL STORE) 南越前町古木49-3-1 10:00～16:00 Pあり ハピラインふくい今庄駅から車で15分 MAP付録① B-4

12甘味処てまりは、今庄宿らしい中2階建ての建物 34GENOME REAL STOREでロングライフデザインの皿など雑貨をみやげに 56ハンドドリップコーヒーが味わえるORION BAKEは、昔のすみれ組の部屋

「ORION BAKE」という店名は、保育所の園庭から見えるオリオン座がきれいだったことが由来なのだそう。

自然豊かな池田町で 樹の上にお泊まり

空中にふわりと浮かんでいるような樹上テントで森とひとつになったような体験を（冬期はなし）

キッチンや風呂を完備したコテージでプライベートタイムを。夜はテラスで星空を眺めて

山あいに広がる冒険の森

Tree Picnic Adventure IKEDA

ツリーピクニックアドベンチャーイケダ

樹上のテントやコテージなど、好みのスタイルで森にお泊まり。自然の中で体をめいっぱい使って遊べるアトラクションや地元の食材を味わうカフェなど、山の恵み豊かな池田町の魅力が詰まった施設。

アウトドア施設 ☎0778-44-7474
池田町志津原28-16 9:00～17:00
休 火曜（GW・夏休み期間は無休、冬季1～2月は公式H.P.参照） ¥ 入場無料（プログラムで異なる） P あり 武生ICから車で35分 MAP 付録① C-4

森の中の アトラクションも

空中通路をめぐるジャングルジム「アドベンチャーパーク」。ディスカバリーコースは所要時間約120分、3800円～（繁忙期・ハイシーズンは別途）

山の尾根間に張られたワイヤーケーブルで地上60ｍの高さを滑空する「メガジップライン」所要時間約60分、４３００円～（繁忙期・ハイシーズンは別途）

おいしい福井・越前

日本海側に面していることから
越前がに(ズワイガニ)などの海の幸はもちろん
米どころ福井を印象づけるお餅、日本酒など、
おいしいものがそろう福井県。
地元ならではの料理も多数あり
甘いものも和菓子から洋菓子までそろいます。

ランチやカフェタイムに 福井タウンの老舗めぐり

約200年にわたり受け継ぐ製法でつくられる味噌、
越前にお茶文化を伝える製茶園の日本茶、名店の羽二重餅(はぶたえもち)など、
この地の歴史とともに育まれてきた老舗の味をいただきます。

＼手軽に楽しめるインスタント味噌汁／

永平寺御用達の味噌をランチで

みそカフェ misola

みそカフェみそら

味噌の老舗「米五のみそ」が手がけるカフェ。週替わりのランチを中心としたメニューには、味噌などの発酵食品がふんだんに使われている。店内で味噌が購入できるほか、予約制の体験教室や工場見学も実施。

味噌 ☎0776-43-0525 福井市春山2丁目25-1 みそ楽2F
⏰11:00～16:00（1F直営店は10:00～18:00）休水曜、月曜が祝日の場合は翌火曜（1F直営店は水曜）Pあり 福井鉄道仁愛女子高校駅から徒歩3分 MAP付録② D-1

1味噌の魅力が詰まったみそランチ1210円 2越前おみそ汁6食セット1242円 3まろやかな味わいの木桶ジェラート550円（写真はイメージ）4木のあたたかみを感じる明るい空間 5味噌の量り売りで好みの味を見つけて 6ゆず味噌と白味噌を使ったみそらだんご440円（写真はイメージ）7 1階の直営店では味噌に関する商品を販売する

歴史ある味噌蔵を見学

蔵に棲み着く酵母菌が風味の特徴を生み出す味噌づくり。みそカフェ misolaでは、創業から守り継いできた味噌蔵の見学もできます（要予約）。

羽二重餅の名店で
季節を楽しむ和カフェ

松岡軒 本店

まつおかけんほんてん

明治期創業の老舗。絹のように白く柔らかい羽二重餅で知られる店は、奥に和カフェを併設。夏期は、以前から地元で愛されてきた手がき氷のみを提供。

羽二重餅 ♪0776-22-4400 福井市中央3-5-19 9:00〜17:30（カフェは11:00〜16:30） 休無休（カフェは木曜） Pあり 福井鉄道福井城址大名町駅から徒歩6分 MAP付録② D-1

1抹茶パフェ1400円は煎茶付き 2 2023年4月に店舗をリニューアル 3ザクザク氷を楽しむ羽二重宇治金時950円は変わらず

老舗が伝えるお茶の魅力

茶楽かぐや 福井本店

さらくかぐやふくいほんてん

明治初期創業の老舗製茶園が営む日本茶専門店では、急須からお茶を淹れるなど、お茶の文化を伝える体験も。お茶の味や香りを生かすために作られた甘さ控えめの和風スイーツは、餡などすべて一から手作り。

日本茶専門店 ♪0776-50-0315 福井市大東2-1-131 11:00〜17:20 休月・火曜 Pあり えちぜん鉄道福井口駅から徒歩20分 MAP付録① B-3

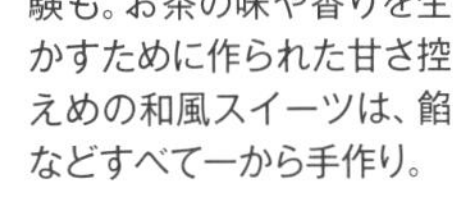

あわら産大豆を使った豆入り茶、月あかり（150g）1080円

ノンカフェインのあわら産100%黒豆茶（5パック）540円

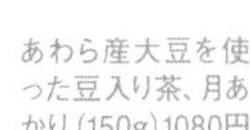

1濃い抹茶が魅力の抹茶クリームあんみつ日本茶セット1540円 2自家製餅入りの抹茶ぜんざい日本茶セット1540円 3棚から好みの器を選び、目の前で点ててもらえる 4茶房へと誘う風情あるたたずまい

福井みやげにぴったりの羽二重餅。松岡軒をはじめ、店ごとに多彩な商品を展開しています。P.74

地元で人気のお店へ 福井タウンのおすすめランチ

気軽なカフェやちょっと贅沢なコース料理のレストランなど
食べたいものやシーンに合わせて訪れたい、
福井タウンのおすすめランチをご紹介します。

1 ホリデーランチ2200円に+660円でオーダーできるパエリア。平日は前日までの予約制
2 ホリデーランチから前菜盛り合わせ
3 アンティークの椅子がスペイン風

エントランスから自然を感じる空間は、アンティーク調の雑貨がいろいろあり、大きな窓から見える自然やお庭の風景が心地よい。入り口の左手にはフラワーショップも

異国空間で本格スペイン料理

タベルナ・イ・フロール・エル・マノ

地産を意識した素材と味を追求。土日祝限定のホリデーランチは、グラタンなど5種以上から選べるメイン料理に、前菜からデザートまで付いてボリュームがある。

レストラン ☎0776-97-8741
住 福井市西谷2-2703 時 11:30～14:00、18:00～21:00 休 月曜、木曜ディナー
P あり 交 JR福井駅から車で15分
MAP 付録① B-3

おみやげにおすすめです

欧風食堂 サラマンジェフのプレミアム水ようかんは、持ち帰り用の販売も。定番の小豆のほか、抹茶やコーヒー味もあります。

旬の味とシェフの腕が光る料理

欧風食堂 サラマンジェフ

おうふうしょくどうサラマンジェフ

フレンチベースのメニューは、福井を中心とした全国の厳選素材を使用。その日の入荷に合わせ、趣向を凝らした前菜やメイン料理でもてなす。

レストラン ☎0776-25-0151 福井市中央1-19-1 玉村第1ビル1F 12:00～13:00、18:00～20:30 休日曜、不定休 Pなし JR福井駅から徒歩3分 MAP付録② D-1

1デジュネ3850円～で味わえる前菜の一例 2手前は越前福井プレミアム水ようかん-noir-486円、奥は純米大吟醸ブランマンジェ418円 3開放的なオープンキッチン

世界各国の多彩なチーズを

RUNNY CHEESE

ラニーチーズ

食事はもちろんデザートまでチーズが主役。ランチは、チーズソースたっぷりのパスタや鉄板ラクレットオーブン焼きなど16種あり、目の前でとろけるチーズをかける演出もある。

カフェ ☎0776-52-5008

福井市高柳2-1612 11:00～22:00

休水曜、第1火曜

Pあり

バス停アピタ・エルパ前から徒歩3分

MAP付録① B-2

1シチューハンバーグ チーズソース1848円 2バスク風チーズケーキ748円 3おみやげにおすすめのテイクアウトチーズスイーツは10種以上

RUNNY CHEESEはイートインメニューのほか、おいしくてかわいいテイクアウトドリンクも充実しています。

個性豊かな地酒が楽しめる 福井タウンのおすすめ店

おいしい米と水に恵まれる福井には30を超える酒蔵があり
それぞれが伝統を守りながら上質な酒造りをしています。
越前・若狭の地酒がそろうお店で、ゆっくり杯を傾けてみませんか。

1 17時からの入店に付く、お通し1650円。自家製そば味噌といただく季節野菜、酒米の米粉を使うがんもどき、煮魚など、お酒が進む料理数品をワンプレートに。日本酒はグラス700円～ 2 厚揚げとへしこあぶり焼き1500円 3 料亭などが並ぶ落ち着いた雰囲気の通りにある 4 白壁と高い天井が印象的な空間

県内各地の酒蔵から届く旬の酒を

RICE BAR ライスバー

大小、歴史もさまざまな酒蔵が点在する福井。そんな県内の酒蔵を訪ねて回ったという店主が用意する日本酒は、各蔵の季節のおすすめが中心。冬の新酒、秋のひやおろしなど季節限定や地元の定番銘柄を飲み比べてみて。

☎0776-30-1100
住 福井市中央3-5-12 クラフトブリッジ1F
時 17:00～23:00(金・土曜は～24:00) 休 日・月曜 P なし !! 福井鉄道福井城址大名町駅から徒歩7分 MAP 付録② D-1

こんな日本酒がそろいます

福井を代表する日本酒の一つ「梵」の特撰純米大吟醸

白龍のひやおろし、特別純米原酒「秋・あ・が・り」

米の旨みを生かす日本酒・紗利の秋あがり純米「花楓」

風土を生かす"永平寺テロワール"

「白龍」で知られる永平寺町の酒蔵・吉田酒造では、若手女性杜氏が中心となり、地元の米・水・人による酒造りを行っています。

1越前産甘鯛のやわらか蒸焼 ブロッコリーと法蓮草のソース リボンのパスタ1800円 **2**お猪口もいろいろあり、季節を感じる福井県内の地酒から、まるでシャンパンみたいな日本酒まで多種そろえる **3**時間をかけて仕上げる、和牛ホホ肉 赤ワイン煮 永平寺五領玉ねぎのピューレ2800円 **4**越前産平目のハリッサ 季節の果実のポン酢1500円

季節を感じる料理と美酒を楽しむ

fudo フド

2024年春に移転リニューアル。福井の地酒をはじめ、全国の個性豊かな日本酒銘柄はもちろん、ナチュラルワインも用意。地元の旬素材によるイタリアンやフレンチの一皿などとのマリアージュを楽しんで。

☎050-8882-7222 住福井市順化2-7-12 魚町市座1F 時18:00～22:00 休日曜、不定休 Pなし 交福井鉄道福井城址大名町駅から徒歩6分 MAP付録② D-1

こんな日本酒がそろいます

季節のおすすめも豊富

舞美人の山廃純米生原酒「sanQ」。強い酸味とフレッシュな旨みが特徴

真名鶴酒造「NEWTON77」。リンゴ酸酵母で醸したフルーティーな味わい

日本海の漁場・玄達瀬をイメージした常山酒造の夏酒「玄達-GENTATSU-」

大野の真名鶴酒造では伝統的な手法を守りながら、「mana1751」シリーズをはじめ、世界に向けた日本酒が造られています。

季節のフルーツたっぷり 贅沢パフェをいただきます

農園直営カフェや地元で愛されるカフェ＆洋菓子店で
新鮮な旬のフルーツを使うパフェを。
季節ごとの果実を楽しめるスイーツも人気です。

いちごを楽しむ
魅惑のパフェ

1いちごパフェ 1864円～。生クリームと相性のいい種類のいちごを使う 2ぶどうのタルト420円（税別）は、マスカルポーネクリームとの相性の良い皮ごと食べられるぶどうを2種使用 3ショーケースのプリンやケーキをイートインする時は果実を添えて 4陽光差し込む空間 5トマトジュースやケチャップなどおみやげも

明城ファーム直営店

‖越前市‖みょうじょうファームちょくえいてん

シーズンにはいちごやトマト、ブルーベリー狩りも好評の農家「明城ファーム」が、2020年に開店したフラッグショップ＆カフェ。とれたての果実を生かしたスイーツやジャムが並ぶなか、イートイン限定パフェが一番人気。

カフェ ☎050-3177-2079 越前市杉崎町3-9-1 10:00～16:00（予約をすれば金・土曜は18:00～21:00）休 火曜、不定休
P あり ハピラインふくい武生駅から車で10分 MAP 付録① B-4

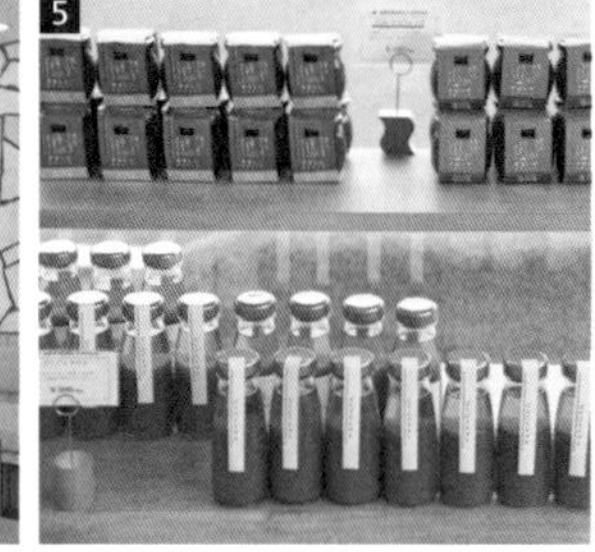

ハーフサイズのケーキで味見を

スイーツが人気のマギーズ・ファーム。黒豆プレーンチーズ、キャラメルチーズケーキなど、ケーキのハーフサイズセットも。よくばりに試してみるのもおすすめです。

大きないちごを
頬張る幸せな時間

いちごパフェ 1350円。12月から4月ごろまで

マギーズ・ファーム

‖福井市‖

路地奥ビル2階にたたずむ小さなカフェ。人気のパフェは、いちご、桃、シャインマスカットとフルーツを旬の季節だけの期間限定で展開。ほかに、丸いケーキ型でつくるプリンパフェなども。

洋菓子 ☎0776-27-1535 住福井市中央1-21-36サンロードビル2F 営11:30～18:00 休日・月曜、木曜（祝日不定休） Pなし JR福井駅から徒歩7分 MAP付録② D-1

1アットホームな雰囲気のカウンター。ケーキを焼く甘い香りに包まれることも 2ゆったりとした店内

ソフトクリームの塔に
いちごがたっぷり

いちごソフト1080円。期間限定のストロベリーパフェ 1800円もある

洋菓子JUN

‖越前市‖ようがしジュン

訪れるたびにワクワクする、地元に愛される洋菓子店。常時40種ほどの生ケーキやプリンを目当てに訪れる人が多く、チョコパフェ 1200円（税別）などを、帰りにテイクアウトするのが定番。

洋菓子 ☎0778-23-0926 住越前市平出2-16-1 営10:00～19:00 休水曜（月に1～2回連休あり） Pあり JR武生駅から車7分 MAP付録① B-3

1季節のフルーツをのせた大ババロア864円 2季節のフルーツを使う生ケーキなどがずらりと並ぶショーケース

生ケーキが印象的な洋菓子JUNは、北海道産フレッシュバター100%で作る焼き菓子も人気です。

華やかなメニューに心ときめく 人気のお店を訪ねましょう

おいしさはもちろん、華やかなビジュアルも魅力で
思わず写真を撮りたくなるようなメニューがいただける
地元でも人気のお店をご紹介します。

温かい自家製ワッフルで心も温まる時間

ベリーベリーやチョコストロベリーなどワッフルは900円。
ドリンク代に+700円でオーダーも可能

micnic

‖三国町‖ミックニック

東尋坊や日本海からすぐの木立に囲まれた森カフェ。焼きたての自家製ワッフルに、ベリーやモンブランなどフルーツやソース、シロップなどを纏わせておいしい一皿に。選べるランチも好評。

緑深き自然豊かなエントランス。鳥が遊びにくるテラスもある

カフェ ♪0776-82-3929 ⌂坂井市三国町安島13-62-7 ⓛ10:00～18:00（ランチ11:30～14:30） 休木・金曜（祝日の場合は営業） Ⓟあり ‼えちぜん鉄道三国港駅から車で7分 MAP付録① A-1

白いお皿に咲き誇る花畑のような前菜

ディナーコース5500円～、前菜の一例。ニンジンのフォンダンにうにを添えた根菜のサラダ仕立て

BRASSERIE L'ajitto

‖福井タウン‖ブラッスリーラジット

大野の野菜など福井素材を使い、独創的な一皿を提供する店。正統派フレンチで知られる地元名店で20年以上修業したシェフが、堅苦しいマナーは無しにおいしい料理を味わってほしいと、気軽さを大切にしている。

昼と夜で雰囲気が変わるので、時間帯を変えて訪れるのもあり

フランス料理 ♪0776-50-6323 ⌂福井市高木中央1-2101 プチドラゴン1F ⓛ11:30～13:30、18:00～21:00 休月曜、月2回不定休 Ⓟあり ‼えちぜん鉄道越前開発駅から車で6分 MAP付録① B-2

町の歴史を感じる建物たち

レストラン ラポストがある、えちぜん鉄道永平寺口駅の周辺には、旧郵便局のほかにも木造の旧駅舎や古民家カフェなど歴史ある建物が残っています。

色とりどりの旬を楽しむ艶やかな寿司

旬のネタとシャリ、薬味を組み合わせる
+WASARA+和皿3950円（20食限定）

O-edo+

‖越前市‖オオエドプラス

「万葉の林」の中にあるカフェスタイルの創作寿司バー。地元の旬素材を使った料理は芸術的な美しさで、具材や薬味を自在に合わせられるのもうれしい。スイーツやコーヒーも充実し、カフェ使いもできる。

ガラス張りの店内は柔らかな自然光が差し込むおしゃれな空間

創作寿司 ☎0778-42-6202 住越前市宮谷町53-15 時11:00～16:00（土・日曜、祝日は～17:00）休月曜（祝日の場合は翌日）Pあり 交ハピラインふくい武生駅から車で15分 MAP付録① B-4

レトロ空間で味わう最高級黒毛和牛

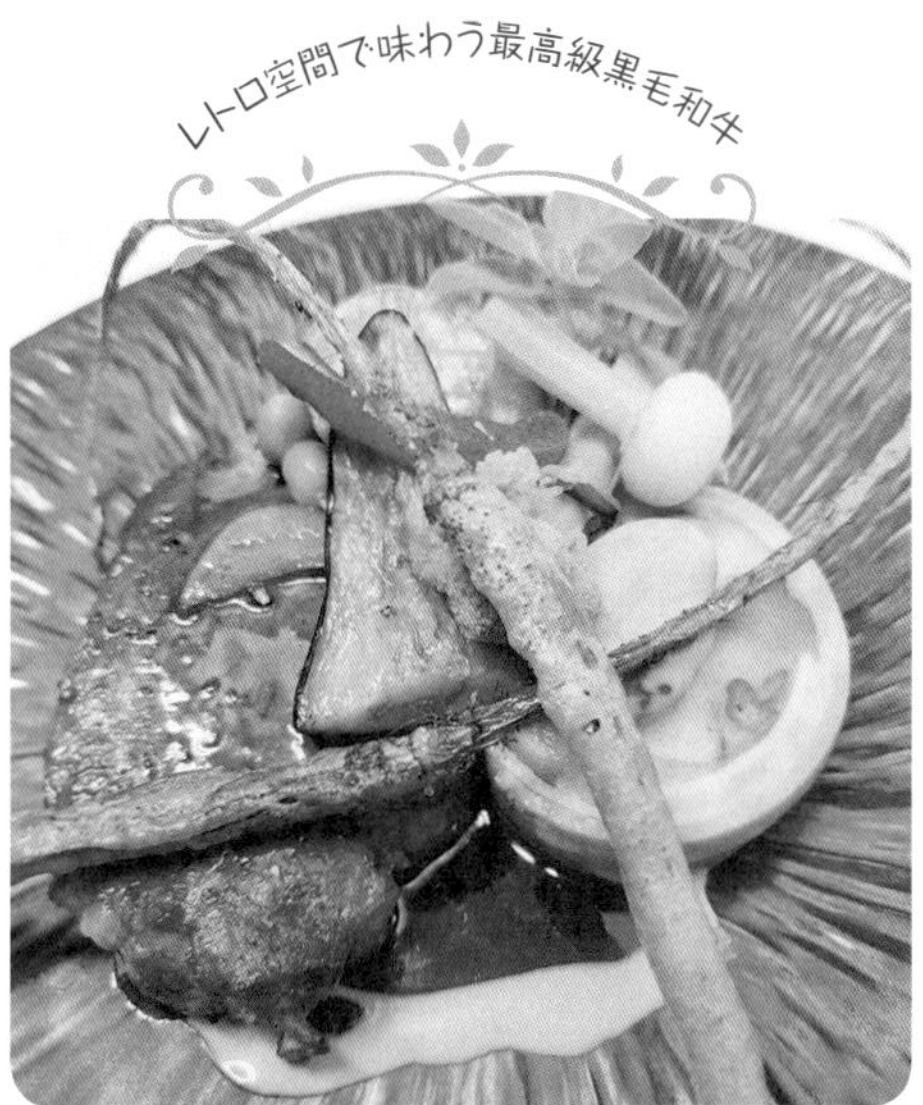

三ツ星若狭牛のおいしさが味わえる
Cランチ3960円

レストラン ラポスト

‖永平寺町‖

築65年の旧郵便局を改装したフレンチレストラン。随所に元の面影が残る店内は、木製家具が配された落ち着く空間。自然栽培の野菜や三ツ星若狭牛など地元産のこだわり素材を駆使した華やかな料理が楽しめる。

白壁の内装やインテリアなど、南仏プロヴァンスをイメージした空間

レストラン ☎0776-63-1165 住永平寺町東古市9-35-2 時11:00～13:30、17:30～21:00 休月曜、火・水曜のランチ Pあり 交えちぜん鉄道永平寺口駅からすぐ MAP付録① B-2

O-edo+には、セレクト雑貨や店で使うコーヒー豆などが買えるショップスペースもあります。

わざわざ足を運びたい 地元の味が楽しめるお店

福井県は、おいしい食材がそろう食の宝庫。
日本海で獲れる魚介、豊かな土壌に育まれた農作物など
上質な素材を生かした料理を素敵なレストランで召し上がれ。

1 10種以上の季節の魚介が手書きメニューに記載される刺身。盛り合わせは人数に合わせながら少しずついろんな旬の魚が味わえる。写真は6600円 2 昼夜を問わず人気の蓮根まんじゅう1430円 は加賀蓮根を使う絶品 3 上品に味付けをした、若狭がれいの塩焼き2860円(大きさで価格変動あり)。季節ならではの焼き魚も充実しており、九頭竜川の天然アユといった地物を味わえるのは嬉しい

地物の魚や野菜が味わえ記憶に残る店

旬味 泰平 ‖福井タウン‖しゅんみたいへい

昭和初期の小粋な風情で、大人が通う日本料理店。目利き良い主人により厳選された新鮮な魚介をはじめとする食材は、季節を感じるのはもちろん、福井県という土地柄に、おいしい香りも印象に残る。お昼は日替わり定食や天婦羅定食など気軽な和食を。夜は会席料理に、地酒とともに楽しめる100種以上の一品料理を用意する。

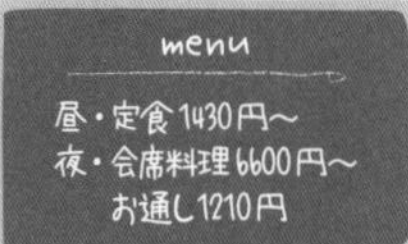

menu
昼・定食1430円～
夜・会席料理6600円～
お通し1210円

☎0776-25-4686 福井市中央3-14-11
🕒11:30～13:30、18:00～21:00 休 日曜・祝日、水曜のランチ
P あり JR福井駅から徒歩10分 MAP 付録② D-1

明治時代に高級料亭が立ち並んでいた通称「浜町」にたたずむ趣ある店

福井名物「ソースカツ丼」の老舗

福井ソースカツ丼の元祖とされるヨーロッパ軒総本店。細かいパン粉でサクッと揚げたカツと秘伝のソースにご飯が進みます。 MAP付録② D-1

鮮魚を中心にメニュー豊富
ちょっといい居酒屋

猿の盃

‖福井タウン‖さるのさかずき

刺身や焼き魚、煮魚などさまざまな一皿で、地魚をはじめ季節の魚介を楽しませる店。和洋の創作メニューなど幅広いラインナップで女性から評判。油揚げやおろしそば、へしこといった福井名物も味わえる。

☎0776-29-7205 住福井市順化2-21-1 営17:30〜24:00(金・土曜〜26:00) 休日曜(月曜が祝日の場合は営業) Pなし 交JR福井駅から徒歩16分 MAP付録② D-1

1白木のカウンター席やテーブル席に個室も用意 2刺身盛り合わせ(半人前)1000円〜。魚介以外も鶏肉や牛肉料理など多数

カツのやわらかさに驚く
武生名物のボルガライス

ヨコガワ分店

‖越前市‖ヨコガワぶんてん

地元の幅広い世代に愛されている洋食店。名物は、創業当時からていねいに仕上げていくメニュー、ボルガライス。具がしっかり入ったケチャップライスを、焼き玉子で包みカツをのせて、まろやかな自家製ソースがかかる。

☎0778-22-7172 住越前市京町1-4-35 営11:30〜21:30 休火曜 Pあり 交はぴライン福井武生駅から徒歩6分 MAP49

1総社大神宮前にある店 2越前市三大グルメのひとつボルガライス。サクッとした衣にやわらかい豚肉のカツにソースがおいしい

焼きたてが格別のピザ
石窯が目印の山小屋風の店

PIZZERIA ROSSO

‖南越前町‖ピッツェリアロッソ

家族で営むアットホームな雰囲気。旬の地元野菜をご馳走に変える石窯ピザは、オーガニックの小麦粉に、天然酵母と越前塩、水で作る生地が独特の味わいで、また食べたくなると評判。自家製ジンジャーエール580円も人気。

☎0778-67-4833 住南越前町長澤19-59 営11:00〜14:30 休火〜木曜 Pあり 交JR今庄駅から車で8分 MAP付録① B-4

1木の温もりある店内 2南越前町産パプリカ使用カポナータ&黒オリーブ1880円など、定番6種類に季節のピザが味わえる

ボルガライスの定義は、ライスとたまご、トンカツに、カレーは除いたお店のこだわりソース。各店舗で味わいは違うといいます。

福井を代表するグルメ 越前おろしそばをいただきます

福井県の名物として必ず挙がる「越前おろしそば」。
風味豊かなそばと大根の辛味が絶妙で、大根おろしをのせたものや
おろし汁入りのつゆで味わうスタイルなど、店ごとの違いにも注目です。

店主こだわりの
弾力ある個性的なそば

おろしそば850円の辛み大根は3種類をブレンド

そば蔵 谷川

‖越前市‖そばくらたにかわ

店主が丸岡在来の玄そばを石臼で敢えて粗めに手挽き。つなぎは使わず冷水で手打ちすることで、そば本来の香りと食感が楽しめる仕上がりに。色目の黒い十割そばは、弾力がありながら歯ごたえも十分に楽しめる。

店内は居心地よい上質な和のしつらえ

☎0778-23-5001
越前市深草2-9-28
11:30～14:00（なくなり次第終了）
休 月・火曜、第1・3・5日曜 P あり
福井鉄道北府駅から徒歩10分
MAP 49

完全手打ちのそばを
大きなかき揚げと一緒に

小海老や貝柱が入ったかき揚げおろし1980円

亀蔵

‖鯖江市‖かめぞう

のど越しよく風味豊かな十割蕎麦は、福井県丸岡産のそばの実を自家製粉し、店主が丹精込めて手打ちしている。おろしとつゆ、かき揚げの相性が抜群なそばをはじめ、お酒やそばを使った一品料理も豊富。

木をふんだんに取り入れた和モダンな店内

☎0778-42-8199
鯖江市東鯖江1丁目1-3 MM6ビル1階
11:00～15:00（土・日曜、祝日は11:00～15:00、18:00～21:30）休 火曜（祝日を除く）P あり ハピラインふくい鯖江駅から徒歩10分 MAP 付録① B-3

刺激的な辛み大根と
力強い十割蕎麦が絶妙

おろしそばとけんぞうそばが楽しめる五合そば3950円

けんぞう蕎麦

‖永平寺町‖けんぞうそば

福井県産と北海道産の厳選蕎麦粉を使用した十割蕎麦は、つなぎ無しなのにボソボソ感はなくのど越しがよい。辛味大根の絞り汁と生醤油の特製つゆとも合い、強烈な辛み大根に負けない力強い風味が感じられる。

住宅街の中にある、のぼりが目印

☎0776-61-1481
永平寺町松岡春日3-26
11:00～14:00（土・日曜、祝日は～15:00）
休 月曜 P あり
えちぜん鉄道松岡駅から徒歩10分
MAP 付録① B-2

福井名物いろいろ「大野の醤油カツ丼」

おいしい水を活用した醤油づくりが盛んな大野の名物は醤油カツ丼。老舗醤油店が、専用タレを開発し広まった名物です。

風情ある空間でいただく
由緒ある名店の味

生醤油とおろし汁のつゆで味わう名代おろしそば960円

うるしや

‖越前市‖

かつて昭和天皇にそばを献上したという由緒ある老舗を受け継ぎ開店。そばは、先代の味を復元した抹茶入りの「名代そば」と、シンプルにそばの風味が楽しめる「田舎風そば」の2種。風情あるお屋敷でゆったり味わって。

遡ると漆を扱う商家だったという立派な建物

☎0778-21-0105
🏠越前市京町1-4-26
🕒11:00〜15:00、夜は予約制
休 水曜、第1火曜 P あり
‼ハピラインふくい武生駅から徒歩8分
MAP 49

5種の味わいを楽しむ
名物の越前そばを味わう

石臼で挽かれた県内産の在来種を使う、お市そば1400円

福そば

‖福井タウン‖ふくそば

3代目店主が暖簾を守るそば店は、挽きぐるみ製法による自家製そばはもちろん、だしにもこだわる。まずは、おろし、とろろ、明太子、小海老天、とろろと5種を楽しめる、名物のお市そばを味わうのがおすすめ。

店の入り口横にはお市の泉オブジェがある

☎0776-22-4640
🏠福井市中央1丁目22-1
🕒11:00 〜 20:30
休 水曜、第3火曜 P なし
‼JR福井駅から徒歩10分
MAP 付録② D-1

福井の風味豊かな素材を
手間を惜しまず生かす

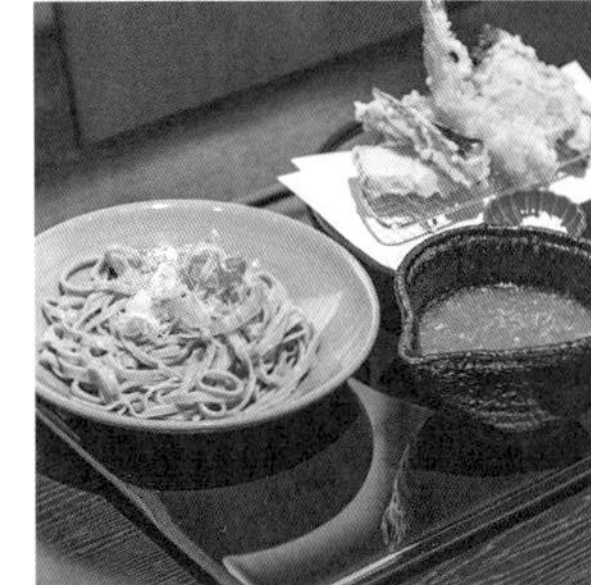
揚げたての天ぷらといただく、天おろしそば1705円

蕎麦 やすたけ

‖福井タウン‖そばやすたけ

福井県産在来種の玄そばを風味が飛ばないよう軽めの石臼で自家製粉。素材の旨みを生かす十割そばは、歯ごたえのある太麺とのどごしの良い細麺から選べる。天然エビや旬素材を使う天ぷら、季節替わりの限定そばも評判。

1人でも気楽なカウンター席。テーブルや和室もある

☎0776-26-7281 🏠福井市文京7-9-35
🕒11:00〜15:00、17:00〜21:00 休 水曜（祝日の場合は営業）、火曜夜（祝前日の場合は営業） P あり ‼えちぜん鉄道福大前西福井駅から徒歩18分 MAP 付録① B-2

福井県は北部を中心に各地で風味豊かな在来種が守り継がれ、上質なそばの産地として知られています。

県民に愛される分厚い油あげ揚げたては格別です

福井県では、おあげさんの愛称で親しまれ、食卓に並ぶ「油あげ」。時間と手間をかけて中までふっくらジューシーに仕上げる、地元で長年愛される老舗の油あげを揚げたてでいただきましょう。

油あげができるまで

霊峰白山から湧き出た水と国産大豆で作る木綿豆腐を揚げる

低い温度から揚げはじめて火を入れたり消したりして調節する

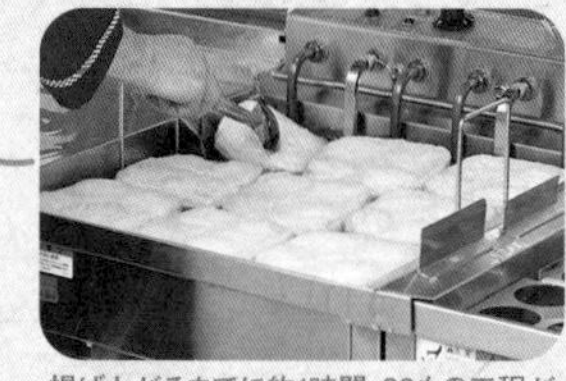

揚げ上がるまでに約1時間。20もの工程があり、季節などで次の工程へのタイミングも変わるので、専任の職人が揚げている

1大根おろしとねぎをのせた油あげに、醤油をかけて箸で穴を開けて染み込ませるとおいしい 2坂井市東端の大自然に囲まれた場所にある 3油あげができるまでの写真などが飾られる店内

揚げたてが楽しみな自然に囲まれた専門店

谷口屋 ‖坂井市‖ たにぐちや

1925（大正14）年に創業した豆腐と油あげの老舗。おいしさの秘密は、こだわりの原料と豆腐生地、そして手作業による揚げ方。揚げ師と呼ばれる職人が、温度の違うフライヤー 8槽を使い分け、ていねいに揚げる。レストランで揚げたてを味わい、ショップでおみやげ選びを。

☎0776-67-2202 坂井市丸岡町上竹田37-26-1 9:00～17:00、レストランは10:30～15:00（12～2月は11:00～）休火曜、不定休 Pあり えちぜん鉄道永平寺口駅から車で16分 MAP付録① B-2

なんでこんなに分厚いの？

諸説あるが、ひとつは仏教との関わり。浄土真宗の催事「報恩講」に油あげ料理が添えられ、県民のソウルフードであることから、少しでも大きくと奮発し続けたことがきっかけといわれている。

油あげの消費額60年連続日本一

福井市の1世帯当たりの油あげ・がんもどきの購入額は国の統計が始まって以来、全国トップ。年間購入額も全国平均の約2倍です。

谷口屋のおあげ 648円

国産菜種を使用した圧搾一番搾りの菜種油でじっくり揚げた定番の「おあげ」

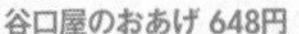

谷口屋の、おあげカレー 756円

一口サイズの油あげとコロコロあげが入る、自家製豆乳入りのカレー

谷口屋の、あまからおあげ煮生姜入り 500円

おあげを甘辛く佃煮風に。昆布入りやピリ辛風味もある

おあげ半分のオーダーもできます

あげ1枚そば御膳 1925円

とうふやあげの丸ごと煮も付きヘルシーな福井名物を堪能

揚げ師の極味膳 2035円

柔らかい半熟あげと食べ比べできる14時までの限定メニュー

道の駅にあります!
「いねす手づくり油あげ」

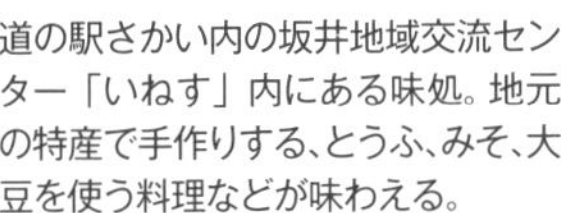

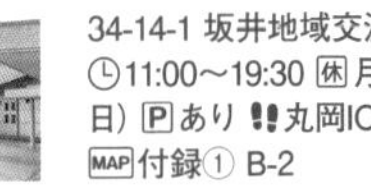

坂井町の伝統料理を味わう

味処けやき ‖坂井市‖ あじどころけやき

道の駅さかい内の坂井地域交流センター「いねす」内にある味処。地元の特産で手作りする、とうふ、みそ、大豆を使う料理などが味わえる。

☎0776-72-3001 坂井市坂井町蔵垣内34-14-1 坂井地域交流センターいねす内 11:00～19:30 休 月曜(祝日の場合は翌日) P あり 丸岡ICから車で12分 MAP 付録① B-2

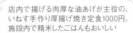

店内で揚げる肉厚な油あげが主役の、いねす手作り厚揚げ焼き定食1000円。施設内で精米したごはんもおいしい

谷口屋では、油あげを食べるための、あげステーキのたれを販売しています。

日本海の恵みに癒やされる 温泉と冬のかに料理が評判の宿へ

三国や越前町の温泉は海を望むロケーションの良さも魅力。
福井の冬のお楽しみ「越前がに」をはじめ、
日本海の旬の味覚と温泉が堪能できる宿をご紹介します。

絶景を眺め最上級の献上がにを

東尋坊三国温泉 料理宿おおとく

‖三国‖

とうじんぼうみくにおんせんりょうりやどおおとく

冬季は越前がにの中でも特に良質の「献上がに」をはじめ、三国で水揚げされたカニを使うメニューが豊富にそろう。和食とイタリアンを融合したスタイルで地産地消を目指すシェフの料理が評判。

☎0776-82-6668
坂井市三国町安島24-51-2
IN15:00、OUT10:00 室和9
Ⓟあり バス停雄島から徒歩3分
MAP付録① A-1

宿泊プラン
みそしゃぶ(中)プラン
1泊2食付35000円～

1 安島の伝統文化モッコ刺しを取入れた内湯の風呂付き部屋 2 冬季の宿泊かにコースは3種から選べる 3 モダンな内湯の温泉風呂 4 人気のかに味噌のしゃぶしゃぶ。フワフワとろける食感は、本場ならではの醍醐味

宿泊プラン
蟹味噌しゃぶ
Specialフルコースプラン
1泊2食付44620円～

冬の味覚の王者越前がにが堪能できる宿

みくに隠居処

‖三国‖みくにいんきょじょ

三国港直送の超一級品越前がにを使用した、濃厚な蟹味噌で味わう蟹味噌しゃぶが看板メニュー。フルコース料理は、茹でたて熱々の茹蟹、見た目も美しい蟹刺し、芳ばしい香りの焼蟹などのかに料理が堪能できる。

☎0776-82-8558 坂井市三国町宿3-7-22 IN15:00、OUT10:00
室洋3 Ⓟあり えちぜん鉄道三国港駅から徒歩8分 MAP付録① A-2

1 扱うかには最高峰ブランド「極」をはじめ皇室献上級、黄金がになど。メニューも豊富 2 新鮮な越前がにを1杯丸ごといただく蟹味噌しゃぶは、宿自慢の一品 3 和風モダンでスタイリッシュな部屋 4 源泉かけ流しの檜風呂「隠居」の湯

5つの温泉が湧く越前町

越前町には、5つの源泉があります。源泉ごとに日帰り入浴の施設もあるので立ち寄って入り比べてみるのもおすすめです。

熱々の越前がにを古民家再生の宿で

料理宿やまざき

‖越前町‖ りょうりやどやまざき

加賀から移築した築140年の古民家の風情あるたたずまいの宿で、新鮮な越前の海の幸が味わえる。かにには、主人自らがセリで仕入れたブランドタグ付きの越前がにのみ。特製の窯で茹で上げ、熱々で供してくれる。

☎0778-37-1016 越前町厨16-53-1 IN15:00、OUT10:00 室和5、和洋1 Pあり バス停くりやから徒歩3分 MAP付録① A-3

宿泊プラン
越前がにプラン
1泊2食付84500円～

1のんびりくつろげる純和風の客室 2民芸家具や暖炉があるロビー 3目の前に越前の海と空が広がる大浴場 4鮮度抜群のかにを最高の茹で方で

料理人の技が光る繊細なかに料理

料理旅館 樹香苑

‖越前町‖ りょうりりょかんじゅこうえん

山里の越前陶芸村内にありながら海岸まで車で15分。大阪の料亭で修業を積んだ主人による海山の幸を使う会席料理が味わえる。冬は姿茹で、刺身、焼き蟹、天婦羅などフルコースで越前がにを味わい尽くして。

☎0778-32-2332 越前町小曽原7-7-1 IN15:00、OUT10:00 室和5 Pあり 武生ICから車で30分 MAP付録① A-3

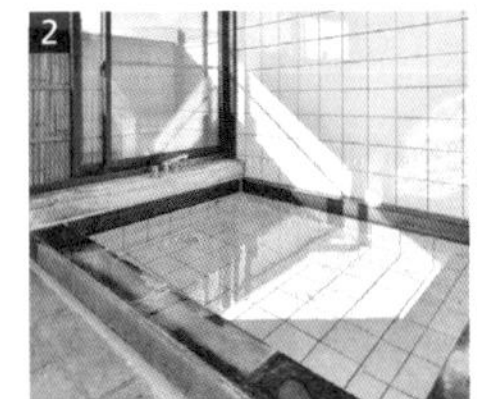

宿泊プラン
1人1杯1キロ以上保証!
越前蟹フルコース
1泊2食付40000円～

1 1年を通して旬魚に恵まれる。越前がには刺身や茹でで新鮮さを実感して 2お湯は良質の単純アルカリ性天然温泉 3約2000坪の広大な敷地に客室が5室のみ。木の温もりを感じる部屋でゆっくり過ごせる

黄色いタグが目印の越前がには、毎年11月6日から翌3月20日までが漁期。繊細な甘みと脂を感じる肉質が魅力です。

米どころ福井の和菓子や やわらかいお餅をおみやげに

全国でも餅の消費量が高く、専門店も多い福井。
羽二重餅をはじめ、あべかわ餅や大福など、
おいしいお米で作られた和菓子やお餅をほおばりましょう。

A

羽二重餅
2枚入4包399円
絹のようにきめ細かく、すっきりとした甘さ

A

マスカット羽二重
「豊珠の雫く」
(7月初旬～9月初旬)
各308円
シャインマスカットを羽二重の生地で一粒ずつ包む

C

羽二重やき
5個入1200円
羽二重餅と粒あんをソフトカステラで包む

A

羽二重いちご
「稚児のほっぺ」
(1月初旬～ 4月下旬) 308円
厳選したいちごとこしあんを、甘さ控えめの羽二重餅で包む

B

羽二重くるみ
6個入750円
シュー生地と求肥が和洋折衷の新食感・羽二重餅

C

羽二重もなか
10個入1600円
絹織物の原料「まゆ」をモチーフにしたもなか

村中甘泉堂 本店

‖福井タウン‖むらなかかんせんどうほんてん

素材にこだわり手間ひまかけて練り上げた羽二重餅を使う、多彩な和菓子がそろう。旬のフルーツを贅沢に使った季節ごとの限定羽二重餅は、おみやげにも喜ばれそう。

☎0776-22-4152 福井市中央1-21-24
9:00～19:00 休火曜
Pあり JR福井駅から徒歩8分
MAP付録② D-1

はや川勝山本店

‖勝山市‖はやかわかつやまほんてん

看板商品の「羽二重くるみ」は、地元・勝山の名菓として人気。甘く煮詰めた自家製の和くるみを練り込んだ羽二重餅と、表面を包むシュー生地が絶妙なコンビネーション。

☎0779-88-4744 勝山市旭町1-400-2
9:00～18:30 休火曜(祝日の場合は営業) Pあり バス停昭和町三丁目から徒歩9分 MAP41

錦梅堂

‖福井タウン‖きんばいどう

1847 (弘化4) 年創業で、福井藩主にも和菓子を献上していた老舗。羽二重餅をアレンジした商品がそろう。羽二重餅は食べやすい小ぶりなサイズと、ほのかな甘みが評判。

☎0776-24-0383 福井市順化1-7-7
8:00～18:00 休不定休 Pなし 福井鉄道福井城址大名町駅から徒歩6分
MAP付録② D-1

福井の和菓子の代表格・羽二重餅

福井名産の絹織物・羽二重を表現して生まれた羽二重餅。柔らかくなめらかな食感と上品な甘さが魅力の福井名物です。

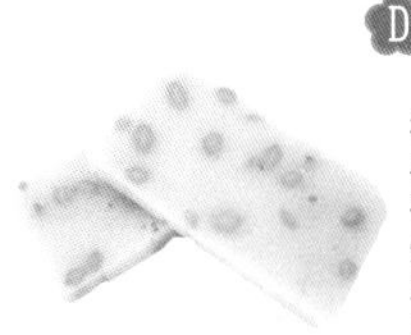

D **杵つき豆もち**
5個入
530円
焼くと香ばしい大豆の香りが口の中に広がる

E **あべかわ餅**
(6～9月末頃)
5個入300円(3月以降価格変更)
沖縄県波照間島産の黒砂糖を使った黒蜜がコク深い甘み。夏期限定の販売

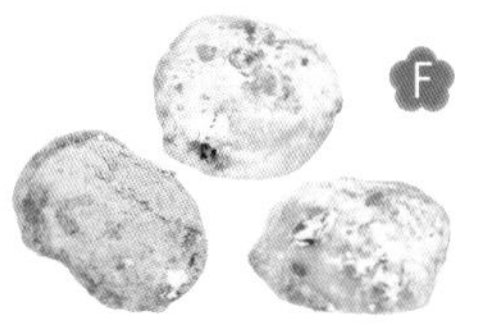

F **よもぎ大福、豆大福、**
くるみ大福
各120円
よもぎの香り、豆の食感、ローストしたクルミの香ばしさと自家製餡のバランスが絶妙

D **よもぎ餅**
6個入
690円
やわらかな餅に彩りと香り豊かなよもぎを練り込む

E **おはぎ**
(3～4月頃、11月～12月初旬)
各90円(予定・3月価格変更)
粒あん、こしあん入りのきな粉、こしあん入りのよもぎ餅にきな粉をまぶした3種

F **あべかわ餅**
8個入594円
やわらかいお餅に黒蜜ときな粉をたっぷり絡めて

D おもちの母屋

‖**池田町**‖おもちのままや

池田町産のもち米を使い手作りする、お餅の専門店。よもぎ餅や豆餅、かき餅など持ち帰りできるお餅を販売するほか、店内でお餅を使った料理や甘味が味わえる。

☎0778-44-8338 ⌂池田町稲荷37-8-1 ⏲11:00～15:30 休月曜 Pあり ‼武生ICから車で30分 MAP付録① B-4

E ふく家餅舗

‖**越前市**‖ふくやもちほ

築100年以上の長屋で営む、昔ながらの餅専門店。つきたてのお餅とこだわりの素材を使い、春・秋は大福やおはぎ、夏はあべかわ餅など、一年を通して季節に合わせたお餅が並ぶ。

☎0778-24-3619 ⌂越前市天王町4-14 ⏲8:00～18:00(なくなり次第終了) 休月曜(季節により変更あり) Pあり ‼ハピラインふくい武生駅から徒歩10分 MAP49

F たけふ四季の餅 あめこ

‖**越前市**‖たけふしきのもちあめこ

1782(天明2)年創業の老舗で、代々受け継がれてきた素朴な味に、県外からのリピーターも多い。看板商品のあべかわ餅は、夏の暑さを乗り切る「土用餅」としても親しまれている。

☎0778-22-1272 ⌂越前市国府1-6-5 ⏲8:00～16:00 休月、第3火曜 Pあり ‼ハピラインふくい武生駅から徒歩6分 MAP49

松岡軒 本店P.57や村中甘泉堂、はや川、錦梅堂の羽二重餅は、福井駅のショッピングセンター「くるふ福井駅」でも購入できます。

福井の水ようかん パッケージコレクション

寒い冬に、こたつで食べる「水ようかん」。
全国的には夏をイメージする涼菓子ですが
福井では冬のお菓子として親しまれています。
平箱に入ったつるんとみずみずしい羊かんを
ヘラですくって食べるのも特徴的。
店ごとに異なる素材や製法のこだわり、
個性豊かなパッケージから
お好みを選びましょう。

素材にこだわる
自家製餡を使用

菓子処 阿んま屋
(かしどころあんまや)
‖越前町‖
☎0778-36-0179
MAP 付録① A-3

小600円、
大800円

昔ながらの製法で
ていねいに手づくり

小450円、
大730円

久保田製菓(くぼたせいか)
‖福井市‖ ☎0776-54-1620
MAP 付録① B-3

約160年続く
餅の老舗

餅の田中屋
(もちのたなかや)
‖福井市‖
☎0776-25-2468
MAP 付録① B-3

小430円、大680円、真空パック480円

コーヒー味も
あります

小450円、
大680円

清雲堂(せいうんどう)
‖鯖江市‖
☎0778-51-0728
MAP 付録① B-3

名水百選
「瓜割の名水」を使用

594円

和菓子処 菊水堂
(わがしどころきくすいどう)
‖若狭町‖
☎0770-62-0024 MAP 付録③ C-2

小572円、
大799円

ウィーン菓子店で
代々受け継がれる
水ようかん

シュトラウス金進堂
(シュトラウスきんしんどう)
‖越前市‖
☎0778-22-1471 MAP 49

四季折々の
彩りが
目にも鮮やか

1188円

HANAECHIZEN
(ハナエチゼン)
‖福井市‖
☎0776-22-0280
MAP 付録① B-2

限定の
"あずき粒入り"も人気

中480円、大850円

えがわ ‖福井市‖
☎0776-22-4952
MAP 付録② D-1

奥越菓庵やまうち
(おくえつかあんやまうち)
‖大野市‖
☎0779-66-2730
MAP 39

小960円、
大1900円

越前大野の名水を使用
他地域の約2倍の厚み！

海のまち
敦賀・若狭

敦賀市から南側の「嶺南（れいなん）」と呼ばれる地域は
時代ごとに陸海の交通の要所として栄えた敦賀を玄関口に、
海辺のリゾートとして訪れる人も多いエリア。
古くは若狭国と呼ばれた美浜町より南西部の地域は、
かつて朝廷に食材を納めた“御食国（みけつくに）”で
その歴史を感じる町並みや豊かな海山の幸が楽しめます。
美しい浜辺や三方五湖など、風光明媚な景色も魅力です。

敦賀・若狭エリアを さくっと紹介します

若狭路とも呼ばれる嶺南地方には、水辺の景勝地や歴史を感じるスポットがたくさん。
地元の人が誇る海と山のおいしいものも楽しみながら、
豊かな自然に包まれてリラックスできる時間を過ごしましょう。

旅の情報を集めましょう

まずは観光案内所で 旅の支度を整えましょう

JR敦賀駅隣接の「敦賀駅交流施設オルパーク」では、観光情報の提供をはじめ特産品の販売も行っています。また、JR小浜駅前にある「若狭おばま観光案内所」は、小浜エリアだけでなく若狭一帯の観光案内を行っています。

町めぐりには 自転車がおすすめ

若狭おばま観光案内所をはじめ、JR小浜線沿線の主要な駅でレンタサイクルが利用できます。敦賀では「つるがシェアサイクル」の利用がおすすめ。敦賀市内各所に設置されたサイクルポートで朝5時から24時まで、電動アシスト自転車をいつでも借りて返却できる、専用アプリを使うサービスです。

敦賀駅交流施設オルパーク
☎0770-20-0689 🕒8:00～19:00 休無休
つるがシェアサイクル事務局（敦賀駅交流施設オルパーク内）
¥1時間220円～、1日パス1650円

若狭おばま観光案内所
☎0770-52-3844 🕒9:00～18:00（冬期は～17:00）休無休（年末年始）
¥電動アシスト自転車1時間300円（1時間ごとに＋200円）

敦賀をめぐるなら ぐるっと敦賀周遊バス

赤レンガ倉庫や氣比神宮など、人気スポットをめぐる観光ルートと、海鮮市場「日本海さかな街」や昆布館に停まるショッピングルートの2コースを循環する「ぐるっと敦賀周遊バス」。1日フリー券500円もあります。

敦賀観光バス株式会社 ☎0770-25-2111

小浜をめぐるなら 観光タクシーが人気

小浜市内発着の「観光タクシー」がお得で便利です。4～9人乗りのタクシーがあり、小浜市内発着で、自由なプランが選べて、1時間当たりは、通常タクシーよりもお得です。国宝をめぐるプランもあるので、若狭おばま観光案内所まで問い合わせを。

周辺エリアへの移動は 車が便利です

三方五湖や高浜などの周辺エリアは、車でめぐるのがおすすめです。敦賀駅前、小浜駅前などでレンタカーが借りられます。

海岸沿いを走る JR小浜線での移動も

鉄道での移動は、敦賀駅と東舞鶴駅間を走るJR小浜線を利用。車窓から海沿いの景色が楽しめます。

こちらもチェック

三方五湖サイクリング

三方五湖を楽しむなら、湖岸を自転車でめぐるのもおすすめ。JR美浜駅の若狭美浜観光協会、JR三方駅や道の駅三方五湖などで自転車が借りられます。（要事前問い合わせ）

雄大な景観と 原風景に心和らぐ

おおい・高浜

P.92・102

おおい・たかはま

透明度の高いビーチや青葉山を望むリアス式海岸など変化に富む自然が魅力。

五色に輝く
神秘の湖を満喫

三方五湖

みかたごこ

P.90

ラムサール条約にも登録された5つの湖。雄大な景色を見渡せる山頂公園もある。

自然豊かな嶺南地方

福井県南部の嶺南地方は、古来より京の都や大陸との交易の拠点として栄えました。港町や宿場町があり、歴史が感じられる地域です。

歴史を感じる
ノスタルジックな港町

敦賀

つるが

P.80

近代建築が残りレトロな雰囲気が漂う港町。気比の松原や神社仏閣もみどころ。

海辺の風景と
歴史と文化のまち

若狭・小浜

わかさ・おばま

P.96・100

海岸沿いの美しい景勝地と、三丁町や熊川宿など歴史ある町並みを散策。

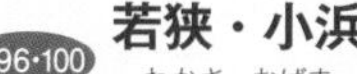

かつて若狭は小浜を中心に「御食国（みけつくに）」と呼ばれ、朝廷に魚介などを納めました。現在も豊かな食文化が伝わる地です。

歴史ある海辺の街 敦賀をおさんぽ

明治から昭和初期にかけて、ロシア経由でヨーロッパへ渡る国内最大級の港湾都市として栄えた敦賀。その歴史にふれるスポットを中心にめぐりましょう。

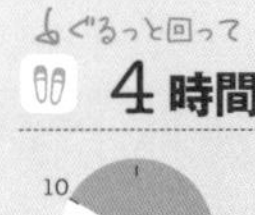

まずは敦賀港のそばにある敦賀赤レンガ倉庫へ。ランチの後は、近くの金ヶ崎緑地を歩いて港町の雰囲気を楽しむのもおすすめです。移動はシェアサイクルP.78や車が便利。

1 国際都市敦賀をジオラマで体感
敦賀赤レンガ倉庫
つるがあかレンガそうこ

明治後期に建てられた赤レンガ造りの石油貯蔵倉庫を、鉄道と港のジオラマ館と地元食材が味わえるレストラン館にリニューアル。海風を感じながら歩けるオープンガーデンも開放的。

複合施設 ☎0770-47-6612 敦賀市金ケ崎町4-1 ⓒ9:30～22:00（レストラン館は店舗により異なる） 休 水曜（祝日の場合は翌日休） ¥無料 Ⓟあり バス停赤レンガ倉庫からすぐ MAP 81

かつての敦賀の街並みを模型で再現した国内最大級のジオラマ。国際都市の歴史を楽しみながら学べる
ⓒ9:30～17:00（閉館は17:30） ¥400円

1 外国人技師の設計による建物は、国の登録有形文化財 2 2階の展望デッキからは、全長約27mのジオラマ全体が見渡せる 3 ジオラマの中から再現された敦賀の町並みを眺めることができる「顔出し体験」も

2 地元食材をふんだんに使うイタリアン
Sogno-Poli
ソニョーポリ

敦賀で水揚げされる新鮮な魚介をはじめ、近郊の旬野菜、若狭牛や福井ポークなど、福井の食材を生かした一皿が評判。ランチ、ディナーともに予約すればコース料理もいただける。

レストラン ☎0770-47-6707 敦賀市金ケ崎町4-1 敦賀赤レンガ倉庫内 ⓒ11:30～14:00、18:00～21:00（夜は予約制コースのみ）、カフェタイム10:00～16:00 休 水曜（施設に準じる） Ⓟあり バス停赤レンガ倉庫からすぐ MAP 81

1 赤レンガの壁を生かしたシックな空間 2 特選三ツ星若狭牛の贅沢ミートソースなど、日替わりのパスタに前菜やデザートが付くパスタランチ2090円～、写真は2640円

3 人道の港・敦賀の歴史にふれる
人道の港 敦賀ムゼウム
じんどうのみなとつるがムゼウム

敦賀港は、ロシア革命の動乱により発生したポーランド孤児や、ナチスの迫害から逃れたユダヤ難民が「命のビザ」を携えて上陸した日本唯一の港。その歴史や現在も続く交流について学べる。

資料館 ☎0770-37-1035 敦賀市金ケ崎町23-1 ⓒ9:00～16:30（閉館は17:00） 休 水曜（祝日の場合は翌日） ¥500円 Ⓟあり バス停金ヶ崎緑地から徒歩3分 MAP 81

大正～昭和初期に敦賀港にあった建物4棟を復元した外観

敦賀の鉄道の歴史を模型や資料で紹介する敦賀鉄道資料館

港を眺めながらひと休みできる金ヶ崎緑地

博物館通りにある敦賀市立博物館
敦賀の街について学べる、元銀行建築を利用した敦賀市立博物館。敦賀まつりの山車を展示する、みなとつるが山車会館も隣接。MAP 81

4 体に優しいおやつでほっとひと息 キトテノワ

博物館通りに面した一軒家カフェ。契約農家から届く無農薬の米と野菜を使うベジタリアンなランチが人気で、同じく素材にこだわるスイーツやドリンクも体が喜ぶメニューばかり。手間を惜しまない手作りの味が楽しめる。

カフェ 0770-21-0220 敦賀市相生町14-29 11:00～16:30（ランチは～14:00）、閉店は18:30（土・日曜、祝日は17:00） 休 月・火曜、不定休 P あり バス停博物館通りからすぐ MAP 81

香ばしい玄米豆乳ラテ605円

1 天然酵母を使う米粉のワッフルなどが入る、キトテノワプレート800円にドリンクセット1100円 2 庭もあるナチュラルな空間 3 古い街並みが今も残るレトロな相生町にある

整備された遊歩道があり、ウォーキングにもおすすめ

5 松尾芭蕉も訪れた白砂青松の浜 気比の松原 けひのまつばら

日本三大松原に数えられる屈指の名勝。もとは氣比神宮の神苑で、約1kmの白い砂浜に赤松・黒松が生い茂る。夏は海水浴場としてもにぎわう。

景勝地 0770-21-8686（敦賀観光案内所） 敦賀市松島町 見学自由 P あり バス停松原海岸から徒歩5分 MAP 81

キトテノワの店内にはスイーツ店「ヴーヴレイ」もあり、おみやげに焼き菓子などをテイクアウトできます。

由緒ある神社に参拝 敦賀のパワースポットめぐり

古くから人々に信仰される氣比神宮をはじめ、
歴史に名を残す人物たちにもゆかりある敦賀の神社。
さまざまな伝説や逸話にあやかり、運気をチャージしましょう。

1

1境内入口に建つ高さ11mの大鳥居は日本三大木造鳥居のひとつ 2参拝者が祈りを捧げる外拝殿。脇には美しい廻廊が続く 3神宮の修営中に湧き出たと伝わり、ご神徳が宿る神水として1300年以上信仰される「長命水」 4『奥の細道』の道中、敦賀で俳句を遺した松尾芭蕉の像 5南北朝争乱時代に神旗が掲げられた「旗掲の松」

由緒ある古社で恋愛祈願

氣比神宮 けひじんぐう

702（大宝2）年創建と伝わり、北陸道の要所を守護してきた格式ある神社。地元では「けいさん」と親しまれている。桜の周りに願いを込めて恋みくじを結ぶと恋愛運にご利益があるといわれ、近年「恋の社」としても話題に。

☎0770-22-0794 ⌂敦賀市曙町11-68 ⏰5:00～17:00（10月～3月は6:00～） 休無休 ¥無料 Pあり バス停氣比神宮からすぐ MAP81

オリジナル御朱印帳1800円(朱印料含む)

町中がにぎわう「氣比の長祭」

氣比神宮では、毎年9月2～15日に例祭が行われます。特に2日の宵宮祭から4日の山車巡行までは「敦賀まつり」としてにぎわう一大イベントです。

1日本海を見下ろす金ヶ崎山の中腹に位置する 2春開催の「花換まつり」では桜を交換した男女が幸せになると言い伝えがある

恋愛成就と難関突破のご利益で知られる

金崎宮

かねがさきぐう

南北朝時代や戦国時代に戦いの舞台となった地に建つ神社。恋愛成就の宮として知られるが、金ヶ崎の戦いで織田信長が窮地から難を逃れたというエピソードにあやかり難関突破の祈願に訪れる人も多い。

(左)恋の難関突破守(小豆袋守)800円、(右)開運御守500円

御朱印300円、金ヶ崎城の御城印もある

☎0770-22-0938 敦賀市金ヶ崎町1-4 ◷休¥参拝自由 Pあり バス停金崎宮から徒歩5分 MAP81

陰陽師の安倍晴明ゆかりの神社

晴明神社 せいめいじんじゃ

正暦年間(990～995年)に敦賀で天文学・地文学の研究をしたという安倍晴明が、陰陽道の研究に使ったと伝わる「祈念石」をご神体として祀る。

1戦火を逃れたことから防火の守としても信仰を集める 2賽銭を投げ入れて石の上に乗れば願いが叶うという祈念石

☎0770-22-8167(敦賀観光協会)
敦賀市相生町8-20
◷8:00～17:00(祈念石の見学、お守り・お札の授与は事前に要問合せ) 休無休 ¥無料 Pなし バス停博物館通りからすぐ MAP81

金崎宮に参拝したら、ぜひその奥の金ヶ崎城跡へ。敦賀湾を一望できる城跡は、歴史に残る数々の出来事が起こった場所です。

新しいことも歴史あることも
発見のある敦賀の楽しいところ

JR 敦賀駅前や氣比神宮前の神楽通りは新店や老舗がいろいろ。
人通りの多いにぎやかな場所であり、気になるスポットも多々あるなか
敦賀らしさを感じる施設やお店を紹介します。

全部読めて
どれも買えます!

1古書など一般書店で見かけない書籍もある 2新しい発見や興味を引き出してくれるようなしかけが随所に

otta内にある新たな本との出会いが叶う書店

TSURUGA BOOKS & COMMONS ちえなみき

ツルガブックスアンドコモンズちえなみき

迷路のような書棚に約3万冊が並ぶ。店内には人類の叡智をたどる「世界知」、身近な暮らしのヒントになる「日常知」など、知の体系によって分類された書籍空間が広がり、新たな本との出会いが楽しめる。週末にはさまざまなイベントも開催。

☎0770-47-5606 ⌂敦賀市鉄輪町1-5-32 otta内 ⏰10:00〜20:00、カフェは〜19:00 休 水曜(祝日の場合は翌日休) P あり 🚶JR敦賀駅からすぐ MAP 81

店内には日本茶や抹茶スイーツが味わえるカフェも

トートバッグなど、おみやげにぴったりなオリジナルアイテムもある

3思わず手に取りたくなるように趣向が凝らされた陳列棚 4気になる本があれば、椅子が備わるスペースへ。座ってゆったりと本と向き合うことができる 52階奥の窓際にも読書スペースが設けられている

何でもそろう敦賀駅前の「otta」

駅西広場公園が中央に広がる、駅前施設のTSURUGA POLT SQUARE「otta（オッタ）」。知育啓発施設のちえなみきに、ホテル、飲食店、みやげ店などがあります。MAP 81

塩昆布と抹茶付きの自家製甘味、源蔵寄せ750円。

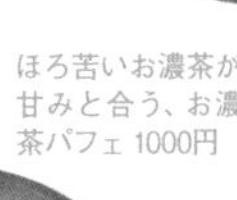

もちせんべいも自家製です

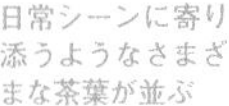

ほろ苦いお濃茶が甘みと合う、お濃茶パフェ 1000円

おいしい淹れ方も店頭で聞いてみよう

日常シーンに寄り添うようなさまざまな茶葉が並ぶ

門前町で日本茶とスイーツを

中道源蔵茶舗 本店

なかみちげんぞうちゃほほんてん

「日本茶を日常に届ける」をコンセプトに掲げる日本茶専門店。豊富な茶葉を扱うほか、併設の喫茶では抹茶スイーツなどが味わえる。

☎0770-22-4507 住敦賀市神楽町1-1-8 ⏰10:00～18:00 休月曜 Pあり 🚶JR敦賀駅から徒歩18分 MAP 81

福井の恵みが繊細なひと皿に

地元素材をコース料理で存分に

la clarté KAGURA

ラクラルテカグラ

坂井市にある「la clarté」の2号店で、氣比神宮表参道に構えるレストラン。港町敦賀など地元素材を使う人気のランチは2000円～。

☎090-1213-6508 住敦賀市神楽町1-2-2 ダイシンビル1F ⏰ランチ11:30～14:00、カフェ 14:30～16:00（ディナーは予約制）休水曜、不定休 Pなし 🚶JR敦賀駅から徒歩17分 MAP 81

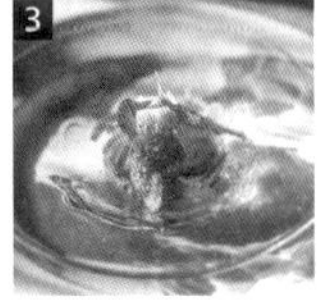

1窓越しに大鳥居が見える店内 2 3敦賀の契約農家による野菜中心のランチコース6600円より、自家製生ハムと果実のカプレーゼ、若狭牛のグリル。ディナーコースは11000円、16500円

国産ガニを使った名物メニューかにまぶし御膳4980円。季節の魚介のお造りも付く

旬の海鮮で贅沢ランチを

鮮度抜群の海鮮料理を堪能

魚とごはん ますよね

さかなとごはんますよね

敦賀港直送の新鮮な魚介が味わえる和食店。お造りや一品料理のほか、福井のお米と海鮮を合わせた豪華な丼や御膳もおすすめ。

☎0770-37-3130 住敦賀市鉄輪町1-5-25 otta内 ⏰11:00～21:00 休水曜 Pあり 🚶JR敦賀駅からすぐ MAP 81

神楽通りは、氣比神宮の表参道。老舗から新店までそろう、神楽町1丁目商店街があります。

日本海が近くにある美浜、小浜の潮風が誘うカフェ＆スポット

若狭湾が近くにあり、周辺のさんぽも楽しめそうな
海を望むカフェやのんびりできるスポットへ。
エリアを知る地元の伝統工芸品やグルメなども買えます。

1

敦賀が本店の人気茶舗のテイクアウトも

2

3

1薪などをあしらった外壁が目をひく 2食堂の店内は、ゆったりとテーブル席や小上がりの席が配されたモダンな空間に 3鯖の炭火焼き定食1100円。ほかにもへしこを使った茶漬けなど、福井ならではのメニューに出会える

地元の名物や特産品がずらり

九十百千 こともち

美浜町のドライブインが、地元の食を体感できる施設として新規オープン。自家製うどんや釜炊きごはんが味わえる食堂や地酒などを扱う売店も。中道源蔵茶舗も併設している。

☎0770-32-3339 住美浜町久々子 72-1 時11:00～15:00、売店は9:00～17:00、テイクアウトのみ中道源蔵茶舗10:00～16:00（土・日曜、祝日～17:00）休火曜 Pあり ‼敦賀ICから車で20分 MAP90

1

2

1栄養バランスもちゃんと考えられた週替わりのプレートランチ1375円 2見晴らしの良いカウンター席やテーブル席に座り、海を見ながら過ごす時間を

体が喜ぶ限定プレートランチ

Mahana Table

マハナテーブル

若狭湾に面した開放的な景色が楽しめるカフェダイニング。野菜たっぷり人気ランチに、ガトーショコラなどのスイーツを味わったり、夕日を眺めて飲み物やディナーを楽しむことも。

☎0770-47-6567 住美浜町佐田55-8-1 時11:00～15:30（ランチは～13:30）、ディナーは木・金・土曜のみ18:00～22:30 休火曜（ディナーは日～水曜）Pあり ‼JR東美浜駅から車で5分 MAP付録③ D-1

県内産あきさかりとふくこむぎ

九十百千の釜炊きごはんは福井の品種として知られる、あきさかりの美浜産を使用。また、自家製うどんは、福井の小麦ふくこむぎをブレンドしています。

1自由に出入りできて庭を眺めながらくつろげる「みんなのリビング」 2館内には、カウンター6席が備わるコーヒースタンド「ene COFFEE STAND」があり、コーヒーやソフトドリンクを味わいながらひと息つける。館内での飲食やテイクアウトも可

2階からは和やかな風景が望める。館内には「みんなの図書館」などシェアスペースも

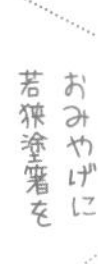

おみやげに若狭塗箸を

老舗塗箸メーカー「マツ勘」の本店。伝統的な若狭塗箸からポップな色の箸までさまざまにそろう

3カフェラテ500円と季節のケーキ350円～ 4紅茶450円。カフェインレスのフルーツティーもある

誰でもくつろげる“みんなの別邸”

GOSHOEN ゴショウエン

江戸時代に北前船の商人「古河屋」の五代目が賓客をもてなすために建てた屋敷で、別名「古河屋別邸」。2021年に気軽に集える場所として生まれ変わり、多くの人から親しまれている。

♪0770-64-5403 小浜市北塩屋17-4-1 10:00～17:00、カフェは～16:30（閉店は～17:00） 休 水・木曜 P あり 小浜ICから車で10分 MAP 付録③ B-2

200年以上前に建てられ、福井県の有形文化財に指定されている

若狭塗箸の独自スタイルとして知られるのは、貝殻や卵殻を漆の中に埋め込み美しい海底の様を描き出した技法です。

山や森のそばで自然を感じながら ゆったり過ごせるカフェ

日本海や山々の恵みを感じる美浜町と高浜町。
穏やかな空気が流れる町の魅力に触れ、つい長居したくなる
ロケーションの良いカフェをご紹介します。

1ジビエソーセージのホットドッグ1350円。ラテアートがすてきなカフェラテなどから選べるドリンク付き 23気候の良い季節はテラス席にハンモックが置かれる

オレオとクリームチーズのマフィン350円

穏やかな時間が流れる森の中のカフェ

café MIROKU ‖美浜町‖カフェミロク

鹿・猪などの地元産ジビエを使うランチや自家製スイーツがそろう。食後は、スペシャルティの豆を使ったオリジナルブレンドのコーヒーを召し上がれ。

☎0770-32-3369 住美浜町新庄281-1-1 ⏰10:00～17:00 休火曜（祝日の場合は営業） Pあり 🚶JR美浜駅から車で15分 MAP付録③ D-2

開放的で癒やされる空間と自然由来の体に良いお茶が人気

茶カフェ「あおばやまてらす」

‖高浜町‖ちゃカフェあおばやまてらす

高浜町のシンボル青葉山麓にあるカフェ。デトックス効果が期待できる美のお茶をはじめ、近隣で採れるハーブなどを使うメニューがあり､元気になる時間が過ごせる。

☎0770-50-9012（青葉山ハーバルビレッジ） 住高浜町中山2-4 青葉山ハーバルビレッジ内 ⏰10:00～16:30（冬季は変更あり） 休水曜 Pあり 🚶JR青郷駅から車で10分 MAP付録③ A-2

美しさUPなど体に合わせた薬膳茶5種各400円

1陽光差し込む窓から自然を楽しみゆったりとした時間が楽しめるカフェ 2ナチュラルな木の一軒家 3ヤマトトウキやハト麦などを使う薬膳カレー 800円。写真はイメージ

日本のハーブを楽しむ

種類豊富なハーブが自生する青葉山。茶カフェ「あおばやまてらす」では、昔ながらの薬研を使い、薬膳茶を作る体験（有料）も行っています。

1マルガリータ1280円。トマトはもちろん、釜揚げしらすやリンゴといったフルーツなど多彩に季節の味も 2店内はあめ色のレトロ空間 3坂道を登りエントランスへ

本格派ピッツァを味わえる一軒家レストラン

Woody papa ‖美浜町‖ウッディパパ

小さな森にあるナポリピッツァ店。もちっと生地にフワッサクッの縁もおいしく、アンチョビのかわりにへしこを使うなど美浜町らしさが加わることも。

☎090-2837-1189 ⌂美浜町気山110-1 ⏲11:30〜14:00（土・日曜、祝日は〜14:30）、テイクアウトは11:00〜19:00 休火・水曜 Pあり 若狭三方ICから車で5分 MAP90

クリームベースのピッツァ カルボナーラも

ランチは自家製デザートとドリンク付き

可憐な草花に心和むひととき

花番地 ‖高浜町‖はなばんち

季節の草花に囲まれた一軒家カフェ。木・金・土曜限定で、自家栽培の新鮮な野菜を使う予約制ランチが味わえると人気。

☎0770-72-1369 ⌂高浜町小和田34-4 ⏲11:30〜15:00 休日〜水曜、不定休 Pあり JR青郷駅から徒歩17分 MAP付録③ A-2

12店主が大切に手入れする美しい庭の奥に建つ一軒家 3野菜たっぷりおまかせランチ1650円（木・金は予約10食限定）。おかず7品に雑穀米やスープが付く

花番地はお庭が素敵。真似したくなるようなイングリッシュガーデンです。お店の営業はInstagramにてお知らせされています。

レインボーライン山頂公園を目指して若狭湾を望む三方五湖ドライブ

「三方五湖」は、若狭湾沿いのリアス式海岸に広がる５つの湖の総称。
神秘の湖といわれる景勝地をめぐり、梅丈岳をドライブで楽しんだら
リフト・ケーブルカーで標高約400mの山頂に広がる公園へ行きましょう。

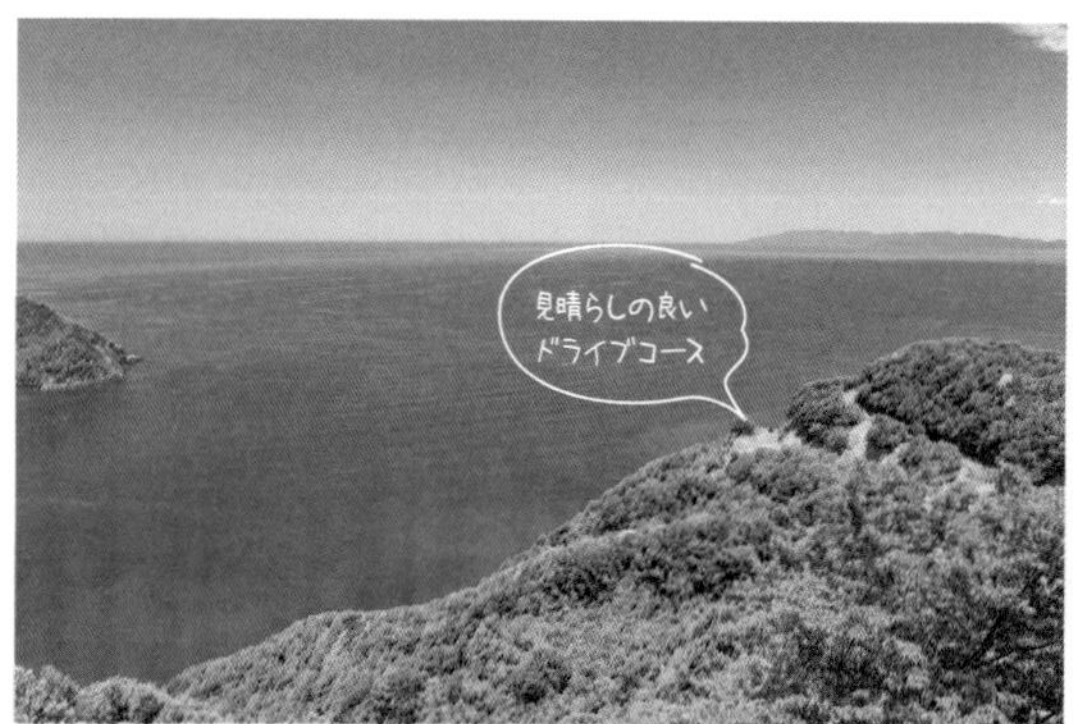

三方五湖レインボーライン

みかたごこレインボーライン

若狭町と美浜町にまたがる全長約11kmの県道・三方五湖レインボーライン線。ドライブを楽しみ、リフト・ケーブルカーから上った先にある山頂公園へ。若狭湾国定公園の三方五湖や日本海のパノラマビューを一望できる。

☎0770-47-1170（株式会社レインボーライン）住美浜町日向75-2-6 時8:00〜18:00※旧有料区間、歩行者・自転車は通行禁止 休無休（冬季閉鎖あり）¥無料 Pあり（普通車500円）交若狭三方ICから車で5分（日向ゲート）、三方五湖スマートICから車で15分（海山ゲート）MAP90

年縞を展示した45mのステンドグラス

奇跡の湖・水月湖の秘密を探る

福井県年縞博物館

ふくいけんねんこうはくぶつかん

世界で唯一、約7万年分の連続した堆積物「年縞」が発見された水月湖。実物年縞の展示や、7万年の人類の歴史などを紹介する。

☎0770-45-0456 住若狭町鳥浜122-12-1 縄文ロマンパーク内 時9:00〜17:00（入館は〜16:30）休火曜（祝日の場合は翌日）¥500円 Pあり 交三方五湖スマートICから車ですぐ MAP90

美しいバラ園は春と秋の年2回

山頂公園には、約110種・600株のバラ園があります。毎年春と秋に美しい花を咲かせますが、とくに春はサツキとのコラボレーションが素敵です。

5つの湖と若狭湾を一望

レインボーライン山頂公園

レインボーラインさんちょうこうえん

若狭湾国定公園の梅丈岳山頂にあり、「三方五湖に浮かぶ天空のテラス」がコンセプト。ソファや足湯など趣向を凝らしたテラス席をはじめ、カフェやバラ園、恋人の聖地もある。

☎0770-47-1170
美浜町日向75-2-6 🕘9:00〜17:00（12〜2月は〜16:30）休無休、冬季休園あり ¥入園料1000円（リフトケーブル乗車料含む）Pあり（普通車500円）若狭三方ICから車で20分 MAP 90

五湖テラス

山頂中央、三方五湖側のテラス。丸いソファ席やカウンター席で湖を眺め、絶景にうっとり。

若狭テラス

2階のカウンターテラスがおすすめ。1階では、願いごとを皿に書き投げる「かわらけ投げ（100円）」も。

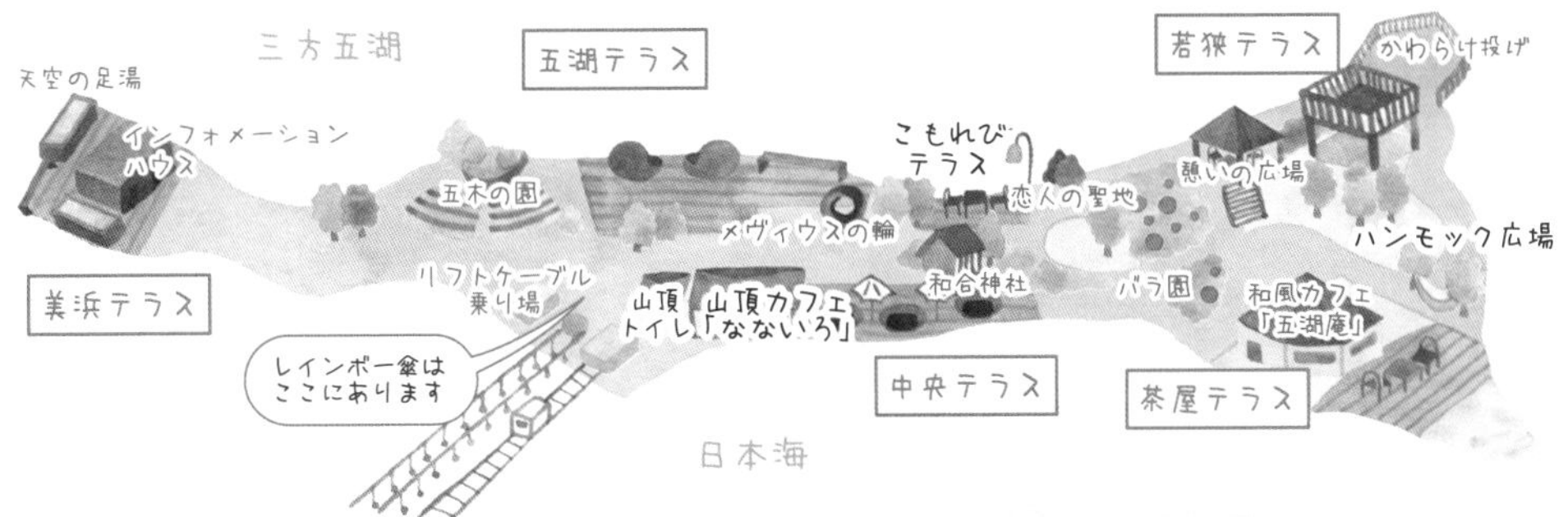

美浜テラス

「絶景天空の足湯（無料）」に入りながら三方五湖と日本海が一望できる。タオル100円。

越前岬から敦賀半島、常神半島などを間近に見ることができる。5月中旬、10月中旬のバラ園がおすすめ。

中央テラス

レインボーブルーティー 400円

山頂カフェ なないろ

全メニューテイクアウト可能。福井サーモンカツサンドなどの軽食やソフトクリームなどがそろう。

🕘9:00〜16:30(季節により変動あり)

レインボーライン山頂公園では、記念撮影時にも役立つ晴雨兼用のレインボー傘を無料貸し出ししています。

雄大な自然に癒やされる 敦賀・若狭の美しい海景色

美しい海辺の景観も敦賀や若狭の大きな魅力。
季節や時間ごとに刻一刻と変わっていく、
自然が織り成す多彩な表情に出会えます。

1
世界でも認められた透明度の高い海

2
ノスタルジックな風景を
写真に収めて

1砂浜が美しい遠浅の海水浴場は「日本の夕陽百選」にも選ばれている。シーズンにはライフセーバーが常駐し、バリアフリーのシャワールームやトイレ、更衣室などの設備も充実 2棚田と漁村、海が一望でき、のどかな風景に心がなごむ。春は輝く水田、夏は濃い緑、秋は揺れる黄金の稲穂と、季節ごとの趣きがあり、日本の原風景にふれられる

1 若狭和田ビーチ

‖高浜町‖わかさわだビーチ

国際的に認められた環境認証であるブルーフラッグを、アジアで初めて獲得。抜群の透明度とどこまでも続く白い砂浜が美しい。

☎0770-72-0338（若狭高浜観光協会）住高浜町和田 Pあり 🚶JR若狭和田駅から徒歩10分 MAP付録③ B-2

2 日引の棚田

‖高浜町‖ひびきのたなだ

穏やかな内浦湾に向かって約200枚の水田が連なる。「日本の棚田百選」に選ばれた懐かしい風景は、絶好の撮影スポット。

☎0770-72-0338（若狭高浜観光協会）住高浜町日引 Pなし 🚶大飯高浜ICから車で45分 MAP付録③ A-2

蘇洞門めぐり

‖小浜市‖そとももめぐり

遊覧船に乗って若狭湾をクルージング。自然が作った壮大な奇岩群をめぐる。

☎0770-52-3111（若狭フィッシャーマンズワーフ）住小浜市川崎1-3-2 ⏰出航時間9:30〜15:30（1日5便、冬期は運休）休荒天時 ¥2500円 Pあり 🚶JR小浜駅から徒歩15分 MAP97

ブルーフラッグとは？

「ブルーフラッグ」は、水質や環境マネジメントなどの条件を満たしたビーチやマリーナを認定する、フランス発祥のプログラムです。

3
水晶という名のとおり輝く白い砂浜

4
夏だけ渡れる、敦賀湾に浮かぶ無人島

3「日本の水浴場88選」に認定されている県内有数の美しいビーチ。周囲に大きな建物が少なく、満天の星空が見られる絶好のスポットとしても知られる 4渡し船は夏だけ運航。細長く伸びた砂浜が特徴的な海水浴場では、浅いところでも間近に魚が泳ぐ。島には簡易トイレ以外の施設がないので注意。景観を守るためバーベキューなども禁止されている

3 水晶浜

‖美浜町‖すいしょうはま

水晶のようにきらめく白い砂浜と澄みわたる海を求めて、県外からも海水浴客が訪れる。夕日や星空を眺めるにも絶好のロケーション。

☎0770-32-0222（若狭美浜観光協会） 美浜町竹波 Ⓟあり バス停水晶浜から徒歩すぐ MAP付録③ C-1

4 水島

‖敦賀市‖みずしま

渡し船に乗って10分ほどの敦賀半島沖にある全長約500mの無人島。エメラルドグリーンの海が美しく「北陸のハワイ」と呼ばれる。

☎0770-21-8686（敦賀観光案内所） 敦賀市色浜 Ⓟあり バス停色ヶ浜からすぐ（渡し船の運航は7月中旬～8月下旬） MAP付録③ D-1

美浜町レイクセンター

‖美浜町‖みはまちょうレイクセンター

電気の力で進む遊覧船など久々子湖から水月湖をクルージング。カフェで休憩も。

☎0770-47-5960 美浜町早瀬24-4-1 9:00～17:00（カフェは9:30～16:30（フードは10:00～16:00） 休水曜 ¥ガイド付き約50分のコース遊覧船1980円（1日5便の運航） Ⓟあり JR美浜駅から車で7分 MAP90

水島に渡ることができるのは、7月中旬から8月下旬まで。期間中は対岸の色ヶ浜から渡し船が出ています。

港町・小浜と敦賀で海鮮を味わう幸せ時間

若狭湾で獲れた新鮮な魚介による海鮮グルメを堪能したいなら
日本海の幸をたっぷり味わえるお店へ。
お寿司か海鮮丼のどちらかお好きな方を味わいましょう。

名物「若狭ぐじの変わり寿司」

menu
にぎりのコース(昼)
5500円、11000円
料理と寿しのコース(夜)
8800円、16500円

1冬は新鮮な魚介の鍋料理も楽しめる 2若狭湾の魚や福井名産を楽しめるコース一例 3寿司や料理の調理過程を見ながら出来立てが味わえるカウンター席。6名迄の個室も

小浜港の朝どれネタを満喫

寿し島川 ‖小浜市‖すししまかわ

「鮨富」を開店した先代のこだわりであった、若狭の天然の魚を使う考えに基づき、米やわさび、海苔、調味料を新調し、2021年にリニューアル。食材が持つ本来のやさしい味を提供できる店を目指す。

☎0770-53-0337 小浜市小浜広峰83-1
🕒12:00～14:00、17:30～21:00 休火・水曜、木曜昼 Pあり
JR小浜駅から徒歩9分 MAP97

女将のもてなしと海鮮料理を満喫

食彩 ごえん ‖小浜市‖しょくさいごえん

女将が自ら目利きして仕入れる若狭湾の地魚を中心に、新鮮な旬の魚介が味わえる。ランチはお得な定食や丼、夜は豊富な一品料理と福井の地酒を楽しんで。気さくなもてなしに地元だけでなく遠方からの常連も多い。

☎0770-53-0770 小浜市小浜日吉57-2
🕒11:30～14:00、18:00～22:00 休水曜、第2・4木曜 Pあり
JR小浜駅から徒歩10分 MAP97

menu
造り定食(昼のみ) 1500円
若狭かれい一夜干 800円～
いか姿造り 1500円～

1エビやタコ、イカ、カンパチなど、その日そろう7種の魚介をのせた海鮮丼(昼は小鉢・味噌汁付)1700円
2窓の外には海景色が広がる。近くにマーメードテラスも
3立派な若狭ぐじを丸ごと塩焼きに1800円～

おみやげにしたい若狭名物

若狭湾で水揚げされた小鯛を塩と米酢で締めた「小鯛のささ漬け」、サバを糠で漬け込んだ「鯖のへしこ」が有名です。

蓮子鯛の昆布締めといった地元の魚介が味わえる

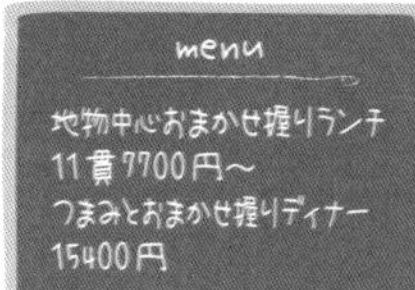

menu
地物中心おまかせ握りランチ
11貫7700円〜
つまみとおまかせ握りディナー
15400円

1 氣比神宮から徒歩圏内にあり､県外の常連客も多い人気店
2 店主から敦賀の話を聞く時間も楽しいカウンター席に、テーブル席や座敷席もある
3 敦賀はもちろん福井県内の魚介をそろえる

地元魚介にこだわる港町の正統派

寿し 丸勘 ‖敦賀市‖ すしまるかん

暖簾を守るのは2代目店主。約20年間培った目利きで選ぶ魚介に細工包丁を入れたり、昆布で締めたりと、素材ごとにていねいに仕込んで旨味を引き出す。関西風の甘めのシャリが特徴。お造りなどのアラカルトも豊富。

☎0770-22-1044 ⌂敦賀市本町1-5-20 ⏰12:00〜14:00、18:00〜20:30 休日曜夜、月曜 Pあり 🚶JR敦賀駅から徒歩15分 MAP81

店主のこだわりが詰まった贅沢丼

海鮮丼 うお吟 ‖敦賀市‖ かいせんどんうおぎん

敦賀港で水揚げされる旬魚を吟味して仕入れ、食べごろを見極めて調理。魚介はもちろん、福井県産の米、特製だし醤油など、ひとつひとつにこだわる丼が評判。小さめの丼や2種のセットなどが選べるのもうれしい。

☎0770-21-2328 ⌂敦賀市相生町21-3 ⏰11:30〜14:30（土・日曜、祝日は11:00〜） 休水曜（祝日の場合は営業） Pなし 🚶バス停お魚通りからすぐ MAP81

1 一番人気の恵びす大黒丼（竹）2950円。恵びす丼と、いくら・ウニがのる大黒丼のセットに鯛だしと小鉢が付く贅沢なメニュー 2 割烹料理店のような趣あるカウンター席 3 ブリやタイなどその日ある魚を使う､あら炊き小鉢440円

menu
恵びす丼 1780円
弁天丼 1880円
本日のあら炊き定食 1300円

小浜の清らかな海で酒粕などを食べて育つ「小浜よっぱらいサバ」もぜひ味わいたい名物。小浜市内の海鮮料理店などで味わえます。

レトロな町並みを楽しむ 小浜をめぐる町歩き

若狭の国と呼ばれた小浜は、海に抱かれた歴史と文化のまち。かつて大陸との交易の玄関口として、深いつながりのあった京都から影響を受けた祭礼・文化が伝えられています。

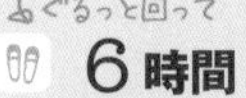

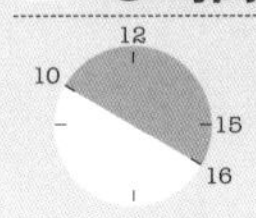

車なら小浜公園か人魚の浜東駐車場に駐車して町中散策へ。行きは三丁町を通り、帰りに海岸沿いを歩くのもおすすめです。散策の合間には、町家を改装したカフェでひと休みを。

小浜公園の駐車場から町並みを進むと三丁町の看板がお出迎え

1 三丁町 さんちょうまち

往時の面影を残す茶屋町

柳町、漁師町、寺町からなる3つの町の総称。狭い路地を挟み紅殻格子や千本格子の伝統的な家屋が軒を連ね、小浜西組の中でも特に風情が感じられるエリア。

町並み ☎0770-53-1111(小浜市文化観光課) 住小浜市香取 Pあり(小浜公園駐車場利用) JR小浜駅から徒歩15分 MAP97

1国の重要伝統的建造物群保存地区に選定された小浜西組。明治期から昭和30年頃までの伝統的な家屋が多く現存する 2町家を改装したカフェや一棟貸しの宿泊施設も

2 小浜町並み保存資料館 おばままちなみほぞんしりょうかん

大正時代の暮らしがわかる

重要伝統的建造物群保存地区に残る町家

大正期に建てられた伝統的な町家を活用した資料館。外玄関と内玄関が設けられた「うなぎの寝床」と呼ばれる奥行きがある造りで、カマドや煙出しなどが残り、当時の生活をうかがい知ることができる。

資料館 ☎0770-53-3443 住小浜市小浜鹿島29 営10:00～17:00(12～3月は～16:00) 休火曜(祝日の場合は翌日) ¥無料 Pなし JR小浜駅から徒歩10分 MAP97

1壺の中でじっくり発酵を進める静置発酵により、まろやかで旨みのある酢が生まれるという、純米醸造酢壺之酢594円～ 2蜂蜜入り飲む酢お酢蜜772円 3お酢＋蜂蜜が隠し味。チーズケーキみたいなお酢蜜ソフトクリーム350円～ 4創業地の江戸時代の商家を改装した店

3 とば屋 酒井店 とばやさかいてん

老舗のお酢をおみやげに

創業300年、米酢の醸造元の直営店。伝統の壺仕込みによる壺之酢からポン酢やドレッシングなどの調味酢、飲むお酢、また手作りの漬物やお惣菜などを販売。試飲もできるので好みを選びおみやげに。

酢醸造販売 ☎0770-52-0211 住小浜市小浜酒井95 営9:30～17:30 休月曜、不定休 Pあり 小浜ICから車で5分 MAP97

小浜MAP

周辺図▶付録3 0 250m 1:25,000

上が北

御食国若狭おばま食文化館P.97
川崎
P.103 若狭フィッシャーマンズ・ワーフ
一二鉄工所
小浜局
千種
御菓子処伊勢屋P.97
P.92 蘇洞門めぐり
卍 願慶寺
P.94 寿し島川
玉前局
消防本部
若狭署
文化会館
小浜湾
小浜市
P.94 食彩 ごえん
小浜市役所
P.97 緑茶房ニューグリーンカフェ
小浜病院
小浜町並み保存資料館
とば屋 酒井店P.96
蓬嶋楼P.97
P.96
小浜
ケーズデンキ
東小浜駅
八幡神社P.97
小浜公園
P.101 小浜町家ステイ 三丁町さのや
小浜駅
心光寺
三丁町P.96
空印寺P.97
若狭おばま観光案内所
小浜線

歴史ある神社仏閣にも立ち寄って

三丁町周辺には、小浜藩主・酒井家の菩提寺「空印寺」MAP97や若狭地域最大の祭礼・放生祭で知られる「八幡神社」MAP97など、由緒ある寺院や神社もあります。

4 緑茶房ニューグリーンカフェ

りょくさぼうニューグリーンカフェ

リラックスできる隠れ家的カフェ

1ローストビーフ丼900円、セットドリンクは100円引き 2数量限定の季節のフルーツパフェ1400円 3古民家を改装した店では座り心地にこだわったソファも人気

小浜の中心地にたたずむ、優しく差し込む日差しと植物が癒やしの店。ランチのローストビーフ丼やパスタのセットをはじめ、こだわりのコーヒーや地元産の旬のフルーツをたっぷり使ったパフェが人気。旅の合間に時間を忘れてくつろぎたい。

カフェ ☎090-6984-4627 住小浜市小浜酒井95-2 時10:00～16:00 休水曜、不定休 Pあり JR小浜駅から徒歩6分 MAP97

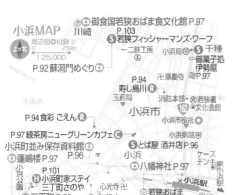

5 御菓子処 伊勢屋

おかしどころいせや

くずまんじゅうで知られる老舗

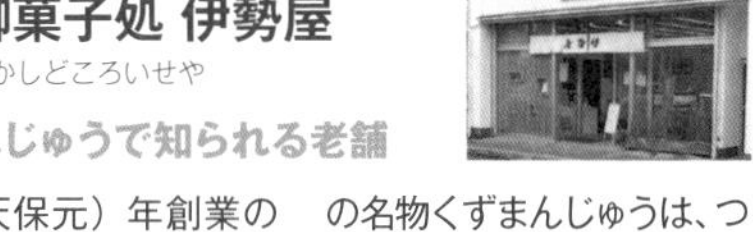

1830（天保元）年創業の老舗。上質な若狭の熊川葛を使い、平成の名水百選認定「雲城水」で仕立てた夏の名物くずまんじゅうは、つるりと冷たい上品な口当たり。店内に設けられた席で味わうこともできる。

和菓子 ☎0770-52-0766 住小浜市一番町1-6 時8:30 ～ 17:30 休水曜（冬期は火・水曜） Pあり JR小浜駅から徒歩11分 MAP97

1こしあんのくずまんじゅう1個150円（税別）。4月～10月中旬の期間限定 2冬限定の丁稚ようかんも伝統名菓

6 御食国若狭おばま食文化館

みけつくにわかさおばましょくぶんかかん

若狭の豊かな食文化にふれる

1階のミュージアムでは、本物そっくりの料理レプリカとともにさまざまな展示が楽しめる

朝廷に食料を献上した「御食国」若狭の食文化を学べるミュージアム。郷土料理作りや、伝統工芸の箸研ぎ、紙漉きなど多彩な体験プログラムも用意。温浴施設もあってくつろげる。

食文化館 ☎0770-53-1000 住小浜市川崎3-4 時9:00～18:00（11～2月は～17:00） 休水曜（祝日の場合は開館） ¥無料 Pあり JR小浜駅から徒歩25分 MAP97

三丁町にある明治期の建物、料亭「蓬嶋楼（ほうとうろう）」。土･日曜、祝日の10～16時に無料で見学できます。MAP97

熊川宿で味わえる 日本三大葛のひとつ「熊川葛」

江戸時代に鯖街道を行く道中の拠点として栄えた熊川宿。
この地を訪れたら、ぜひ味わいたいのが名産品の熊川葛です。
葛もちや葛うどんなど、葛を使った一品をいただきます。

宿場町の面影を残す町並み。道の脇には前川と呼ばれる水路が流れる

熊川葛とは……

根が葛粉の原料となる葛。熊川葛は江戸時代から名産品として名高く、日本三大葛のひとつ。現在でも伝統的な製法を受け継ぎ、熊川の美しい水を使って精製している。

有形文化財の建物で
葛スイーツを味わう

勘兵衛茶屋 かんべえちゃや

宿場町の初代村長・逸見勘兵衛の邸宅だった町を代表する日本家屋を生かし、茶屋と資料館、宿を併設。囲炉裏のある土間で葛まんじゅうや珈琲くずながしなどの葛スイーツが味わえる。

茶屋・資料館・宿 ☎080-6359-0808
住 若狭町熊川30-3-1 ⏰10:00～16:00
休 月～金曜（祝日の場合は営業）、冬期休業 P あり バス停若狭熊川から徒歩3分 MAP 付録③ C-2

1 2 古き良き趣ある日本家屋。町有形文化財に指定されている
3 紫蘇くずまんじゅう500円。甘味にはどくだみやよもぎで作る薬膳茶が付く

くずようかん400円
（7～8月はなし）

口どけよい珈琲くずながし400円

宿場館でこの地の歴史を知る

元は村役場だった建物を歴史資料館に。観光案内を行うほか、熊川宿や鯖街道の起源、町の歴史や熊川葛に関する展示も。MAP付録③ C-2

葛もち700円。注文ごとに練り上げるできたてのおいしさ

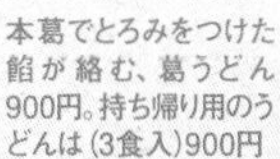

本葛でとろみをつけた餡が絡む、葛うどん900円。持ち帰り用のうどんは(3食入)900円

福井名物のおろしそば900円。持ち帰り用のそばは(3食入)1000円

特製の黒蜜につけていただく葛きり1000円

鯖寿司と豊富な葛メニューで知られる名店

葛と鯖寿しの店 まる志ん

くずとさばずしのみせまるしん

熊川葛を使うメニューや自家製の鯖寿司で知られる食事処。葛もちや葛きり、夏限定の葛まんじゅうといった甘味だけでなく、麺に葛を練りこみ、歯ごたえ良くなめらかに仕上げたうどんやそばもそろう。

食事処 ☎0770-62-0221 住若狭町熊川39-11-1 ⏰10:00〜16:00 休水曜 P あり 🚶バス停若狭熊川からすぐ MAP付録③ C-2

1 2階部分の黄色の壁が目を引く 2 広々とした座敷席でゆったりくつろげる

宿＆立ち寄り

キッチンや小上がりがある1階のダイニング。自宅のようにくつろげる

旅人に思いを馳せる一棟貸切りの宿

八百熊川 ほたる

やおくまがわほたる

宿場町にある小さな古民家を改装した宿。地元のお母さんが作って届けてくれる夕食で、若狭ならではのおもてなし料理も楽しめる。

宿 ☎0770-62-1777(街道シェアオフィス＆スペース菱屋) 住若狭町熊川30-6-1 街道シェアオフィス＆スペース菱屋内 ⏰IN15:00、OUT11:00 ¥一棟貸素泊まり12467円〜/1人 P あり 🚶バス停若狭熊川からすぐ MAP付録③ C-2

1 川のせせらぎが心地よい2階の寝室 2 かまどでごはんを炊く体験プログラムもある

1 採れて1年以内の豆のみを使用し、時間をかけて焙煎するコーヒー 550円〜。焼菓子も人気 2 カフェラテ600円

地元の人も憩うカフェでひと休み

SOL'S COFFEE LABORATORY

ソルズコーヒーラボラトリー

東京下町のコーヒー専門店が熊川宿の魅力にほれこみ、出店を決意。名水・瓜割の水でていねいに淹れたコーヒーはスッキリやさしい味わい。

カフェ ☎080-3578-5661 住若狭町熊川30-6-1 街道シェアオフィス＆スペース菱屋内 ⏰10:00〜17:00 休火・水曜 P あり 🚶バス停若狭熊川からすぐ MAP付録③ C-2

熊川宿は、国の重要伝統的建造物群保存地区に選定されています。

景色や旬の味覚を満喫 若狭の宿にお泊まり

ゆったりとした時間が流れる若狭の宿へ。
海や湖、レトロな町並みなど
若狭ならではの景色の中で特別な時間を過ごしましょう。

1若狭湾を一望しながら地元の海と山の幸を使った和洋料理を 2近海で獲れた魚介や小浜の野菜、若狭のジビエなどを取り入れたメニュー 3半一棟貸しの離れの部屋もある

海山の恵みを生かすここだけの料理を

海のオーベルジュ 志積

‖小浜市‖うみのオーベルジュしつみ

志積集落の民宿をリノベーションした海辺のオーベルジュ。漁師でもあるオーナーとイタリアンで経験を積んだシェフによる料理が味わえる。部屋はモダンな半一棟貸しの「HOUSE SEN」とカジュアルな「ROOM KYUBEE」の2タイプ。

☎0770-54-3431
住 小浜市志積15-6
時 IN15:00、OUT10:00 室 和6、洋2 P あり 交 JR小浜駅から車で17分 MAP 付録③ C-2

宿泊プラン
HOUSE SEN利用プラン
1泊2食付27500円～
海を望む半一棟貸しの離れでプライベートな時間が過ごせる

1朝獲れたての新鮮な魚介が自慢。冬季は越前がにが味わえる 2波の音と海の香りに癒やされるテラス 3全室オーシャンビュー。水平線に沈んでいく夕日は絶景

プライベート感抜群のテラス付き

海香の宿 波華楼

‖若狭町‖かいこうのやどなみはなろう

全ての部屋に若狭湾を望むテラスがあり、目の前が砂浜という隠れ家のような宿。夕食は自前の定置網や市場直送の魚介を使う会席料理を。屋上テラスや貸切露天風呂もあり、若狭の魅力を思う存分満喫できる。

☎0770-47-1423
住 若狭町塩坂越3-11
時 IN15:00、OUT10:00 室 和4、洋2 P あり 交 三方五湖スマートICから車で15分 MAP 90

宿泊プラン
越前蟹フルコース
1泊2食付44000円～
越前がにを刺身やしゃぶしゃぶなどで堪能する冬季限定コース

レストランのみの利用も

海のオーベルジュ 志積の別館「レストラン内外海」は、ランチやディナーで食事のみの利用もOK。来店の際は事前に予約を。

1 6室すべてから三方湖が望める 2 北陸の新鮮な素材を使用した「海鮮会席」。見た目も彩り鮮やかで美しい 3 男女ともに露天風呂があり、湖を眺めながらくつろげる

海の幸と三方湖の静けさを堪能

岡三屋 彩かさね

‖若狭町‖おかさんやいろかさね

若狭ふぐや越前がになど北陸の海の幸を生かしつつ、鮮度に頼るだけではないオリジナリティを追求。本格割烹に創作のエッセンスを加えた新鮮な料理が楽しめる。三方湖を一望できる部屋でゆったりと思い思いの時を。

☎0770-45-3377
住 若狭町生倉18-19-2
時 IN15:00、OUT10:00 室 和6
P あり 交 三方五湖スマートICから車ですぐ MAP 90

宿泊プラン

海鮮梅コース
1泊2食付14550円～
全室レイクビューの客室を用意。夕食は旬の海鮮会席を堪能

1 うなぎの寝床である町家の工夫、箱階段が今も残る 2 坪庭を望む贅沢な造りのバスルーム 3 梁が美しい寝室。ベッドは高級ブランド「フランスベッド」を使用

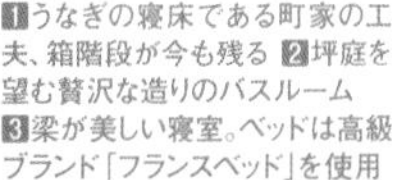

海沿いの伝統的な町並みを散策

小浜町家ステイ 三丁町さのや

‖小浜市‖オバマチヤステイさんちょうまちさのや

かつて北前船の港の茶屋町として栄えた三丁町に建つ、歴史ある町家を改装した一棟貸しの宿。洗練された和モダンな空間には高級感のあるベッドが置かれ、アメニティーも充実。上質な町家ステイが楽しめる。

☎070-2807-8074（おばま観光局）住 チェックインカウンター（道の駅若狭おばま）小浜市和久里24-45-2 時 IN15:00、OUT10:00 室 一棟貸し P あり 交 JR小浜駅から徒歩15分 MAP 97

宿泊プラン

町家一棟貸し 素泊まりプラン
素泊まり1名14300円～(2名利用時)
趣ある町家に1～4名で宿泊。2食付きプランもある

小浜の三丁町には、小浜町家ステイ 三丁町さのやのほかにも町家を生かした一棟貸しの宿が点在しています。

おいしいおみやげを探しに若狭の道の駅へ

若狭の各エリアにある道の駅へ。
海産物や梅の加工品など、地元のおいしい名産品を
おみやげに買って帰りましょう。

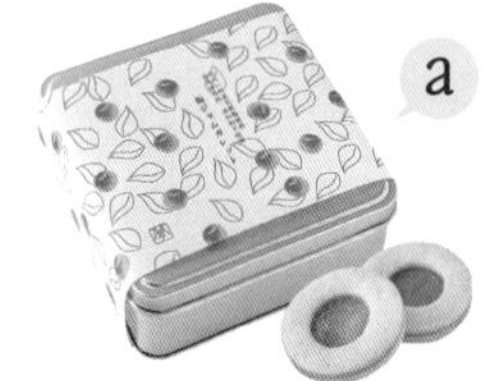

a

梅ジャムガレット
／（缶入り）1500円
おおい町産の完熟梅から作る甘酸っぱい自家製梅ジャムを挟んだクッキー

きのこ炊き込みご飯の素
／（3合用）670円
地元産のしいたけを、マッシュルーム、なめこととともに煮込んだ炊き込みご飯の素

a

a

完熟梅のおやつピクルス
／784円
おおい町産の完熟梅を砂糖、お酢、塩で甘酸っぱく漬けたおやつにおすすめの一品

b

ささ燻（サバ、サーモン）
／各486円
若狭の特産品・小鯛のささ漬けの製法を燻製風味にアレンジ。お酒にぴったりの味わい

b

いちじくどら焼き
／（1個）240円
特産の若狭いちじくを使い、和菓子の老舗「志保重」が手がけるどら焼き

b

若狭おばまの醤油干し（鯖）／594円
小浜で愛される家庭の味・醤油干しを持ち帰りやすい真空パックに。骨までそのまま食べられる

a　新鮮魚介や野菜もそろう

道の駅 うみんぴあ大飯

‖**おおい町**‖みちのえきうみんぴあおおい

こども家族館や温浴施設のある複合レジャースポット「うみんぴあ大飯」内にある道の駅。地元の海産物や農産物がそろい、海鮮丼などがいただける食堂も併設。

☎0770-77-4600 ⌂おおい町成海1-1-2 ⏰9:00～18:00（レストランは10:00～15:00） 休第1・3月曜（祝日の場合は翌日） Pあり 🚶小浜西ICから車で6分 MAP付録③ B-2

b　地元で愛される和菓子も充実

道の駅 若狭おばま

‖**小浜市**‖みちのえきわかさおばま

小浜の特産品や水産加工品、ゆるキャラ・さばとらななちゃんのグッズなどを販売。フードコートでは地元の人気店とコラボしたメニューも味わえる。

☎0770-56-3000 ⌂小浜市和久里24-45-2 ⏰9:00～18:00（レストランは～17:00）※季節により変更あり 休無休 Pあり 🚶小浜ICから車ですぐ MAP付録③ B-2

若狭の特産品が豊富にそろいます

若狭を中心に県内各地からセレクトした人気商品がそろう若狭フィッシャーマンズ・ワーフもおみやげ選びにおすすめです。MAP 97

c

里の恵み杜仲茶／864円
青葉山のふもとで栽培された栄養たっぷりのお茶。気軽に飲めるティーバッグタイプ

c

若狭乾わかめ／（40g）770円
若狭湾でとれた新わかめを天日干しに。余計なものを一切加えない天然のおいしさ

c

そのまま食べる 金のアジ／540円
若狭の海で獲れたアジを新鮮なまま加工してスナックに。食べやすいサイズもうれしい

d

梅の甘粒／（5粒箱入）1190円
完熟した紅映梅を使い、加糖しながらじっくりと寝かせた梅のグラッセ

d

水月湖年縞羽二重餅／（9枚）650円
福井梅を生地に練り込んだ、爽やかで優しい甘さの羽二重餅

d

Benichuハイボール／（250mℓ）430円
甘くない梅酒「BENICHU（ベニチュウ）」をベースにした、爽快なキレ味のハイボール

c

温泉や展望レストランを併設

道の駅 シーサイド高浜

‖高浜町‖みちのえきシーサイドたかはま

温浴施設、飲食物産館、駅舎の3棟からなる道の駅。レストランでは、青戸の入り江の穏やかな景色を眺めながら、若狭湾の海の幸がいただける。

☎0770-72-6666 高浜町下車持46-10 10:00〜17:00（レストランは〜16:30） 休 第1・3水曜 P あり 小浜西ICから車で10分 MAP 付録③ B-2

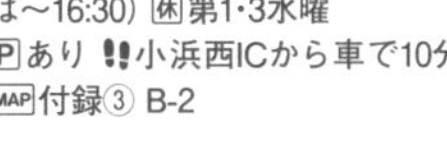

d

湖を訪れる野鳥たちの観察も

道の駅 三方五湖

‖若狭町‖みちのえきみかたごこ

地元でとれる野菜や福井梅の加工品、年縞にちなんだオリジナルグッズなどを販売。三方五湖の四季折々の景色や野鳥たちを観察できる自然観察棟を併設。

☎0770-45-0113（若狭三方五湖観光協会） 若狭町鳥浜122-31-1 9:00〜17:00 休 第1火曜（祝日の場合は翌日）※7〜8月は無休 P あり 三方五湖スマートICから車ですぐ MAP 90

美浜町には「道の駅 若狭美浜はまびより」、高浜町には「UMIKARA」があり、地元ならではのおみやげが買えます。

全国各地から福井への交通アクセス

県庁所在地の福井と、敦賀が福井の旅の拠点となります。
それぞれの玄関口へは、新幹線や特急列車利用が便利です。

北陸新幹線金沢～敦賀間が開業

2024年3月16日、北陸新幹線の金沢～敦賀間が延伸開業。東京からは福井・敦賀まで乗り換えなしのルートが誕生しました。

東京・名古屋・京都・大阪から福井・敦賀へ

名古屋・大阪・京都からは特急が敦賀まで直通、福井へは敦賀で北陸新幹線に乗り換えましょう。
東京からは直通の北陸新幹線利用または東海道新幹線ひかりと特急、北陸新幹線の乗り継ぎとなります。

福井へ

どこから？	なにで？	ルート	所要時間	ねだん
東京から	新幹線	**東京駅**→北陸新幹線かがやき・はくたか→**福井駅**	2時間55分～3時間35分	15810円
	新幹線・その他の鉄道	**東京駅**→東海道新幹線ひかり→**米原駅**→JR特急しらさぎ→**敦賀駅**→北陸新幹線つるぎ→**福井駅**	3時間15～45分	16950円
名古屋から	その他の鉄道・新幹線	**名古屋駅**→JR特急しらさぎ→**敦賀駅**→北陸新幹線つるぎ→**福井駅**	1時間55分～2時間15分	6960円
	新幹線・その他の鉄道	**名古屋駅**→東海道新幹線ひかり・こだま→**米原駅**→JR特急しらさぎ→**敦賀駅**→北陸新幹線つるぎ→**福井駅**	1時間35～45分	8260円
金沢から	新幹線	**金沢駅**→北陸新幹線かがやき・はくたか・つるぎ→**福井駅**	25～35分	3740円
京都から	その他の鉄道・新幹線	**京都駅**→JR特急サンダーバード→**敦賀駅**→北陸新幹線つるぎ→**福井駅**	1時間15～30分	5930円
大阪から	その他の鉄道・新幹線	**大阪駅**→JR特急サンダーバード→**敦賀駅**→北陸新幹線つるぎ→**福井駅**	1時間45～55分	7290円

敦賀へ

どこから？	なにで？	ルート	所要時間	ねだん
東京から	新幹線・その他の鉄道	**東京駅**→東海道新幹線ひかり→**米原駅**→JR特急しらさぎ→**敦賀駅**	2時間45分～3時間5分	14470円
	新幹線	**東京駅**→北陸新幹線かがやき・はくたか→**敦賀駅**	3時間10～55分	16360円
名古屋から	その他の鉄道	**名古屋駅**→JR特急しらさぎ→**敦賀駅**	1時間35～40分	4700円
	新幹線・その他の鉄道	**名古屋駅**→東海道新幹線ひかり・こだま→**米原駅**→JR特急しらさぎ→**敦賀駅**	1時間5～15分	5890円
金沢から	その他の鉄道	**金沢駅**→北陸新幹線かがやき・はくたか・つるぎ→**敦賀駅**	40分～1時間	5480円
京都から	その他の鉄道	**京都駅**→JR特急サンダーバード→**敦賀駅**	50～55分	3420円
大阪から	その他の鉄道	**大阪駅**→JR特急サンダーバード→**敦賀駅**	1時間20～25分	4700円

2024年3月16日北陸新幹線「金沢～敦賀駅間開業」後の割引きっぷ

北陸新幹線は、JR東日本とJR西日本をまたがって走るため、同じ区間でも扱う会社によって割引きっぷの名称や内容が異なります。
・JR東日本の割引きっぷは、同社のネット予約「えきねっと」で扱っています。販売している格安チケットは新幹線eチケット（トクだ値1・トクだ値14・トクだ値スペシャル21）です。
・JR西日本の割引きっぷは、同社のネット予約「e5489」で主に扱っています。「e5489」で販売している主な格安チケットは「eチケット早特1」「eチケット早特14」「WEB早得7」「WEB早得14」です。
・そのほかにも期間限定の割引きっぷなどは各会社の公式HPをご覧ください。

 マークの説明 新幹線 その他の鉄道

■問い合わせ先

鉄道

JR西日本お客様センター ………… ☎0570-00-2486
JR東海テレフォンセンター ……… ☎050-3772-3910
JR東日本お問い合わせセンター…… ☎050-2016-1600
えちぜん鉄道お客様相談室 ……… ☎0120-840-508
福井鉄道鉄道部 ……………………… ☎0778-21-0706

飛行機

JAL（日本航空）…………………… ☎0570-025-071
ANA（全日空）……………………… ☎0570-029-222

高速バス

京福バスチケットセンター………… ☎0776-24-4890
名鉄高速バス予約センター ……… ☎052-582-0489
西日本JRバス電話予約センター … ☎0570-00-2424
阪急高速バス予約センター ……… ☎0570-089006

リムジンバス

京福バス本社…………………………… ☎0776-57-7700

福井県内への高速バス

福井県内まで直通する高速バスは、名古屋発、京都・大阪発、岡山・広島発などがあります。所要時間は長くなりますがリーズナブルな運賃が魅力です。

※記載のデータは2024年1月現在のもの（所要時間・ねだんは一部を除き2024年3月16日以降のもの）です。鉄道のねだんは、通常期の普通車指定席利用の場合（新幹線・特急を利用しない場合は普通運賃のみ）です。

飛行機利用なら小松空港から

遠隔地からは飛行機で。石川県の小松空港が福井県への空の玄関口です。札幌（新千歳）、東京（羽田）、福岡、那覇から直行便が就航しています。

小松空港からは福井駅東口までリムジンバスが運行しています。所要55分、運賃は1400円です。

福井・敦賀から各エリアへ 鉄道・バスで向かいましょう

**福井駅・敦賀駅を交通拠点にして、
各エリアへの公共交通機関での行き方をご紹介。
あらかじめ時刻を調べておくといいでしょう。**

フリーきっぷを利用しましょう

えちぜん鉄道全線が1日乗り放題のフリーきっぷは1200円、えちぜん鉄道と福井鉄道の全線に乗り放題の共通1日フリーきっぷは1700円で、いずれも土・日曜、祝日と年末年始のみ利用可。えちぜん鉄道1日フリーきっぷ＋勝山市コミュニティバス1日乗り放題がセットになった「恐竜博物館用交通セット券」は通年購入可能で、1700円（恐竜博物館の入館料は別途必要）です。

ハピラインふくいやえちぜん鉄道を基本に

運行頻度が少ない路線は注意が必要です。

ハピラインふくいは普通列車が毎時1～2本程度。えちぜん鉄道は毎時2本といずれも比較的利用しやすいですが、その他の鉄道や路線バスは多いとはいえないので、乗り継ぎがスムーズになるようプランニングは入念に。

福井から

どこへ？	なにで？	ルート	所要時間	ねだん
あわら温泉へ	鉄道	**福井駅**→えちぜん鉄道三国芦原線→**あわら湯のまち駅**	40～45分	730円
東尋坊へ	鉄道・バス	**福井駅**→えちぜん鉄道三国芦原線→**三国駅**→京福バス→**東尋坊**	1時間10～25分	1060円
永平寺へ	バス	**福井駅東口**→京福バス（永平寺ライナー含む）→**永平寺**	30～40分	750円
永平寺へ	鉄道・バス	**福井駅**→えちぜん鉄道勝山永平寺線→**永平寺口駅**→京福バス→**永平寺**	45分～1時間5分	920円
勝山へ	鉄道	**福井駅**→えちぜん鉄道勝山永平寺線→**勝山駅**	50分～1時間5分	820円
越前大野へ	鉄道	**福井駅**→JR越美北線（九頭竜線）→**越前大野駅**	55分～1時間5分	680円
鯖江へ	鉄道	**福井駅**→ハピラインふくい→**鯖江駅**	10～15分	280円
武生へ	鉄道	**福井駅**→ハピラインふくい→**武生駅**	15～20分	380円
南越前（今庄）へ	鉄道	**福井駅**→ハピラインふくい→**今庄駅**	35～40分	680円
敦賀へ	新幹線	**福井駅**→北陸新幹線かがやき・はくたか・つるぎ→**敦賀駅**	17～21分	3260円
敦賀へ	鉄道	**福井駅**→ハピラインふくい→**敦賀駅**	40分～1時間	1140円

敦賀から

どこへ？	なにで？	ルート	所要時間	ねだん
小浜へ	鉄道	**敦賀駅**→JR小浜線→**小浜駅**	1時間～1時間15分	990円
熊川宿へ	鉄道・バス	**敦賀駅**→JR小浜線→**上中駅**→西日本JRバス→**若狭熊川**	1時間5～40分	1100円
おおい（若狭本郷）へ	鉄道	**敦賀駅**→JR小浜線→**若狭本郷駅**	1時間20～35分	1170円
高浜（青郷）へ	鉄道	**敦賀駅**→JR小浜線→**青郷駅**	1時間40～50分	1520円

マークの説明 新幹線 鉄道 バス

観光タクシーを利用する手もあります

福井を代表する観光地を効率よくリーズナブルにめぐれる「越前・若狭周遊観光タクシープラン」も便利です。詳細はHPで確認を。

■問い合わせ先

京福バス本社…………………………… ☎0776-57-7700
西日本JRバス近江今津営業所……………… ☎0740-22-2152
勝山市コミュニティバス（勝山市未来創造課）‥ ☎0779-88-8114
敦賀市コミュニティバス（敦賀市生活安全課）‥ ☎0770-22-8232
若狭町営バス（若狭町総合政策課）………… ☎0770-45-9112

鉄道・バス路線マップ

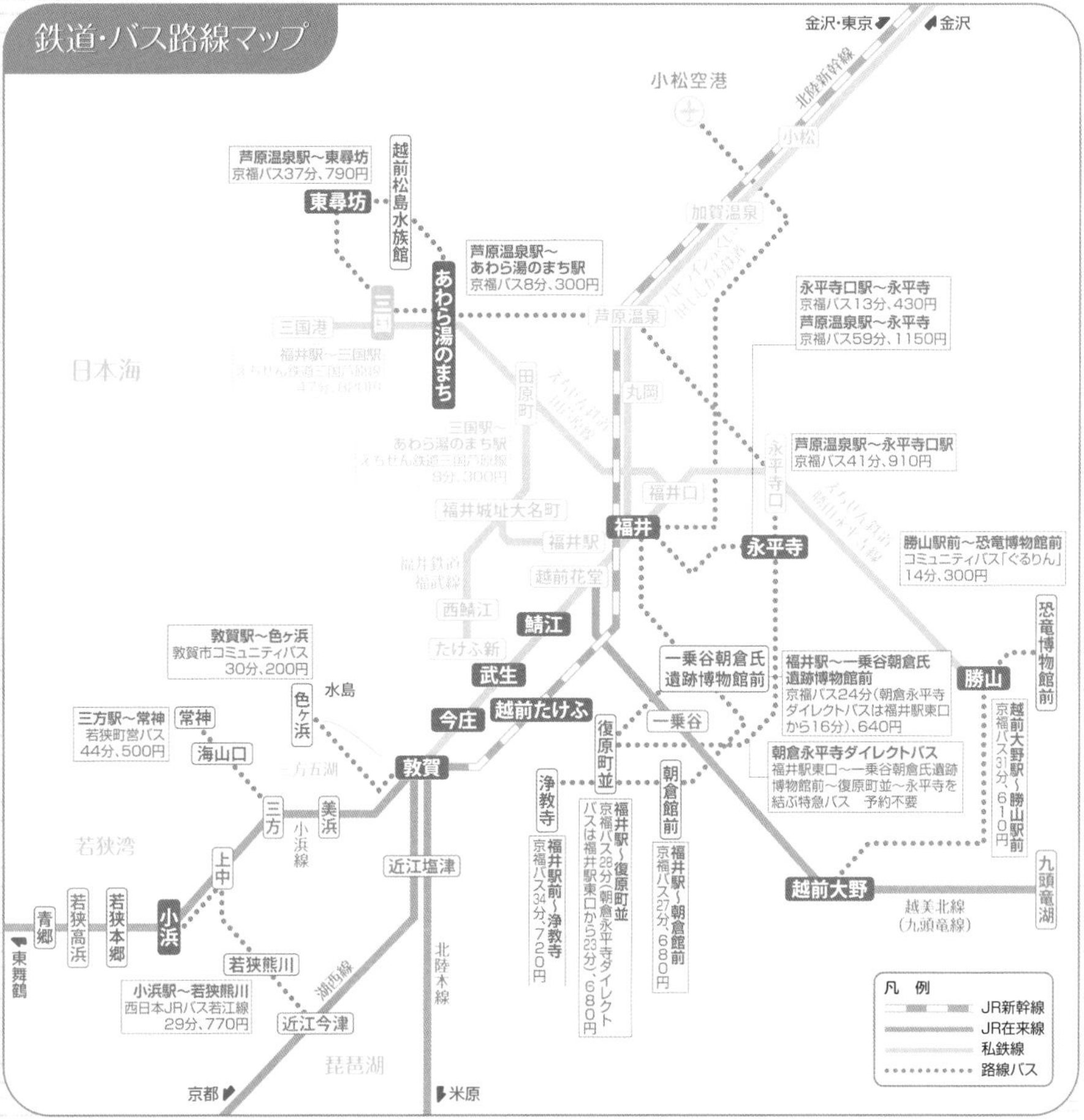

金沢・東京
金沢
小松空港
北陸新幹線
小松
加賀温泉
芦原温泉
芦原温泉駅〜東尋坊
京福バス37分、790円
越前松島水族館
東尋坊
芦原温泉駅〜あわら湯のまち駅
京福バス8分、300円
あわら湯のまち
三国
三国港
福井駅〜三国駅
えちぜん鉄道三国芦原線
47分、630円
日本海
田原町
丸岡
三国駅〜あわら湯のまち駅
えちぜん鉄道三国芦原線
8分、300円
永平寺口駅〜永平寺
京福バス13分、430円
芦原温泉駅〜永平寺
京福バス59分、1150円
芦原温泉駅〜永平寺口駅
京福バス41分、910円
永平寺口
福井口
福井城址大名町
福井
福井駅
永平寺
勝山駅前〜恐竜博物館前
コミュニティバス「ぐるりん」
14分、300円
福井鉄道福武線
越前花堂
西鯖江
鯖江
たけふ新
武生
敦賀駅〜色ヶ浜
敦賀市コミュニティバス
30分、200円
水島
色ヶ浜
一乗谷朝倉氏遺跡博物館前
福井駅〜一乗谷朝倉氏遺跡博物館前
京福バス24分（朝倉永平寺ダイレクトバスは福井駅東口から16分）、640円
勝山
恐竜博物館前
三方駅〜常神
若狭町営バス
44分、500円
常神
海山口
今庄
越前たけふ
一乗谷
復原町並
三方五湖
敦賀
朝倉永平寺ダイレクトバス
福井駅東口〜一乗谷朝倉氏遺跡博物館前〜復原町並〜永平寺を結ぶ特急バス　予約不要
越前大野駅〜勝山駅前
京福バス31分、610円
三方
美浜
小浜線
浄教寺
朝倉館前
若狭湾
上中
近江塩津
福井駅前〜浄教寺
京福バス34分、720円
福井駅〜復原町並
京福バス28分（朝倉永平寺ダイレクトバスは福井駅東口から23分）、680円
福井駅〜朝倉館前
京福バス27分、680円
越前大野
越美北線（九頭竜線）
九頭竜湖
青郷
若狭高浜
若狭本郷
小浜
東舞鶴
若狭熊川
湖西線
北陸本線
小浜駅〜若狭熊川
西日本JRバス若江線
29分、770円
近江今津
琵琶湖
京都
米原

凡例
JR新幹線
JR在来線
私鉄線
路線バス

えちぜん鉄道や福井鉄道、京福バスにはお得なフリーきっぷがあります。詳細はHPで確認を。

あ

か

さ

た

Ⓜ みどころ Ⓡ レストラン Ⓒ カフェ Ⓢ ショップ Ⓗ ホテル

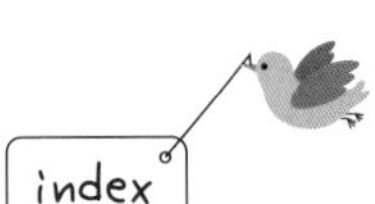
index

みどころ Ⓡ レストラン Ⓒ カフェ Ⓢ ショップ Ⓗ ホテル

ことりっぷ co-Trip

福井

STAFF
●編集
ことりっぷ編集部
Union Synapse
●取材·執筆
Union Synapse（土取真以子、
鳥井よしこ）、山形恭子
●撮影
津久井珠美、菊地佳那、増田えみ、
藤原慶、新井智子、
昭文社（保志俊平）
●表紙デザイン
GRiD
●表紙写真
新井智子
●フォーマットデザイン
GRiD
●キャラクターイラスト
スズキトモコ
●本文デザイン
GRiD
●DTP制作
明昌堂
●地図制作協力
エムズワークス
●校正
高杉周一
田川企画
アイドマ編集室（外岡実）
●協力
関係各市町観光課・観光協会
関係諸施設
福井県交流文化部新幹線開業課
公益社団法人福井県観光連盟
福井県里山里海湖研究所
ラ・しじみ
石田屋二左衛門株式会社（ESHI
KOTO写真提供）

2024年4月1日　2版1刷発行

発行人　川村哲也
発行所　昭文社
本社：〒102-8238 東京都千代田区麹町3-1
☎0570-002060（ナビダイヤル）
IP電話などをご利用の場合は☎03-3556-8132
※平日9:00～17:00（年末年始、弊社休業日を除く）
ホームページ:https://www.mapple.co.jp/

●掲載データは、2023年12月～2024年1月の時点のものです。変更される場合がありますので、ご利用の際は事前にご確認ください。消費税の見直しにより各種料金が変更される可能性があります。そのため施設により税別で料金を表示している場合があります。なお、感染症に対する各施設の対応・対策により、営業日や営業時間、開業予定日、公共交通機関に変更が生じる可能性があります。おでかけになる際は、あらかじめ各イベントや施設の公式ホームページ、また各自治体のホームページなどで最新の情報をご確認ください。また、本書で掲載された内容により生じたトラブルや損害等については、弊社では補償いたしかねますので、あらかじめご了承のうえ、ご利用ください。
●電話番号は、各施設の問い合わせ用番号のため、現地の番号ではない場合があります。カーナビ等での位置検索では、実際とは異なる場所を示す場合がありますので、ご注意ください。
●料金について、入場料などは、大人料金を基本にしています。
●開館時間・営業時間は、入館締切までの時刻、またはラストオーダーまでの時刻を基本にしています。
●休業日については、定休日のみを表示し、臨時休業、お盆や年末年始の休みは除いています。
●宿泊料金は、基本、オフシーズンの平日に客室を2名1室で利用した場合の1人あたりの料金から表示しています。ただし、ホテルによっては1部屋の室料を表示しているところもあります。
●交通は、主要手段と目安の所要時間を表示しています。ICカード利用時には運賃・料金が異なる場合があります。
●本書掲載の地図について
測量法に基づく国土地理院長承認（使用）
R 5JHs 15-162281　R 5JHs 16-162281
R 5JHs 17-162281　R 5JHs 18-162281

ISBN 978-4-398-16228-1
定価は表紙に表示してあります。